佛教十三经

梵网经

赖永海 主编

戴传江 译注

中华书局

总　序——————————————

　　佛教有三藏十二部经、八万四千法门，典籍浩瀚，博大精深，即便是专业研究者，用其一生的精力，恐也难阅尽所有经典。加之，佛典有经律论、大小乘之分，每部佛经又有节译、别译等多种版本，因此，大藏经中所收录的典籍，也不是每一部佛典、每一种译本都非读不可。因此之故，古人有"阅藏知津"一说，意谓阅读佛典，如同过河、走路，要先知道津梁渡口或方向路标，才能顺利抵达彼岸或避免走弯路；否则只好望河兴叹或事倍功半。《佛教十三经》编译的初衷类此。面对浩如烟海的佛教典籍，究竟哪些经典应该先读，哪些论著可后读？哪部佛典是必读，哪种译本可选读？哪些经论最能体现佛教的基本精神，哪些撰述是随机方便说？凡此等等，均不同程度影响着人们读经的效率与效果。为此，我们精心选择了对中国佛教影响最大、最能体现中国佛教基本精神的十三部佛经，认为举凡欲学佛或研究佛教者，均可从"十三经"入手，之后再循序渐进，对整个中国佛教作进一步深入的了解与研究。

　　"佛教十三经"的说法，由来有自。杨仁山、梅吉庆以及中国佛学院都曾选有"佛教十三经"，所选经典大同小异。上述三家都选录的经典有：《金刚经》、《维摩诘经》、《法华经》、《楞伽经》、《楞严经》；被两家选录的经典有：《心经》、《胜鬘经》、《观经》、《无量寿经》、《圆觉经》、《金光明经》、《梵网经》、《坛经》。此外，《四十二章经》、《佛遗教经》、《解深密经》、《八大人觉经》、《大乘密严经》、《地藏菩萨本愿经》、《菩萨十住行道品经》、《大毗卢遮那成佛神变加持经》为一家所选录。本着以上所说的"对中国佛教影响最大、最能体现中国佛教基本精神"的原则，这次我们选择了以下十三部经典：《心经》、《金刚经》、《无量寿经》、《圆觉经》、《梵网经》、《坛经》、《楞严经》、《解深密经》、《维摩诘经》、《楞伽经》、《金光明经》、《法华经》、《四十二章经》。

佛教发展至今已有两千多年的历史，就其历史发展、思想内容说，有大乘、小乘之分。《佛教十三经》所收录之经典，除了《四十二章经》外，多为大乘经典。此中之缘由，盖因佛法之东渐，虽是大小二乘兼传，但是，小乘佛教在传入中国之后，始终成不了气候，且自魏晋以降，更是日趋式微；直到十三世纪以后，才有南传上座部佛教在云南一带的流传，且范围十分有限。与此相反，大乘佛教自传入中土后，先依傍魏晋玄学，后融汇儒家的人性、心性学说而蔚为大宗，成为与儒道二教鼎足而三、对中国社会各个方面产生着巨大影响的一股重要的社会思潮。既然中国佛教的主体在大乘，《佛教十三经》所收录的佛经自然以大乘经典为主。

对于大乘佛教，通常人们又因其思想内容的差异把它分为空、有二宗。空宗的代表性经典是"般若经"。中国所见之般若类经典，以玄奘所译之《大般若经》为最，有六百卷之多。此外还有各类小本"般若经"的编译与流传，其中以《金刚经》与《心经》最具代表性与影响力。

"般若经"的核心思想是"空"。但佛教所说的"空"，非一无所有之"空"，而是以"缘起"说"空"，亦即认为，世间的万事万物，都是条件（"缘"即"条件"）的产物，都会随着条件的变化而变化。条件具备了，它就产生了（"缘起"）；条件不复存在了，它就消亡了（"缘灭"）。世间的一切事物，都不是一成不变的，而是一个念念不住的过程，因此都是没有自性的，无自性故"空"。《金刚经》和《心经》作为般若经的浓缩本，"缘起性空"同样是其核心思想，但二者又进一步从"对外扫相"和"对内破执"两个角度去讲"空"。《金刚经》的"对外扫相"思想集中体现在"一切有为法，如梦幻泡影，如露亦如电，应作如是观"这个偈句上，对内破执则有"应无所住而生其心"这一点睛之笔。《心经》则是以"色不异空，空不异色；色即是空，空即是色；受想行识亦复如是"来对外破五蕴身，以"心无罣碍"来破心执。两部经典都从扫外相、破心著的角度去说"空"。

有宗在否定外境外法的客观性方面与空宗没有分歧，差别仅在于，有宗虽然主张"外境非有"，但又认为"内识非无"，倡"三界唯心"、"万法唯识"，认为一切外境、外法都是"内识"的变现。在印度佛教中，有宗一直比较盛行，但在中国佛教史上，唯有玄奘、窥基创立的"法相唯识宗"全力弘扬"有宗"的思想，并把《解深密经》等"六经十一论"作为立宗的根据，《佛教十三经》选录了对"唯识宗"影响较大的《解深密经》进行注译。

《解深密经》的核心思想在论证一切外境外法与识的关系，认为一切诸法乃识之变现，阿赖耶识是生死轮回的主体，是万物生起的种子。经中还提出了著名的"三性"、"三无性"问题，并深入地论述了一切虚妄分别相与真如实性的关系。

与印度佛教不尽相同，中国佛教的主流或主体不在纯粹的"空宗"或"有宗"，而在大乘佛教基本精神与中国传统文化（特别是儒家心性学说）汇集交融而成的"真常唯心"思想，这种"真常唯心"思想也可称之为"妙有"的思想。首先创立并弘扬这种"妙有"思想的是智者大师创建的天台宗。

天台宗把《法华经》作为立宗的经典依据，故又称"法华宗"。《法华经》的核心思想，是"开权显实，会三归一"，倡声闻乘、缘觉乘、菩萨乘同归一佛乘，主张一切众生悉有佛性。《法华经》是南北朝之后，中国佛教走向以大乘佛教为主流的重要经典依据，也是中国佛教佛性理论确立以一切众生悉有佛性、都能成佛为主流的重要经典依据。而《法华经》的"诸法实相"也成为中国佛教"妙有"思想的重要思想资源和理论依据。

中国佛教注重"妙有"之思想特色的真正确立，当在禅宗。慧能南宗把天台宗肇端的"唯心"倾向推到极致，作为标志，则是《坛经》的问世。《坛经》是中国僧人撰写的著述中唯一被冠以"经"的一部佛教典籍，其核心思想是"即心即佛"、"顿悟成佛"。《坛经》在把佛性归诸心性、把人变成佛的同时，倡导"即世间求解脱"，主张把入世与出世统一起来，而这种思想的经典根据，则是《维摩诘经》。

《维摩诘经》可以说是对中国佛教影响最大的一部佛经，

不论是作为中国佛教代表的禅宗，还是成为现、当代佛教主流的人间佛教，《维摩诘经》中的"心净则佛土净"及"亦入世亦出世"、"在入世中出世"的思想，都是其最为重要的思想资源和经典依据。尤其值得一提的是，贯穿于整部《维摩诘经》的一根主线——"不二法门"，更是整个中国佛教的方法论依据。

《楞伽经》也是一部对禅宗、唯识乃至整个中国佛教有着重大影响的佛经。《楞伽经》思想有两个重要特点，一是融汇了空、有二宗，既注重"二无我"，又讲"八识"、"三自性"；二是把"如来藏"和"阿赖耶识"巧妙地统合起来。因此之故，《楞伽经》既是"法相唯识宗"借以立宗的"六经"之一，又被菩提达摩作为"印心"的依据，并形成一代楞伽师和在禅宗发展史颇具影响的"楞伽禅"。

《楞严经》则是一部对中国佛教之禅、净、律、密、教都有着广泛而深刻影响的大乘经典。该经虽有真、伪之争，但内容十分宏富，思想体系严密，几乎把大乘佛教所有重要理论都囊括其中，故自问世后，就广泛流行。该经以理、行、果为框架，谓一切众生都有"菩提妙明元心"，但因不明自心清净，故流转生死，如能修禅证道，即可成就无上正等正觉。这一思想对中国佛教的各宗各派都产生了极其深刻的影响。

《圆觉经》是一部非常能够体现中国佛教注重"妙有"思想特色的佛经。该经主张一切众生都具足圆觉妙心，本当成佛，无奈为妄念、情欲等所覆盖，才于六道中生死轮回；如能顿悟自心本来清净，此心即佛，无须向外四处寻求。该经所明为大乘圆顿之理，故对华严宗、天台宗、禅宗都有十分重要的影响。

《金光明经》对中国佛教的影响,主要体现在其"三身"、"十地"思想、大乘菩萨行之舍己利他、慈悲济世思想、金光明忏法及忏悔思想以及天王护国思想。由于经中所说的诵持本经能够带来不可思议的护国利民功德,故长期以来被视为护国之经,在所有大乘佛教流行的地区都受到了广泛重视。

《无量寿经》是根据"十方净土"的思想建立起来的净土类经典,也是净土宗所依据的"三经"之一。经中主要叙述过去世法藏菩萨历劫修行成无量寿佛的经过,及西方极乐世界的种种殊胜。净土信仰自宋之后就成为与禅并驾齐驱的两大佛教思潮之一,到近现代更出现"家家阿弥陀,户户观世音"景象,故《无量寿经》在中国佛教史上的影响至为广泛和深远。

《梵网经》在佛教"三藏"中属"律藏",是大乘戒律之一,在中国佛教大乘戒律中,《梵网经》的影响最大。经中主要讲述修菩萨的阶位(发趣十心、长养十心、金刚十心和体性十地)和菩萨戒律(十重戒和四十八轻戒),是修习大乘菩萨行所依持的主要戒律。另外,经中把"孝"与"戒"相融通、"孝名为戒"的思想颇富中国特色。

所以把《四十二章经》也收入《佛教十三经》,主要因为该经是我国最早译出的佛教经典,而且是一部含有较多早期佛教思想的佛经。经中主要阐明人生无常等佛教基本教义和讲述修习佛道应远离诸欲、弃恶修善及注重心证等重要义理,且文字平易简明,可视为修习佛教之入门书。

近几十年来,中国佛教作为中国传统文化的重要组成部分,以其特殊的文化、社会价值逐渐为人们所认识,研究佛教者也日渐增多。而要了解和研究佛教，首先得研读佛典。然而，佛教名相繁复，义理艰深，文字又晦涩难懂，即便有相当文史基础和哲学素养者，读来也颇感费力。为了便于佛学爱好者、研究者的阅读和把握经中之思想义理，我们对所选录的十三部佛典进行了如下的诠释、注译工作：一是在每部佛经之首均置一"前言"，简要介绍该经之版本源流、内容结构、核心思想及其历史价值；二是在每一品目之前，都撰写了一个"题解"，对该品目之内容大要和主题思想进行简明扼要的提炼和揭示；三是采取义译与意译相结合的原则，对所选译的经文进行现代汉语的译述。这样做的目的，是希望它对原典的阅读和义理的把握能有所助益。当然，这种做法按佛门的说法，多少带有"方便设施"的性质，但愿它能成为"渡海之舟筏"，而不至于沦为"忘月之手指"。

赖永海

庚寅年春于南京大学

前　言────────────────────

　　《梵网经》是大乘菩萨戒的重要经典，它随着大乘思潮而兴起，宣示了大乘佛教的基本理论和根本精神，阐述了大乘菩萨道的修习阶位及大乘菩萨戒的十重四十八轻戒，促进了大乘佛教在中国的流行及大乘菩萨戒运动。在阐释菩萨心地法门时，《梵网经》明确表述了大乘佛教的佛性思想，集中体现了中道正观，对佛教义理作了简要的玄学化论述。

一　从声闻戒到大乘菩萨戒

　　戒律为佛教经、律、论三藏之一。守持戒律不仅是佛子们解脱生死、开佛知见、证悟无上菩提而达涅槃妙境的始基，而且是僧团"和合安乐"、佛教正法住世的依据与标志。《佛遗教经》中载佛陀涅槃前最后一次说法：

　　"汝等比丘，于我灭后，当尊重珍敬波罗提木叉，如暗遇明，贫人得宝，当知此则是汝等大师。"

　　《四十二章经》中说：

　　"佛子离吾数千里，忆念吾戒，必证道果。在吾左右，虽常见吾,不顺吾戒,终不得道。"

佛陀制戒有着和合僧众和证悟菩提的两大本怀,戒律的守持直接关系到佛教解脱的能否实现。戒律于佛教中有着非常重要的地位,正所谓"一切众律中,戒经为最上,佛法三藏教,毗奈耶为首。"

戒,梵名"尸罗(si'la)",指用以防非止恶的、使人内心清凉的规矩。律,梵名"优婆罗叉(vinaya)",有调伏、禁制之法、灭、诠量等义,是考量是非善恶、规范行为的准则。

在戒与律的关系上,狭义地讲,戒是戒,律是律,律中包含戒,戒中不含律。持律含有持戒,持戒不能全摄持律。持律是僧团大众共同的事,含有他律规范的意义;持戒则是僧众自觉地自我规范,是个人的事。持戒称为"止持",其重心在于防非止恶;持律称为"作持",其心在于奉行诸善。后来,戒律用以泛指佛教修行者所应遵守的一切规范。

从性质上讲,戒律分为遮戒与性戒。性戒,如杀、盗、邪淫、妄语等戒,此戒无论佛教是否制定,人若持之即得福,犯之即得罪。遮戒,如饮酒等戒,若饮酒,可能因醉酒而犯其他性戒,故佛教制定不饮酒戒,但饮酒本身是没有罪的。

在内容上,佛教戒律有五戒、居士戒、沙弥(尼)戒、具足戒等区分。五戒,指不杀生、不偷盗、不邪淫、不妄语、不饮酒,这五戒,是佛门四众弟子的基本戒,不论出家在家皆应遵守。居士戒是指在家修习佛法者应该遵守的戒律。在家修行者,首先应该遵守五戒,如果进入寺庙尝试一天一夜的出家生活,则应受持八关斋戒,即除受持五戒("不邪淫"提升为"不淫")外,还应

受持过午不食、不坐高广大床、不打扮和不享受歌舞。除消极
地持戒止恶外，还应积极地为善，即所谓的十善：不杀生、不偷
窃、不邪淫、不妄语、不两舌、不恶语、不拍马、不贪婪、不恼怒、
不背离佛法。沙弥（尼）戒是指年少、初出家的僧众应受持的戒
律，有十戒：不杀戒、不盗戒、不淫戒、不妄语戒、不饮酒戒、离
高广大床戒、离花戒、离歌舞等戒、不蓄金银财宝戒、离非时食
戒。具足戒又称"近具戒"、"大戒"，为比丘、比丘尼所应受持
的戒律。具足戒的内容，南北朝佛教所传的戒本各异，按对中
国佛教影响最大的律学典籍《四分律》所载，比丘戒有二百五十
条，比丘尼戒有三百四十八条。

　　佛教的戒律，虽有针对佛教自身修行特点而制定，但大多
则是承继于古印度自吠陀以来的哲学、宗教思想和修行方法。
《摩奴法典》是古婆罗门教保存下来的最完整的法典，其中不仅
含有各种修行方法，而且还有严格的戒律内容，如苦行、戒杀、
戒食荤、离欲、与梵合一等等，世尊早年的苦修实际上就是立足
于这些内容，他的早期弟子们也大都是经年严格修行之人，于
戒律当然是无须强调。但是，随着许多本身修行较低甚至没有
修行基础的人加入僧团，违背传统修行戒律的事时有发生，直接
影响到佛教的修行和僧团的和合，佛陀就根据随犯随制的原则，
逐步建立起佛教的戒律体系。佛教戒律始于世尊灭后大迦叶等
五百尊者于七叶窟中的首次结集，由优婆离尊者经八十次诵出，
是为《八十诵律》，为律典传出之纪元。自是以后，师师传承，四
众遵守。一百年后，上座、大众两部因"小戒是否可弃"、"十事
是否非法"等律仪争执而分裂，旋复逐步分出五种律部，即《根

本说一切有部律》、《十诵律》、《四分律》、《五分律》、《摩诃僧祇律》。

在律学上，佛教戒律分戒法、戒体、戒行、戒相四科。"戒法者，如来所制法；戒体者，由于接受之作法而领纳戒法于心脐，生防非止恶之功德者；戒行者，随顺其戒体而如法动作三业也；戒相者，其行之差别，即十戒乃至二百五十戒也。一切之戒，尽具此四科。"戒体是因受持戒法而产生的防非止恶的精神功能，戒法是佛陀所制的戒律内容，戒行是受持者由于纳受戒体而在身、口、意三方面表现出来合乎戒律的行为，戒相是指僧众由于持戒、纳受戒体而于外表形象上表现出来的妙德吉相。对于戒法、戒体、戒行、戒相之间的关系，《行事钞》中说："威仪行戒，随所施造，动则称法，美德光显，故名戒相。"即在四科关系上，法、体、行、相四者体现了"戒"的本体、现象和功用。宋代元照的《资持记》卷十五说："戒是一也，轨凡从圣，名法。总摄归心，名体。三业造修，名行。览而可别，名相。由法成体，因体起行，行心据相。当知相者，即是法相，复具体相，又是行相，无别相也。"戒体因纳法而生，但又是戒行、戒相之本。戒体与持戒体现出体与用的关系，因有戒体而能够持戒，持戒本身反过来又成就戒体。戒体的完整是守戒的目的，也是能否守戒的前提，戒体的获得成为戒子们求戒、受戒的核心。圣严法师在其《戒律学纲要》中说："佛弟子的受戒，须是师师相授，讲求戒体的传承与纳受。唯有受了戒的人，才能将戒传给他人，此一戒体，是直接传自佛陀，受戒而纳受戒体，便是纳受佛的法身于自己的心性之中，以佛的法身接通人人本具的法身，以期引导各人自性是佛的发明或证悟。"戒体的获得或显现直接关系到能否证得涅槃、成就法身,能否达到佛教修行的终极理想。因此,戒体于佛教戒律中自然处于核心地位,在中国佛教历来的授戒仪轨上,尽管受戒的对象、内容、仪轨不尽相同,但其高潮必定是"明授戒体法",由此求戒者才可以正式纳受戒体,受戒成功。

随着大乘佛教的兴起,律学思想也有所变化。传统律学重视戒身,重视考察身、口之恶,按戒律对僧众的个体生活作出严格要求,以正身而求正心。大乘佛教重视以大乘思想阐释小乘戒律,强调戒心,重点防范起心动念之"意"恶,以正心而求正身。大乘菩萨道,强调积极饶益众生,并逐步有了区别于小乘戒律的大乘菩萨戒的产生。在戒体论上,菩萨戒特别注重发大菩提心,所谓"心无尽故,戒亦无尽",对于戒体的最终根源,则归之于众生本有的佛性,也即所谓的佛性戒。

菩萨戒,就是指大乘菩萨所受持的戒律,又称为"大乘戒"、"佛性戒"、"方等戒"、"千佛大戒",其内容可归于三聚净戒,即摄律仪戒、摄善法戒、饶益有情戒三项。自原始佛教到印度大乘佛教初期,并无所谓"大乘戒"独立于小乘戒(也称为"声闻戒")的存在,大乘戒实际上是伴随着大乘思想的发展而经过长时间逐渐形成的结果。据日本学者考证,大乘戒的成立应该起源于《华严经》,该经《十地品》中第二离垢地已言及菩萨应行十善、离十恶,对一切众生应起利益心、安乐心、慈悲心等,并令一切众生住于正见,远离恶道,此三事即是菩萨持戒的本分。此处的离十恶、行十善、利益众生已经构成了大乘菩萨戒中的摄律仪戒、摄善法戒、饶益有情戒的雏形。大乘戒思想在《八十华严》

和《大智度论》中也有所反应，但在此时期的经典中，大乘戒仍未单独成立，也没有大小二乘戒律的思想存在。在《大般涅槃经》中，首先有了声闻戒与菩萨戒的区别：

"戒复有二：一声闻戒；一菩萨戒。从初发心乃至得成阿耨多罗三藐三菩提，是名菩萨戒。若观白骨乃至证得阿罗汉果，是名声闻戒。若有受持菩萨戒者，尚知是人得阿耨多罗三藐三菩提，能见佛性、如来、涅槃。"

该经认为，只有受持菩萨戒者才能得成无上智慧，才能得见佛性，得涅槃。但是，经中仍然未见有像小乘二百五十戒那样的大乘戒律科判，直至《梵网经》中，方才有以十重四十八轻等五十八条菩萨戒目的归纳，用以区别于小乘的二百五十戒。在《梵网经》的姊妹篇《璎珞经》中，以三聚净戒概括大乘菩萨戒正式成立，其中摄律仪戒引入《梵网经》的十重四十八轻戒，从而使大乘戒与小乘戒有了完全区别。但是，印度佛教中的瑜伽行派于大、小乘戒取折衷态度，《瑜伽师地论》中虽也说三聚净戒，但其于摄律仪戒不取《梵网经》的十重四十八轻戒，而是采取了小乘二百五十具足戒，即于戒律中取大小乘兼受之意，于日常行事中持守小乘戒，同时又必须践行摄善法戒与摄众生戒，即住于大乘精神而行小乘戒，大小乘戒兼受也成为中国佛教宗派的主流律学思想。

二 《梵网经》注疏与中国佛教大乘菩萨运动

中土大乘菩萨戒的弘传始于鸠摩罗什，敦煌写本中有其所撰的《受菩萨戒仪轨》一卷。从东晋至唐初传译的大乘戒本主要有《菩萨璎珞本业经》、《梵网经菩萨戒本》、《瑜伽师地论·菩萨戒本》、《菩萨地持经戒本》、《菩萨善戒经戒本》、《优婆塞戒经戒本》等等。诸戒本中，在中土影响最大的是《梵网经菩萨戒本》、《菩萨地持经戒本》、《瑜伽戒本》，从总体上又可以分为《梵网》和《瑜伽》两个系统的菩萨戒。《瑜伽》系统的菩萨戒，主要是针对出家众的，因其摄律仪戒以小乘的七聚为准，无法广摄一切众生，但也有学者认为，《瑜伽地持经》兼容出家与在家二众，《梵网》和《璎珞》才是纯粹的大乘戒法，其戒法直指大乘佛教最高的理念。由于中国本土传统儒家思想的文化背景，大乘思想十分契合中土人士的价值观，作为宣扬大乘菩萨戒的《梵网经》自然也受到特别的重视。

据《梵网经》载，该经本有一百二十卷，六十一品，但传译过来并流行于世的，仅有第十品《菩萨心地品》，此品又分为上下两卷。《梵网经》在中土的流通，既有包含上下两卷的全本，更多的是只有下卷的单行本《梵网经菩萨戒本》。由于《梵网经》下卷讲的是大乘菩萨戒，所以更加得到偏爱大乘思想的中土人士的重视，其流行范围广泛，影响也较大，对其注疏自然也较多，其中影响较大的有：

《菩萨戒疏》二卷，（陈）智文注。

《梵网经菩萨戒经义疏》二卷，（隋）智颛说灌顶记，《续藏经》第五九套第三册。

《梵网经菩萨戒本疏》三卷，（唐）法藏注，《大藏经》第四〇册。

《梵网经菩萨戒疏》四卷，现存上卷，（唐）法铣撰，《续藏经》第六〇套第三册。

《梵网经菩萨戒注》三卷，（宋）慧因注，《续藏经》第六〇套第三册。

《梵网经菩萨戒经义疏发隐》五卷，（明）袾宏述，《续藏经》第五九套第五册。

《梵网经菩萨戒经义疏发隐问辩》一卷，（明）袾宏述，《续藏经》第五九套第五册。

《梵网经菩萨戒略疏》八卷，（明）弘赞述，《续藏经》第六〇套第五册。

《梵网经菩萨戒初津》，（清）书玉述，《续藏经》第九五套第一册。

《梵网经菩萨戒浅说》，当代圣一法师讲述。

《梵网戒本疏日珠钞》五〇卷，（日本）凝然撰。

《梵网经》上卷，主要是讲菩萨修行的次第，具有一定的大乘佛教理论高度，文字较艰涩，历代为其作注者较少，主要有以下几位。

《梵网经古迹记》，（新罗）太贤集，《大藏经》第四〇卷。

《梵网经菩萨戒本述记》，（唐）胜庄撰，《续藏经》第六〇套第二册。

《梵网经合注》七卷，（明）智旭注，道昉校订，《续藏经》第六〇套第四册。

《梵网经直解》四卷，（明）寂光直解，《续藏经》第六〇套第一册。

《梵网经顺朱》二卷，（清）德玉顺朱，《续藏经》第六〇一套第三册。

中国人对《梵网经》虽然极度重视，但自近代以来，一些学者认为《梵网经》是汉人所造，是伪经。据僧肇的《梵网经序》所说，该经是姚秦时鸠摩罗什所译，但后世仍有所怀疑。关于《梵网经》真伪问题的争论可算是由来已久，但据目前的证据、资料，尚不足以证明此经是汉地所造，然《梵网经》对于中国大乘佛教兴起和发展的意义却是重大而深远的。

现存佛教律藏有广律、戒经及律论三类，其中广律是对每一律条进行广泛解说的律典，它通常包括制缘（制订此律条的原因）、律文（律条的正文，亦称为"学处"）、犯缘（构成犯戒的条件）和开缘（开脱犯戒的缘由）四个内容。中国僧人的戒律研究并不局限于戒律的制缘、戒本、犯缘、开缘等项目的科判，而是以中国化的人文精神，特别是以儒家价值观对其作出中国化的阐释，如东晋道安曾以儒家五常（仁、义、礼、智、信）比附佛教五戒。南北朝时期，伴随着大乘菩萨道类经典的译入，特别是自《梵网经》被译出之后，中土掀起了大乘菩萨戒运动，上层社会掀起了受持菩萨戒的高潮。

正式受持菩萨戒的帝王有：齐高祖文宣皇帝、梁武帝、隋炀帝、唐中宗、唐睿宗，等等。另外，贞观初年皇太子及诸王、皇后、六宫都正式受菩萨戒。

自称菩萨戒弟子的有：陈文帝、隋文帝、唐太宗等。

有"菩萨皇帝"之称的梁武帝，还亲自疏理戒律，制《文殊悔过》《五悔法门经》等梁忏法，极大地促进了中国佛教大乘精神的弘扬。隋唐时期，台、贤、慈恩诸宗僧众皆有《梵网经》的注疏问世。至于大乘菩萨戒另一经典《地持经》，北朝有义学僧人及律师僧苑、慧顺、灵裕、法正等为之作疏，南朝（齐）慧光、昙迁亦弘此经，东晋慧远也精研《地持经》。中国佛教宗派于佛教戒律通常是大、小乘戒律齐受的，但在戒律精神上则始终是大乘的。律宗虽以《四分》立宗，但也认为《四分》通于大乘，对《四分》作出大乘的理解，也极力以弘扬大乘精神为己任。

中国律学基本上延续了道安的思想，走大乘路线。佛教大小二乘分裂的原因除了戒律争论外，还涉及佛身论、涅槃真身、佛法诠释等教义问题。大乘戒与小乘戒的基本区别，本质上是由大小二乘分别对于佛法所具慧识的殊异而形成的。小乘自求证果解脱，未能超越四圣谛而体悟缘起性空的胜义中道实相，严守戒律而忽视社会伦理，重视传统慧学但少有慧学的积极创新。大乘菩萨道则强调"生死之外别无涅槃"、"一切众生皆能成佛"、"上求佛道下化众生"等利他本位的佛教伦理。菩萨戒精神直指佛教终极目标的成就，其戒法中本就蕴含着佛性、般若等佛教终极价值要素，感悟佛性、体证无上菩提才是菩萨戒的最终成就。摄戒归性是大乘菩萨戒的宗旨，守持大乘菩萨戒的目的在于体悟佛性，佛性也是能够持戒清净的最终精神力量来源，守持戒律与最终成佛得到了同维度的统一。

三 《梵网经》的基本内容

《梵网经》，全称为《梵网经卢舍那佛说菩萨心地戒品第十》，又名为《梵网经菩萨心地品》。梵者，能净之义；网者，能摄有情众生之义。梵网，原指大梵天王宫的因陀罗网，有千重而有千光，光光各各相摄不相妨碍。在本经中，诸梵王持罗网幢供佛而听法，佛因此说无量世界犹如网孔，各各不同，并以梵网比喻佛教之法门，亦重重无尽，圆融无碍。法王说法，犹如梵网一般，孔虽多但网仍一，无量法门虽如恒河沙，但宗趣必归于一，是故从喻立名为《梵网经》。《梵网经》现收于《大正藏》第二四册，金陵刻经处也有单刻本流通。

《梵网经》现今流行版由三藏法师鸠摩罗什所译，该经正文前有僧肇的"梵网经序"。从内容上看，《梵网经》上卷主要阐述了菩萨修行阶位，也对佛教基本义理作了简要的阐述。下卷明菩萨戒法，阐述了大乘菩萨戒的十重四十八轻戒的基本内容，其中也体现了大乘佛教的佛性、般若思想。

（一）菩萨修行的阶位：三十心、十地。

该卷是以释迦牟尼佛在第四禅地中的摩醯首罗天王宫，与无量大梵天王及菩萨众，向卢舍那佛问大乘菩萨修行的阶位。在该卷中，大乘菩萨的修行可以分为四个层次：发趣十心、长养十心、金刚十心、体性十地，即三十心、十地共四十法门。

1. 发趣十心。

所谓"发趣"，指发心修行，趣向大乘。发趣十心，是指发心修行十心，心心皆趣向大乘之境，最终成就佛果。发趣十心，具体指：

第一、舍心（施舍心），第二、戒心，第三、忍心（忍辱），第四、进心（精进），第五、定心（禅定），第六、慧心（智慧），第七、愿心（上求佛道，下化众生之愿），第八、护心（护持），第九、喜心，第十、顶心（顶，本指人顶，最尊贵之意）。

2. 长养育十心。

长养，指长养善法，成就功德，趣向圣位。长养十心指：

第一、慈心，第二、悲心，第三、喜心，第四、舍心，第五、施心（布施），第六、好语心（慈爱语言待人），第七、利益心（以身口意诸行利益于人），第八、同心（同理心），第九、定心；第十、慧心。

3. 金刚十心。

金刚，喻金刚坚固不坏之意，指长养善法后，其心更加坚勇，不被外道侵损。金刚十心指：

第一、信心，第二、念心（念佛、念法、念僧、念戒、念施、念天，共六随念），第三、回向心（趋于佛果的殷切之心），第四、达心（通达无碍），第五、直心（正直），第六、不退心（不退转），第七、大乘心，第八、无相心（心无相），第九、慧心，第十、不坏心。

4. 体性十地。

体是本体，性是本性。体性，指佛与众生的本性，两者同一而无差别。体性地，即菩萨修行证果的品位，由初地菩萨入圣流而至十地成佛。体性十地指：

第一、体性平等地，第二、体性善慧地，第三、体性光明地，第四、体性尔焰地，第五、体性慧照地，第六、体性华光地，第七、体性满足地，第八、体性佛吼地，第九、体性华严地，第十、体性入佛界地。

发趣、长养、金刚这三十心的修行，是修习菩萨道的前期。证入初地的菩萨方才是真正得入圣流，再经二地、三地直至证入十地成佛。这三十心十地的菩萨道修行次第，修道者可依此顺序由浅入深，渐次舍凡入圣，直至得证佛界，究竟解脱。从修行次第上看，虽然一地菩萨不知二地事，但在体性上，每一心、每一地却又是互摄无碍的。

（二）大乘菩萨戒：十重四十八轻戒。

下卷通过卢舍那佛陈述的方式，着重阐述了大乘菩萨戒的基本内容。大乘菩萨戒，分重戒、轻戒二大类。重戒亦称"波罗夷戒"，受戒者若犯了它，可致重罪，不仅会被逐出僧团，而且会丧失成佛之因。重戒有十种：杀戒、盗戒、淫戒、妄语戒、酤酒戒、说四众过戒、自赞毁他戒、悭惜加毁戒、嗔心不受悔戒、谤三宝戒。

轻戒有四十八种，若违犯了它，会导致"轻垢罪"。相对于重罪，轻垢罪较轻一点，但却会玷污净行。依经文，四十八轻戒又分为五聚，除最后一聚外，各聚都注明本聚在大部《梵网经》中哪些品内作广泛而深入的说明。

第一至第十戒为一聚，即：第一、不敬师友戒，第二、饮酒戒，第三、食肉戒，第四、食五辛戒，第五、不教悔罪戒，第六、不供给请法戒，第七、懈怠不听法戒，第八、背大向小戒，第九、不看病戒，第十、不畜杀具戒。

第十一戒至第二十戒为一聚，即：第十一、国使戒，第十二、贩卖戒，第十三、谤毁戒，第十四、放火焚烧戒，第十五、僻教戒，第十六、为利倒说戒，第十七、恃势乞求戒，第十八、无解作师戒，第十九、两舌戒，第二十、不行放救戒。

第二十一戒至第三十戒为一聚，即：第二十一、嗔打执仇戒，第二十二、憍慢不请法戒，第二十三、憍慢僻说戒，第二十四、不习学佛戒，第二十五、不善知众戒，第二十六、独受利养戒，第二十七、受别请戒，第二十八、别请僧戒，第二十九、邪命自活戒，第

三十、不敬好时戒。

第三十一戒至第三十九戒为一聚，即：第三十一、不行救赎戒，第三十二、损害众生戒，第三十三、邪业觉观戒，第三十四、悭念小乘戒，第三十五、不发愿戒，第三十六、不发誓戒，第三十七、冒难游行戒，第三十八、乖尊卑次序戒，第三十九、不修福慧戒。

第四十戒至第四十八戒为一聚，即：第四十、拣择戒戒，第四十一、为利作师戒，第四十二、为恶人说戒戒，第四十三、无惭受施戒，第四十四、不供养经典戒，第四十五、不化众生戒，第四十六、说法不如法戒，第四十七、非法制限戒，第四十八、破法戒。

除了十重、四十八轻戒的戒相之外，《梵网经》也论及到受戒的作法、大乘菩萨的集会作法等，甚至还有劝放生、追善供养等日常行仪的规定，对后世的影响很大，堪称为一部完整的大乘戒经。

菩萨戒，亦称"三聚净戒"。聚者，集也；戒者，禁戒也；有三种戒，能摄一切大乘诸戒，故名"三聚戒"。也就是说，大乘菩萨戒，可以分为三类，即三聚净戒：第一、摄律仪戒，谓一切律仪，无不聚摄，此类戒在于断除一切恶行；第二、摄善法戒，谓身口意所行之行，能行一切善法也，闻思修三慧及布施等六度之法，无不聚摄；第三、摄众生戒，谓能摄受一切众生，能摄之行，即是慈、悲、喜、舍而利益众生。《梵网经》中大乘戒律，虽分十重四十八轻戒，若收摄分类，也不出这三类。十重戒是摄律仪戒，四十八轻中的前三十轻，是摄善法戒，后十八轻，则可视作摄众生戒。当然，大乘菩萨戒又是圆融互摄的，即受持任何一戒，三聚戒同时具足。以受持不杀戒为例,不杀生是一种止恶的行为,属于摄律仪戒。但发誓不杀生也是一种善行,属于摄善法戒的范畴。同时,不杀生亦是救护一切众生,能令众生无畏,有了饶益有情的内涵,于是又成摄众生戒。又如饮酒戒,要离饮酒等过失,是摄律仪戒;常行对治,是摄善法戒;息世讥嫌,是饶益有情戒。

基于大乘佛教"上求佛道,下化众生"的菩萨情怀,大乘菩萨戒特别注重发大菩提心,《璎珞经》中说:"一切菩萨凡圣戒,尽心为体。是故心尽戒亦尽,心无尽故,戒亦无尽。"修习大乘者,当发大菩提心,受持大乘菩萨戒,不但要止恶扬善,而且要积极利益众生。在自利利他的践行佛法过程中,更要时刻趣向开显佛性与开启智慧,最终得证佛果。《梵网经》上卷对佛性、中道智慧等佛教义理作了简约化的阐述,从而使下卷的十重、四十八轻的戒律思想建立在扎实的大乘义理之上,使得受持大乘菩萨戒有了佛教修行终极目标的当下指归,体现了大乘佛教"戒乘互摄"的律学特征。

四　关于本注译本

《梵网经》在汉地有几种版本,本注译以金陵刻经处版的《佛说梵网经》(上、下卷)为底本,并参照了《大正藏》本《梵网经》、《梵网经古迹记》和法藏、智者等高僧所作的注疏。因各版本经文出入不大,故只对个别文字进行勘误、补正。在结构内容上,金陵刻经处版的《佛说梵网经》经文已经分段,段首皆有例题,且纲目清晰,易于检索阅读,故本注译遵循原版的框架结构。

　　本书之注释，大多随文而出，参照诸佛学词典及古德今贤的注疏，尽量使其简单明了。在译文上，尽量遵循原文语句的结构，并力求达义而通畅，使读者能够完整而准确地把握原文本的含义。

　　佛教经典注译所常用的原则是"以经解经"，注译者唯恐偏离佛陀之原意，这也是笔者极力用功之处。但是，佛教经典注译既出自注译者之手，必经注译者之心，虽然注译者极力"以经解经"，也必蕴含注译者个人的理解。况注译者没有佛陀之证悟，很难传达佛陀的本意。偏执于"以经解经"，执著于古德先贤的注疏，其注译本通常会成为各种注解的会集，满篇文字正确，但不见注者自身胸中之感悟。对于真理，各人只能证其于一隅，偏其于一方，不同个人感悟能够平等交流，吾辈才可以纠偏取正，并不断地接近真理。因此，本书在注译部分尽量参照各种注本，但在解读部分，则尽力发挥个人之感想与体悟，并尝试从心理学角度及人格完善方面作出阐述。笔者浸染佛法十数年，证悟浅薄，不避"断人慧命"之惧，坚信人心相通，笔者所感悟，或对或错，相信诸读者必有独立之理性，抉择之明眼，或赞或驳，或取或舍，皆有所值。

　　另外，今贤对于《梵网经》的注译与研究，本书重点参考者，有王建光先生注译的《新译梵网经》和季芳桐先生释译的《佛说梵网经》，在此表示特别感谢。

目 录

梵网经序（一）……………………………………… 1

梵网经序（二）……………………………………… 8

卷 上

菩萨心地品之上 …………………………………… 11

十发趣心 …………………………………………30

　第一　舍心 ……………………………… 31

　第二　戒心 ……………………………… 36

　第三　忍心 ……………………………… 38

　第四　进心 ……………………………… 43

　第五　定心 ……………………………… 46

　第六　慧心 ……………………………… 49

　第七　愿心 ……………………………… 53

　第八　护心 ……………………………… 56

　第九　喜心 ………………………………59

第十　顶心 ……………………… 61

十长养心 ………………………… 67

第一　慈心 ……………………… 68

第二　悲心 ……………………… 71

第三　喜心 ……………………… 74

第四　舍心 ……………………… 76

第五　施心 ……………………… 79

第六　好语心 …………………… 81

第七　益心 ……………………… 83

第八　同心 ……………………… 85

第九　定心 ……………………… 88

第十　慧心 ……………………… 91

十金刚心 ………………………… 94

第一　信心 ……………………… 95

第二　念心 …………………98

第三　回向心 ……………101

第四　达心 ………………103

第五　直心 ………………105

第六　不退心 ……………107

第七　大乘心 ……………109

第八　无相心 ……………112

第九　慧心 ………………114

第十　不坏心 ……………116

十地 ………………………121

第一　体性平等地 ………123

第二　体性善慧地 ………128

第三　体性光明地 ………138

第四　体性尔焰地 ………144

第五　体性慧照地 ………149

第六　体性华光地 …………… 155

第七　体性满足地 …………… 160

第八　体性佛吼地 …………… 165

第九　体性华严地 …………… 171

第十　体性入佛界地 ………… 176

卷　下

梵网经菩萨戒序 ……………………… 190

菩萨心地品之下 ……………………… 194

十重戒 ……………………………… 208

第一　杀戒 ……………………… 208

第二　盗戒 ……………………… 211

第三　淫戒 ……………………… 213

第四　妄语戒 …………………… 216

第五　酤酒戒 …………………… 218

第六　说四众过戒 …………220

第七　自赞毁他戒 …………222

第八　悭惜加毁戒 …………224

第九　嗔心不受悔戒 ………225

第十　谤三宝戒 ……………227

四十八轻戒 ……………………232

第一　不敬师友戒 …………233

第二　饮酒戒 ………………235

第三　食肉戒 ………………237

第四　食五辛戒 ……………238

第五　不教悔罪戒 …………239

第六　不供给请法戒 ………241

第七　懈怠不听法戒 ………243

第八　背大向小戒 …………244

第九　不看病戒 ……………245

第十　不畜杀具戒……………247

第十一　国使戒………………248

第十二　贩卖戒………………249

第十三　谤毁戒………………250

第十四　放火焚烧戒…………251

第十五　僻教戒………………252

第十六　为利倒说戒…………253

第十七　恃势乞求戒…………256

第十八　无解作师戒…………257

第十九　两舌戒………………258

第二十　不行放救戒…………259

第二十一　嗔打报仇戒………261

第二十二　憍慢不请法戒……262

第二十三　憍慢僻说戒………264

第二十四　不习学佛戒………266

第二十五　不善知众戒……………267

第二十六　独受利养戒……267

第二十七　受别请戒…………270

第二十八　别请僧戒…………271

第二十九　邪命自活戒………272

第三十　不敬好时戒……………274

第三十一　不行救赎戒………275

第三十二　损害众生戒………277

第三十三　邪业觉观戒………278

第三十四　蹉念小乘戒………279

第三十五　不发愿戒…………281

第三十六　不发誓戒…………282

第三十七　冒难游行戒………285

第三十八　乖尊卑次序戒……288

第三十九　不修福慧戒 ………289

第四十　　拣择授戒戒 ………291

第四十一　为利作师戒 ………294

第四十二　为恶人说戒戒 ……298

第四十三　无惭受施戒 ………299

第四十四　不供养经典戒 ……300

第四十五　不化众生戒 ………301

第四十六　说法不如法戒 ……302

第四十七　非法制限戒 ………303

第四十八　破法戒 ……………305

梵网经序（一）^①

[后秦]长安释僧肇述^②

夫《梵网经》者，盖是万法之玄宗，众经之要旨，大圣开物之真模，行者阶道之正路。是以如来权教^③，虽复无量，所言要趣，莫不以此为指南之说。是以秦主识达圜中^④，神凝纷表，虽威纶四海，而沾想虚玄；虽风偃八荒^⑤，而静虑尘外。故弘始三年^⑥，淳风东扇^⑦。于是诏天竺法师鸠摩罗什在长安草堂寺^⑧，及义学沙门三千余僧，手执梵文，口翻解释五十余部。唯《梵网经》一百二十卷六十一品^⑨，其中菩萨心地品第十，专明菩萨行地。

是时，道融、道影三百人等^⑩，即受菩萨戒^⑪。人各诵此品，以为心首^⑫。师徒义合，敬写一品八十一部，流通于世。欲使仰希菩提者，追踪以悟理故，故冀于后代同闻焉。

注释：

①梵网经序：此序为金陵刻经处本和《大正藏》本中《梵网经》所共有。

②后秦（384—417）：或称"姚秦"，十六国之一，羌族贵族姚苌于晋孝武帝太元九年（384）所立，都长安（今陕西西安）。后秦之前朝为前秦（351—394），亦称"符秦"，氏族符健于晋穆帝永和六年所建，都长安。无论是符秦还是姚秦，其国主都笃信佛教，为当时佛经的翻译提供了大量的人力、物力支持。释僧肇（384—414）：中国东晋著名佛教高僧、理论家。俗姓张，京兆（今陕西西安）人，原崇信老、庄，后从鸠摩罗什出家，为罗什门下"四圣"、"十哲"之一。僧肇擅长般若学，著《物不迁论》、《不真空论》、《般若无知论》和《涅槃无名论》，合称《肇论》。在其著述中，僧肇通过对"空有"、"体用"、"动静"等关系范畴的精确阐述，对当时佛教五家七宗思想作了总结，将当时的佛教般若学推至一个新的高峰，他也被时人称为"中土解空第一人"。另，当时中国佛教出家僧人，常以释迦牟尼之"释"为姓，再起法名，如僧肇，全名为"释僧肇"。

③如来权教：如来，即佛，佛的十种称号之一。佛的十种称号即：如来、正遍知、明行足、善逝、世间解、无上士、调御丈夫、天人师、佛、世尊。如来，意为乘如实道来成正觉。佛的各种称号，分别是从佛的各种功德上对佛的尊称。权教，亦称"方便教"，指佛陀为随顺众生意，以方便权谋所施设之教门及未达究竟之教理。权，权巧、方便之义。权教与实教相对，实教，亦称"真实教"，意为真实究竟之教，即佛陀随自意内证之实义而发挥的最根本教法。实，真实、实际之义。对于佛教之权实高低，各宗各派所判各异。如中国佛教天台宗，称《法华经》为实教，其余诸经为权教；就"教"而言，藏、通、别等三教为权，圆教为

实。华严宗，判整个佛教为小、始、终、顿、圆五教，认为小乘为二乘教，大乘始教为三乘教，终、顿二教虽揭示"一乘一性"，但未说一切众生皆具佛知见，故都属于权教，独华严别教一乘为真实教。

④秦主：指后秦高祖姚兴（366—416），字子略，赤亭（今甘肃陇西西）人，羌族，姚苌长子，继姚苌为后秦国君，公元394—416年在位。姚兴尊崇儒家，但也提倡佛教，曾广建寺院，邀请龟兹高僧鸠摩罗什来长安讲学译经，支持法显赴印度等国取经访问，使长安成为当时全国的佛教中心，对佛教在当时中国北部地区的传播与繁荣起了极大的推动作用。识达圜（huán）中：此句意思是说，秦主姚兴才识周遍超群。圜，本义"围绕"，此指"天"。《易·说卦》："乾为天，为圜。"《楚辞·天问》："圜则九重，孰营度之？"《吕氏春秋·圜道》："圜，天道也。"

⑤八荒：也叫"八方"，指东、西、南、北、东南、东北、西南、西北八个方向，后泛指周围、各地，此处指"天下"。《过秦论》："囊括四海之意，并吞八荒之心。"

⑥弘始三年：弘始，后秦姚兴之年号，此处指东晋安帝隆安五年，即公元401年。

⑦淳风东扇：因佛教有导人向善净化人心之效，故以淳风东扇代指佛法东传并得大兴之意。淳风，指淳朴敦厚之风。

⑧鸠摩罗什（344—413）：原籍天竺，生于西域龟兹国（今新疆库车）。幼年出家，初学小乘，后遍习大乘，尤善般若，并精通汉文，曾游学天竺诸国，遍访名师大德，深究妙义。后秦弘始三年（401），姚兴派人迎其至长安，从事译经。罗什率弟子僧

3

肇等八百余人，译出《摩诃般若经》、《妙法莲华经》、《维摩诘经》、《阿弥陀经》、《金刚经》等佛经和《中论》、《百论》、《十二门论》、《大智度论》等论著，共七十四部，三百八十四卷，成为我国一大译经家，其所译佛经对中国佛教宗派的形成起到了极大的作用。在译经过程中，罗什在长安形成了以自己为中心的庞大僧团，其弟子号称千人，后世有"四圣"、"八俊"、"十哲"之说，其中又以竺道生、僧肇、僧叡、道融、僧导、僧嵩等最为著名。长安草堂寺：位于现今西安市南秦岭圭峰山北麓的户县秦镇草堂营村，距西安三十五公里，创建于后秦，相传其始建时只是一座简单的堂屋，以草苫盖屋顶，故名"草堂"，寺亦称"草堂寺"。鸠摩罗什自弘始八年（406）从逍遥园移居草堂寺译经，直至弘始十五年（413）逝世为止。草堂寺内现今还保存有"姚秦三藏法师"鸠摩罗什舍利塔，俗称"八宝玉石塔"。

⑨《梵网经》一百二十卷六十一品：鸠摩罗什译，此为僧肇所说，现今所存《梵网经》共二卷，全称《梵网经卢舍那佛说菩萨心地戒品第十》，又名《梵网经菩萨心地品》、《佛说梵网经》。

⑩道融、道影：皆为罗什著名弟子。道融（355—434），汲郡（河南卫辉）人，著名佛教高僧，善辩论。道融十二岁出家，游学多年，至三十岁，通内（佛学）外（诸子百家）之学，后从鸠摩罗什受学，参与译经，著有《法华经义疏》等书。道影，亦称"昙影"，鸠摩罗什的弟子，助师译经，著有《法华义疏》四卷，并注释《中论》。

⑪菩萨戒：修习大乘佛教的菩萨们所应受持之戒律，又称"大乘戒"、"佛性戒"、"方等戒"、"千佛大戒"。反之，小乘佛

教修行者所受持的戒律，称"小乘声闻戒"。大乘菩萨戒的内容为三聚净戒，即摄律仪戒、摄善法戒、饶益有情戒三项。汉译藏经中较受重视的菩萨戒本或菩萨戒经有《菩萨璎珞本业经》、《梵网经菩萨戒本》、《瑜伽师地论菩萨戒本》、《菩萨地持经戒本》、《菩萨善戒经戒本》、《优婆塞戒经戒本》六种，其中《梵网经菩萨戒本》特别受到重视。《梵网经》下卷主要阐述了大乘菩萨戒的十重、四十八轻戒的戒相。中国佛教重视授三坛大戒，即初受沙弥、沙弥尼戒，次受比丘、比丘尼戒，最后现受出家菩萨戒，但也有居士（佛教在家修行者）直接受大乘菩萨戒的做法。中国古代授菩萨戒主要依《瑜伽师地论》，现在则多以《梵网经》为依据。另，菩萨，"菩提萨埵"的略称，意译为"觉有情"，指有"上求佛道，下化众生"菩提愿心的大乘佛教修行者。《梵网经》上卷详细阐述了大乘菩萨修行从凡夫到成佛的阶第。

⑫心首：即心和头，意为最重要之处。

译文：

《梵网经》，是释伽牟尼佛所说百千万法中最具玄妙深义的经典，也是众多佛经的宗旨所在，是佛陀开示众生修行而得解脱的真正范本，展示了大乘菩萨依阶第渐次修行的正道。因此，如来因随顺众生因缘而方便说法的权教，虽然浩瀚无边，但要说到根本，则没有不是以该经为标准的。所以说，才识周遍、日理万机而神定气闲的后秦国主，虽然威震四海，但仍神往心念虚静玄妙；虽然征战南北所向披靡，但仍能静心参究超越尘世之道。弘始三年，值佛法淳风传遍东土中原之际，后秦国主宣诏迎请天竺法师鸠摩罗什于长安草堂寺，并聚集当时中国著名义学僧人三千多名，共同研讨翻译佛教经论，计达五十余部。其中有一百二十卷、六十一品的《梵网经》，但仅译出了专门阐述菩萨修行阶位的第十品《菩萨心地品》。

此经译出之时，道融、道影等三百多人，依法受了菩萨戒。大家都诵读此品，以之为修行根本。师徒对于广传流布此经有着共同的愿望，大家遂恭敬抄写了八十一部，以流通于世。希望那些发心求证无上智慧的人，能够借由此经得以彻悟佛理，也希望后世求法者能够一同得闻正法。

解读：

僧肇不愧为"中土解空第一人"，深得佛教般若学之精髓。佛教中道智慧可用《中论》中的"三是偈"作概括："因缘所生法，我说即是空，亦为是假名，亦是中道义。"也就说，对事物的认识应该从"空"、"假"、"中"三个方面进行。从事物缘起无自性上看是"空"，既已缘起，即非一无所有，因而称其为"假"，认识到事物既是"有"又是"空"，这就是佛教的"中道第一义谛"。任何事物都是"空"、"假"、"中"的统一体，三者虽三而一，虽一而三，即"空"即"假"即"中"。僧肇对于后秦国主姚兴的描述，也许并不符合历史的真实，但其描述却是十分符合大乘菩萨的理想人格和人生境界。"识达圜中，神凝纷表，虽威纶四海，而沾想虚玄；虽风偃八荒，而静虑尘外"，正如僧肇在其论著《物不迁论》中所说："然则旋岚偃岳而常静，江河竞注而不流，野马飘鼓而不动，日月历天而不周。复何怪哉？"大乘菩萨修行，所谓

"出世不离世，入尘不染尘"，正如后世禅宗所言之"无念、无相、无住"，即于诸境上心不染，于相而离相，虽入于诸相但知诸法体性本空，于诸法上念念不住，无所系缚。正所谓，了生死而不离生死，入涅槃而不取涅槃。

梵网经序（二）^①

　　夫宗本湛然^②，理不可易。是以妙穷于玄原之境，万行起于深信之宅。是以天竺法师鸠摩罗什，诵持此品以为心首。此经本有一百十二卷六十一品。什少践于大方^③，齐异学于迦夷^④。弘始三年，淳风东扇。秦主姚兴，道契百王，玄心大法。于草堂之中，三千学士，与什参定。大小二乘五十余部，唯《梵网经》最后诵出。时融、影三百人等，一时受菩萨十戒。岂唯当时之益，乃有累劫之津，故与道融别书出此《心地》一品。当时有三百余人诵此一品，故即书是品八十一部，流通于后代持诵相授。嘱诸后学好道君子，愿来劫不绝，共见龙华^⑤。

注释：

　　①梵网经序：此序见之于《大正藏》本《梵网经》，金陵刻经处版本上无此序。

　　②湛然：寂然清澈的样子，此处指佛法修行的最高境界。湛然有时也用来形容禅定的境界，《摩诃止观》卷九有"定心湛然，安住不动"（卷上）、"定心湛然，无缘无念"（卷下）的说法，即内心安住，不攀外缘，不染外境，自心内照而不昏沉。

③大方：即大乘佛教。

④齐（zhāi）异学于迦夷：本句的意思是指，鸠摩罗什在佛陀的出生地迦夷罗得到众多异学外道的尊敬。齐，敬重，恭敬。迦夷，即"迦夷罗"，释迦牟尼佛出生之地。

⑤龙华：本为树名，梵名"奔那伽"，弥勒佛将于此树下成佛。按佛教说法，释迦牟尼佛涅槃后，下一位出世的佛即为弥勒佛，弥勒佛下生此世界时，将于龙华树下三会说法，以救度众生，无量众生也会因为在龙华树下听闻弥勒佛说法而成佛，这就是"龙华三会"成佛之说。龙华，此处指悟道成佛，到达弥勒佛之净土。

译文：

成佛之境，本寂净湛然，其理玄妙而又常住不灭。佛法的深义通达于玄妙之境，无量佛教修持法门，都以发起对佛法的深切信心为基础。因此，天竺法师鸠摩罗什，时常持诵《梵网经·菩萨心地品》，以其作为修行所依的根本。大本《梵网经》原有一百二十卷，六十一品。鸠摩罗什法师从小就学习大乘佛法，在释迦牟尼佛的出生地迦夷罗国，他曾因驳倒诸多异学外道而声名远播。弘始三年，佛法之淳风流布东土中原。后秦国主姚兴，道德功业符合以前的百代圣王，倾心于佛法的参悟与传播。于是，在长安草堂寺中，聚集了当时中国著名义学僧人三千多名，与鸠摩罗什法师一起共同研讨翻译佛教经论，计得大小乘经论五十余部，其中《梵网经》为其最后译出。一俟此经译出，道融、道影等三百多人即时依法受持了菩萨戒。《梵网经》的译出，不仅利益于当时，更有功于后代万世。因此，道融与其他学士一起从大本《梵网经》中摘抄出《心地法门品》二卷，因为当时有三百多人要同时持诵本品，所以共抄录了《心地法门品》八十一部，也是为了后世流通持诵，转相教授。殷勤嘱咐后世喜好修持佛法者，愿万世诵持此经不辍，共赴龙华法会。

卷上

菩萨心地品之上

本品叙述了释迦牟尼佛在第四禅天摩醯罗天王宫中，为无量大梵天王及大菩萨，转述莲华台藏世界卢舍那佛所说的心地法门品，其内容主要阐述了大乘菩萨修行的次第，发趣十心、长养十心、金刚十心、体性十地，即三十心、十地共四十法门。

大乘菩萨行者从初发菩提心到修行圆满成佛的阶位，《华严经》《楞严经》《深密经》《菩萨璎珞本业经》《瑜伽师地论》等佛教经论皆有所述，但略有差异。《摄大乘论》中言其为四位，唯识家认为有四十一阶位，《大智度论》说有四十二阶位，《仁王般若经》说有五十一阶位，《菩萨璎珞本业经》《华严经》中说有十信、十住、十行、十回向、十地、等觉、妙觉共五十二个等级。

十信：信心、念心、精进心、慧心、定心、不退心、护法心、回向心、戒心、愿心。

十住：发心住、治地住、修行住、生贵住、方便具足住、正心住、不退住、童真住、法王子住、灌顶住。

十行：欢喜行、饶益行、无嗔恚行、无尽行、离痴乱行、善现行、无著行、尊重行、善法行、真实行。

十回向：救护一切众生离众生相回向、不坏回向、等一切佛回向、至一切处回向、无尽功德藏回向、随顺平等善根回向、随顺等观一切众生回向、真如相回向、无缚无著解脱心回向、法界无量回向。

十地：欢喜地、离垢地、发光地、焰慧地、难胜地、现前地、远行地、不动地、善慧地、法云地。

发心修学大乘菩萨道者，当经历此十信、十住、十行、十回向、十地等五十个阶位之后，进入第五十一等觉位。所谓等觉，指行十地，见解与佛相同，但实际修行比佛略逊一筹者。待断尽最后一丝无明，证得圆妙般若，具足无量功德，便登上妙觉位，即相等于佛陀的正觉之位。

《梵网经》中菩萨修行虽只讲三十心十地共四十次第，但与《华严经》、《菩萨璎珞本业经》等大乘经典所讲五十二阶地大同小异，且都用十进位法，集中体现了大乘佛教修学的次第。对般若、佛性、涅槃等大乘佛教范畴，《梵网经》进行了简约的、玄学化的说明，并对小乘佛教的有关思想作了大乘的理解和诠释，从而为下卷的十重、四十八轻戒的戒律思想建立了扎实的大乘义理基础。

尔时[①]，释迦牟尼佛，在第四禅地中摩醯首罗天王宫[②]，与无量大梵天王[③]，不可说不可说菩萨众[④]，说莲华台藏世界[⑤]，卢舍那佛所说心地法门品[⑥]。

注释：

①尔时：那时，当……时。佛教经典一开头通常是序分，简略介绍释迦牟尼佛宣说本经的时间、地点、听众等。"时"只是

表示说法的时间,并非实指。尔时,是两晋南北朝时期的常用之语。另外,印度文化不太重视历史,历法也不发达,其文化典籍中的历史事件,通常并不标有确切的时间,只是用"时"、"尔时"等虚指时间词汇标记。

②第四禅地:即"舍念清净地"。根据佛教理论,众生所居住的地方分为三界,即欲界、色界和无色界,众生于此三界生死轮转。在三界之中,欲界最低,包括地狱、饿鬼、畜生、阿修罗、人和天人六道。地狱、饿鬼、畜生为三恶道,其中众生罪业深重,愚痴不堪,痛苦无尽。阿修罗、人、天人为三善道,人道中众生,苦乐参半,贤愚对分;天人则多享快乐,但临终仍有堕落之苦;阿修罗虽有天人之福,但却因为嗔心强而有争战之苦。色界是高于欲界之天界,是脱离了淫欲、食欲和睡眠的众生所生活之地,是一个超越了物质的有形世界。欲界的人,可以借由修行,不断地由欲界上升到无色界,甚至可以超越三界,了生脱死。色界又可分为四个层次:初禅天(离生喜乐地)、二禅天(定生喜乐地)、三禅天(离喜妙乐地)、四禅天(舍念清净地),个人可以通过修习禅定功夫而托生相应的天界。摩醯首罗天王宫就是位于第四禅地天中。摩醯(xī)首罗天王:又名"大自在天王",居住在色界十八层天之顶,为三千世界之主。该天王本为古印度婆罗门教三大主神之一的湿婆,有极大的降魔能力,号称"毁灭之神",传说曾以额上的第三只眼喷射出毁灭一切的神火,烧毁三座妖魔城市和引诱他的爱神。婆罗门教认为"毁灭"有"再生"的含义,故湿婆也是创造神,是创造力的象征,受到性力派和湿婆派教徒的崇拜。在修行上,湿婆是苦行之神,终年在

喜马拉雅山上的吉婆娑山修炼苦行,通过严格的苦行和彻底的沉思,获得了最深奥的知识和神奇力量。另外,湿婆还是舞蹈之神,曾创造刚柔两种舞蹈,被誉为"舞王"。佛教兴起后,湿婆被纳入佛教谱系而成为护法神。

③大梵天王:在佛教创立之前的古印度神话中,大梵天王是世界万物的创造者,其地位相当于中国的盘古。梵天创造了世界万物,世界上的一切秩序都要受梵天的控制,但他也仁慈无比,有求必应。梵天与毗湿奴、湿婆合称为印度教的三大主神,后被佛教吸收为护法神,有时是释迦的右胁侍,手持白拂尘,但他又是色界初禅天之主,称"大梵天王"。

④菩萨:音译为"菩提萨埵(duǒ)","菩萨"是其简称。菩提,觉悟的意思,萨埵,有情的意思,故汉译为"觉有情"。小乘佛教时期,仅把释迦牟尼累世修行的前身和尚未成佛的悉达多王子称为菩萨,大乘佛教时期,发宏愿"上求菩提、下化众生"修习大乘佛法,修行上仅次于佛并即将成就佛果者,被称为菩萨,甚至一些精通佛法,德高望重的高僧大德及在家居士也称作菩萨。所以说,菩萨有高低次第之分,既有仅次于佛的得道圣者,如中国人所敬仰的文殊师利、普贤、观世音、地藏四大菩萨,也有初发心修习大乘佛法的凡夫发心菩萨。

⑤莲华台藏世界:又名"华藏世界"、"华藏国",意即自莲花出生之世界,或指含藏于莲花中之功德无量、广大庄严的世界。佛教认为,在风轮之上的香水海中有大莲华,此莲华中含藏着如微尘般无量的世界。莲华台藏世界,是说在华藏世界大香水海中,有一华台,上大下小,共有二十层,状如莲华形,藏有无

边数的世界，故名"莲华台藏世界"，西方净土信仰中的极乐世界即在此世界的十三层中。据《华严经》所述，毗卢舍那佛是莲华台藏世界的教主，普贤菩萨、文殊菩萨是其辅助。

⑥卢舍那佛：释迦牟尼佛报身的名号。佛有三身，分别是"法身"、报身和化身。法身佛是毗卢遮那佛，为中道之理体，以法为身，故称"法身"，法身处于常寂光净土；报身佛是卢舍那佛，喻光明遍照，表示证悟绝对真理得成佛果而显示的智慧佛身，是行六度万行功德而显示的佛之实智，对于初地以上菩萨应现之报身，处于实报庄严土；应身佛就是指释迦牟尼佛的生身，表示随缘教化，度脱世间众生而现的佛身。心地法门：心地，指发心修行大乘者，发"上求菩提、下化众生"之大愿心，犹如大地那样承载并滋养万物，故名心地。法门，法，轨持。门，通达，指依法修行可通达佛地。

译文：

那时，释迦牟尼佛在第四禅天摩醯首罗天王宫殿之中，向无量多的大梵天王，以及难以言计的菩萨们，宣说莲华台藏世界，卢舍那佛所说的是《梵网经》之《心地法门品》。

是时，释迦身放慧光①，所照从此天王宫②，乃至莲华台藏世界。其中一切世界，一切众生③，各各相视，欢喜快乐，而未能知此光，光何因？何缘？皆生疑念。无量天人，亦生疑念。

尔时，众中玄通华光主菩萨④，从大庄严华光明三昧起⑤，以佛神力，放金刚白云色光⑥，光照一切世界。是中一切菩萨，皆来集会与共，同心异口问此光，光为何等相？

注释：

①慧光：智慧之光。智慧，梵文音译为"般若"，是修习佛法而明见一切事物及道理的高深智慧。汉语"智慧"并不能完全表达"般若"，因而有世间般若与出世间般若之分。世间般若，即世俗的、相对的智慧，表现为世智辨聪，体现为世界观、方法论；出世间般若，即超世俗的、绝对的智慧，可以助人解脱烦恼，了生脱死。证悟佛教智慧者，不仅在于理论上的通达，而且具备了知行合一的能力。所以，佛教经论对于智慧的功用多有描述，如智慧剑、智慧刀、智慧风、智慧水、智慧灯、智慧楫、智慧根、慧烛、慧露、慧日、慧教、慧力、慧眼、慧命、慧光，等等。佛陀彻悟了无上智慧，心性通达灵明，自然会释放无限慧光，可以照破众生内心无明（愚痴，不能正确认识佛法、宇宙人生真理）而回归本自光明自性。大乘佛教认为，一切众生皆具慧光，但因无明障蔽，慧光不显，若除尽无明，则可引发人人心中本有的慧光。

②天王宫：即摩醯首罗天王宫。

③众生：又译为"有情"，指一切有情识的生物，以人类为代表。一切众生，狭义上指具无明烦恼而流转生死的迷界凡夫，《杂阿含经》卷六中说："佛告罗陀，于色染著缠绵，名曰众生；于受、想、行、识染著缠绵，名曰众生。"从广义讲，众生也包括悟界

的佛、菩萨等。另外，众生也有众人共生、历经众多生死等义。

④玄通华光主菩萨：依《梵网经古迹记》中所说，所证真理名"玄"，能证真智名"通"，能生大果名"华"，能除暗障名"光"，故名"玄通华光"。因德行智慧能通达佛光甚深之道，并能于众中作唱导之主，因此而立名"玄通华光主菩萨"。

⑤大庄严华光明三昧：依《大品般若经》、《大智度论》，三昧共有一百零八种，大庄严华光明三昧只是其中一种，系大乘菩萨众德庄严、成于大光明三昧的一种禅定状态。三昧，又作"三摩地"、"三摩提"、"三摩帝"，意译为"定"、"等持"、"正受"、"调直定"、"正心行处"、"息虑凝心"等，指一种禅定境界，系修行者心定于一处或一境而不散乱的寂静状态。

⑥金刚：喻坚固，佛教经典中常用它比喻佛法的恒久、珍贵及坚不可摧，并能断除一切烦恼。白云：形容佛德或佛智净无瑕玷，万德丛集。

译文：

这时，释迦牟尼佛全身放无量智慧光，遍照摩醯首罗天王宫，乃至整个莲华台藏世界。此间的一切世界，一切众生，见此无量慧光，都欢喜快乐，但不知此光依何因何缘而放，所以皆心生困惑。即使是无量的天人，对此也心有疑念。

正值大众欢喜并困惑之时，玄通华光主菩萨，从大庄严华光明正定中起定，仰仗佛力的加持，也放出金刚白云色光，遍照一切世界。承此光明所照的一切菩萨，也都集会此处，异口同声询问此光，光的因缘、实相是什么？

　　是时，释迦即擎接此世界大众①，还至莲华台藏世界，百万亿紫金刚光明宫中②，见卢舍那佛，坐百万亿莲华赫赫光明座上。时释迦及诸大众，一时礼敬卢舍那佛足下已。

　　释迦佛言："此世界中③，地及虚空，一切众生为何因缘得成菩萨十地道④？当成佛果为何等相？"如《佛性本源品》中，广问一切菩萨种子⑤。

　　尔时，卢舍那佛，即大欢喜，现虚空光体性⑥，本源成佛常住法身三昧⑦，示诸大众。

注释：

①擎接：擎上接下。

②百万亿紫金刚光明宫中：如兜率天弥勒菩萨五百亿宫。紫金刚光明，表示智慧的境界。宫中，表示涅槃的理境。理以智明，智系理发，以理契智，圆融无碍。

③世界：世，指一维的时间流变，有过去、现在、未来的三世迁流。界，指方位，有东南西北、上下等十方空间的定位，所以说佛教的"世界"是一个含有时间、空间的复合概念。按佛教的世界观，以须弥山为中心，加上围绕其四方的九山八海、四洲（四天下）及日月，合为一单位，称为一世界。合千个一世界，为一小千世界；合千个小千世界，为一中千世界，合千个中千世界，为一大千世界，宇宙即由无数个三千大千世界所构成。

④因缘：是因与缘的合称。因，指引生结果的直接内在原因。缘，指由外来相助的间接原因。按佛教理论，一切事物皆由

因缘的聚散而生灭，一切万有都是因缘和合的假有存在，无有自性，此即"缘起性空"之理。从一定意义说，整个佛教义理，包括佛教的世界观、人生观、解脱论、幸福观，等等，都是建立在"缘起论"的基础之上。菩萨十地道：即菩萨修行十个阶地的道理。按本经下文所述，大乘佛法修行从凡夫到佛地，共三十心、十地四十个次第，其中"十地"为证得菩萨果位后由低到高的十个层次，与华严、唯识等家所说的菩萨十地略有区别。

⑤菩萨种子：指菩萨成就的根本。种子，原指植物种子，佛教以"种子"比喻行为或现象生起的根本，即世间的种种行为在发生过后尚有余势潜在地存留着，并成为未来行为生起的原因，或影响未来的行为。原始时佛教将促使善恶业及其果报连续不绝的潜在功能譬喻为种子，经量部、化地部等部派认为种子是支持人类生存的力量，大乘瑜伽行派则将阿赖耶识中能生起现行的功能立为种子，此为唯识学所继承。

⑥虚空光体性：即遍照虚空智慧之光的实相。虚空，荡无纤尘。光，遍照法界。体性，实相。

⑦法身三昧：法身，即诸佛所证得的真如法性之身。法身正定，即成就无上智慧得证佛果的无上正定。

译文：

这时，释迦牟尼佛以其神力，上擎下接此光所照一切世界的大众，归于莲华台藏世界百万亿紫金刚光明宫中。见卢舍那佛，端坐在百万亿莲华赫赫放光的光明座上。释迦牟尼佛与无量大众，皆礼拜卢舍那佛足下。

礼毕，释迦牟尼佛问道："此莲华台藏世界中、大地上及广大无边虚空的一切众生，借凭何种因缘而能成就菩萨十地道？证得佛果之时，又是何等境界？"如在《佛性本源品》中那样，全面地询问了一切菩萨修行证果的根本。

此时，卢舍那佛，闻听此种问题，非常欢喜，随即向无量大众展现了遍照虚空智慧之光的体性，示现了成就无上智慧得证佛果的无上正定。

是诸佛子①，谛听，善思修行。

我已百阿僧祇劫修行心地②。以之为因，初舍凡夫，成等正觉③，号为卢舍那，住莲华台藏世界海④。其台周遍有千叶，一叶一世界，为千世界。我化为千释迦，据千世界。后就一叶世界，复有百亿须弥山⑤，百亿日月，百亿四天下⑥，百亿南阎浮提⑦，百亿菩萨释迦，坐百亿菩提树下⑧，各说汝所问菩提萨埵心地。其余九百九十九释迦，各各现千百亿释迦，亦复如是。

千叶上佛，是吾化身。千百亿释迦，是千释迦化身。吾以为本源，名为卢舍那佛。

注释：

①佛子：佛弟子，广义上指奉行佛陀教法的人。狭义上，指修习大乘佛教，受持大乘菩萨戒，承担如来家业，欲成佛而使佛种不绝的大乘菩萨。原始佛教时期，佛子也是阿罗汉的通称。

②阿僧祇劫：指极久远的时间。阿僧祇，意为无量无数。劫，原为古代印度婆罗门教极大时限的时间单位，佛教沿之而用以说明世界生成与毁灭的过程。婆罗门教认为世界已经历无数劫，一劫相当于大梵天的一白昼，或一千时，即人间的四十三亿二千万年。劫末有劫火出现，烧毁一切，复重创世界，世界如此轮回，一个轮回，是为一劫。佛教对于"劫"的分类，诸经论有各种说法。

③等正觉：佛的十个名号之第三，谓遍正觉知一切法，获得真正觉悟的人。觉即知也，觉知遍于一切，是遍也；觉知契于理，是正也。

④莲华台藏世界海：恒河沙多的三千大千世界为一世界海，十万恒河沙的世界海为一佛世界。

⑤须弥山：又作"苏迷卢山"、"须弥卢山"，意译为"妙高山"、"好光山"等。须弥山原为印度神话中的山名，佛教宇宙观沿用之，谓其耸立于一小世界中央的高山，以此山为中心，周围有八山、八海环绕，而形成一世界。一千个一世界称为一小千世界，一千个小千世界称为一中千世界，一千个中千世界为一大千世界，合小千、中千、大千总称为三千大千世界，此即一佛之化境。

⑥四天下：须弥山四方的四大洲，由金轮圣王统领。

⑦南阎浮提：又名"阎浮利"、"阎浮"或"南阎部洲"，位于须弥山南部，为四大洲之一，此洲有一大树名"阎浮提"，余洲皆无，故以此为名。

⑧菩提树：又名"毕钵罗树"，释迦牟尼曾于中印度摩揭陀

国伽耶城南菩提树下证得无上智慧,故此树又译名为"觉树"、"道树"、"道场树"、"思维树"、"佛树"。

译文:

诸位佛弟子,请认真听我所言,仔细思维义理,并如实修行。

对于菩萨心地法门,我的修行已经历经百数劫久远的时间。凭着菩萨心地法门的滋养,我才能够舍弃凡夫之性,成就无上正等正觉,号称"卢舍那佛",得住莲华台藏世界海。此海中央的莲华台,四周有莲华千叶转绕,每一叶中有一世界,故有千世界。我化身千释迦,示现于千世界中。就千叶中一叶世界来说,又有百亿须弥山、百亿日月、百亿四天下、百亿南阎浮提,百亿数的菩萨、释迦,端坐在百亿的菩提树下,分别在宣说着你们所询问的菩萨心地法门。其他九百九十九位释迦,又都各各化现千百亿位释迦,也在宣讲着菩萨心地法门。

千叶上的每一位佛,都是我的化身。千百亿的释迦,也是千释迦的化身。诸佛皆以我为本源,号称"卢舍那佛"。

说明:

从经文开头至此处,为本经的"序分",下面为详说部分。

尔时,莲华台藏世界卢舍那佛,广答告千释迦、千百亿释迦所问心地法品。

"诸佛当知,坚信忍中①,十发趣心向果②:一舍心,二戒心，三忍心，四进心，五定心，六慧心，七愿心，八护心，九喜心，十顶心。

"诸佛当知，从是十发趣心，入坚法忍中③，十长养心向果④：一慈心，二悲心，三喜心，四舍心，五施心，六好语心，七益心，八同心，九定心，十慧心。

"诸佛当知，从是十长养心，入坚修忍中⑤，十金刚心向果⑥：一信心，二念心，三回向心，四达心，五直心，六不退心，七大乘心，八无相心，九慧心，十不坏心。

"诸佛当知，从是十金刚心，入坚圣忍中⑦。十地向果⑧：一体性平等地，二体性善慧地，三体性光明地，四体性尔焰地，五体性慧照地，六体性华光地，七体性满足地，八体性佛吼地，九体性华严地，十体性入佛界地。

"是四十法门品，我先为菩萨时，修入佛果之根源。如是一切众生，入发趣、长养、金刚、十地，证当成果。无为无相⑨，大满常住⑩。十力、十八不共行、法身、智身满足⑪。"

尔时，莲华台藏世界，卢舍那佛赫赫大光明座上，千华上佛，千百亿佛，一切世界佛。是座中有一菩萨，名华光王大智明菩萨，从坐而立，白卢舍那佛言："世尊，佛上略开十发趣、十长养、十金刚、十地名相，其一一义中，未可解了，唯愿说之！唯愿说之！"妙极金刚宝藏一切智门，《如来百观品》中已明。

注释：

①坚信忍：菩萨修行的法门，即修习信心坚固，得成于忍，以得证发趣位。

②十发趣：即"十住"或"十心"，是入位之初，故为"发趣"。心向果：即心心皆指向佛果，心心符合"上求佛果，下化众生"的宏愿。发趣，即发心趣向大乘之境。

③坚法忍：从法趣位，修习坚固，得成于忍，乃得证长养位。

④十长养：菩萨修行五十二阶位中，第二十一位至第三十位的十行位。于此位中，菩萨增长善根，长养圣胎，故名"长养"。此时所修之十种心，即"十长养心"。

⑤坚修忍：修习长养心，坚固成忍，乃得证金刚位。

⑥十金刚：菩萨修行五十二阶位中，第三十一位至第四十位的十回向位。回向，指以大悲心救护一切众生之意。修行到达十回向位时，便会坚强地积集善根，故又称为"十金刚位"。

⑦坚圣忍：修习圣法，成坚固忍，乃证入十地位。忍可谛理，故名"圣忍"。

⑧十地：真正证入菩萨果位的十个阶位。大地能生长万物，故佛典中常以"地"来形容能生长功德、负荷一切的菩萨行。十地，与前面的十信、十住、十行、十回向有了本质的区别。证入初地，即入见道位，现证法身，此时必欢喜之极，从此能荷担如来家业，绍隆佛种不断，真是佛子，真正得生如来家。

⑨无为：原系"涅槃"之异名，"无造作"之意，与"有为"相对，即非由因缘所造作、离生灭变化而绝对常住之法，又称"无为法"。无相：无形相之意，为"有相"之对称，也用来描述涅

槃之境。北本《大般涅槃经》卷三十《师子吼菩萨品》："涅槃无色相、声相、香相、味相、触相、生相、住相、坏相、男相、女相等十相，故涅槃又称无相。"

⑩大满：指万德圆满。常住：指不变不迁。

⑪十力：即"十种智力"，从内容上有佛的十力和菩萨的十力两种之分。菩萨十力，指在十回向中，第九无缚无著解脱回向位之菩萨所具足的十种力：深心力（直心力）、增上深心力（深心力）、方便力、智力（智慧力）、愿力、行力、乘力、神变力（游戏神通力）、菩提力、转法轮力。如来十力，是指佛十八共法（见下注）中的十种。因为如来证得实相之智，了达一切，无能坏，无能胜，故有多种神力。即：一、处非处智力，谓如来于一切因缘果报审实能知。二、业异熟智力，谓如来于一切众生过去、未来、现在三世业缘果报生处，皆悉遍知。三、静虑解脱等持等至智力，谓如来于诸禅定自在无碍，其浅深次第如实遍知。四、根上下智力，谓如来于诸众生根性胜劣、得果大小皆实遍知。五、种种胜解智力，谓如来于诸众生种种欲乐善恶不同，如实遍知。六、种种界智力，谓如来于世间众生种种界分不同，如实遍知。七、遍趣行智力，谓如来于六道有漏行所至处、涅槃无漏行所至处如实遍知。八、宿住随念智力，谓如来于种种宿命，如实遍知。九、死生智力，谓如来借天眼如实了知众生死生之时与未来生之善恶趣，乃至美、丑、贫、富等善恶业缘。十、漏尽智力，谓如来于一切惑余习气分永断不生，如实遍知。(《佛光大辞典》)十八不共行：也称"十八不共法"，指佛和菩萨所具有的十八种不同于声闻、缘觉的特征或功德，在内容上有菩萨十八不共法和

佛十八不共法。菩萨十八不共法：一、行施不随他教，二、持戒不随他教，三、修忍不随他教，四、精进不随他教，五、静虑不随他教，六、般若不随他教，七、行于摄事，能摄一切有情，八、能解回向，九、方便善巧为主，十、不退大乘，十一、善能示现于生死涅槃，而得安乐，言音善巧能随世俗，十二、智为前导，虽现前起种种受生，而无所作，离诸过失，十三、具足十善身语意业，十四、为摄诸有情，恒不舍离，常能忍受一切苦蕴，十五、能为示现一切世间之所爱乐，十六、虽于众多苦恼愚夫及声闻中住，而不忘失一切智心，如宝坚固清净庄严，十七、若受一切法王位时，以缯及水系灌其顶，十八、能不舍离诸佛正法示现悕求。佛之十八不共法：一、诸佛身无失，二、口无失，三、念无失，四、无异想，五、无不定心，六、无不舍心，七、欲无减，即度众生之欲望不减，八、精进无减，九、念无减，十、慧无减，十一、解脱无减，十二、解脱知见无减，十三、身业随智慧行，十四、一切口业随智慧行，十五、一切意业随智慧行，十六、智慧知见过去世无阂无障，十七、智慧知见未来世无阂无障，十八、智慧知见现在世无阂无障。（《佛光大辞典》）智身：华严宗所说佛的十身之一，因佛身具足圆明之智慧，故又称"智身"。

译文：

此时，于此莲华台藏世界之中，卢舍那佛广泛回答了千释迦、千百亿释迦所问的心地法门。

卢舍那佛说："诸佛应当知道，发心趣向大乘，成就'坚信忍'，有'十发趣'而心心皆趣向佛果。即：一、舍心，二、戒心，

三、忍心，四、进心，五、定心，六、慧心，七、愿心，八、护心，九、喜心，十、顶心。

"诸佛应当知道，从此'十发趣'可证入'坚法忍'中，得'十长养心'而心心皆趣向佛果。即：一、慈心，二、悲心，三、喜心，四、舍心，五、施心，六、好语心，七、益心，八、同心，九、定心，十、慧心。

"诸佛应当知道，从此'十长养心'可证入'坚修忍'中，得'十金刚心'而心心皆趣向佛果。即：一、信心，二、念心，三、回向心，四、达心，五、直心，六、不退心，七、大乘心，八、无相心，九、慧心，十、不坏心。

"诸佛应当知道，从此'十金刚心'可证入'坚圣忍'中，入十地位而趣向佛果。即：一、体性平等地，二、体性善慧地，三、体性光明地，四、体性尔焰地，五、体性慧照地，六、体性华光地，七、体性满足地，八、体性佛吼地，九、体性华严地，十、体性入佛界地。这十地亦皆趣向佛果。

"此处所说的四十法门品（即上述三十心、十地），是我在修大乘菩萨道时所修持的内容，是证得佛果的根本。所以，一切众生，如果能够修持这十发趣、十长养心、十金刚心，乃至十地，则能证成佛果。能够通达无为无相的真义，诸漏永尽，功德圆满，不变不迁，十力、十八不共法、法身、智身圆满具足。"

这时，莲华台藏世界，卢舍那佛赫赫大光明座上，千华之上无量诸佛，千百亿佛，一切世界诸佛，皆会聚而至。在座有位华光王大智明菩萨，从座位上站起，向卢舍那佛说："世尊，您刚才已经简略开示了十发趣、十长养、十金刚及十地的名相，然其中一一深义，我们未能详细了解，恳请您详细解说！恳请您详细解说！"妙极金刚宝藏一切智门，在大本《梵网经》中的《如来百观品》中已经详细说明。

解读：

对于大乘菩萨道的修习，《梵网经》分四十阶位，可粗分为四位，此四位又是渐次推进，相互摄持的。一、十发趣，就是说，修习大乘菩萨道，首先得发"上求佛道，下化众生"的大乘愿心，具体表现在舍心、戒心、忍心、进心、定心、慧心、愿心、护心、喜心、顶心。虽然发心，但不一定能常存此心，所以得时常修习此十心，待此十心于自心接近纯熟，是谓证入"坚信忍"，得"十住位"，即信心坚固，则心心皆趣向佛果，正所谓"发心如初，成佛有余"。二、十长养心，由十发趣而对大乘佛法信心坚固，由修习佛法而产生法喜，进而得以增修、滋养善根。修法得益，则会进一步增强对大乘佛法的信心，是谓"坚法忍"，得"十行"位。三、十金刚，"十长养心"涵养成熟，法喜日盛，继续培养善根，则逐渐达到十金刚心，待十金刚心成熟，则入"坚圣忍"，成就"十回向"位。四、十地。前三阶位的修行，总体上说属于证果成圣的前期阶段，即使与十地中的最低阶位初地相比，仍然有着本质的区别。前三期成就者可以称为"贤人"，真正登地证果者，方可称为"得道圣人"。证入初地的菩萨，初始见道，证我空法空之理，断小乘所说的"三结缚"（身见、戒禁取见、疑见），得从来未有之出世心，尝到从来未有的离世乐，观察如来所有的一切功德，分证了无上菩提，所以得到无比的欢喜。登地菩萨，方才真正开始能荷担如来家业,绍隆佛种不断,才是真正意义上的佛子,名为"生诸如来家"。但证果菩萨又有境界不同,共有十个层次,是谓十地。第十地成就后,即进入等觉位,并最终登上妙觉位而成就佛果。

十发趣心

《梵网经》的十发趣心大致相当于华严十信位的十信心,具体指:第一、舍心,第二、戒心,第三、忍心,第四、进心,第五、定心,第六、慧心,第七、愿心,第八、护心,第九、喜心,第十、顶心。

对于十信心,各种菩萨戒经的说法略有不同。《仁王般若经》:信心、精进心、念心、慧心、定心、施心、戒心、护心、愿心、回向心。《菩萨璎珞本业经》:信心、念心、精进心、定心、慧心、戒心、回向心、护心、舍心、愿心。

所谓发趣心,指发心修行,趣向大乘。发趣十心,即发心修行十心,心心皆趣向大乘之境,最终成就佛果。处于十发趣心位的佛法修持者,虽然已经发心修习大乘,但仍然是凡夫,故名"初发心菩萨"。

尔时,卢舍那佛言:"千佛谛听,汝先言云何义者,发趣中。"

译文:

那时候,卢舍那佛对大家说:"诸佛请仔细听,你们先前所问我将作出回答。现在先说发趣之义。"

第一　舍心①

　　若佛子，一切舍。国土、城邑、田宅、金银、明珠、男女、己身②，有为诸物③，一切舍。无为无相，我人知见，假会合成④，主者⑤，造作我见⑥，十二因缘⑦，无合无散无受者⑧。十二入、十八界、五阴⑨，一切一合相⑩，无我、我所相⑪，假成诸法。若内一切法、外一切法⑫，不舍不受⑬。菩萨尔时名如假会观现前故⑭，舍心入空三昧⑮。

注释：

　　①舍心：舍弃之心。为了修持并弘扬大乘佛法，应该随时作好准备舍弃一切，包括舍弃财物和生命，以及对其拥有之心。舍心是初发心修行大乘菩萨道者应该具备的基本心态之一。

　　②男女：指修行者拥有的男女奴婢。

　　③有为诸物：指由因缘和合所产生的所有事物。有为，谓有所作为、有所造作之意，又称"有为法"。小乘佛教认为，世上万法，除去三种无为（虚空无为、择灭无为、非择灭无为），其余皆属有为现象。大乘则将无为等同于真如，真如以外，皆属有为。

　　④假会合成：假借各种因缘聚会和合而成。假，假借。佛教认为，世界上所有的事物都是因缘聚会而成，并无恒常的主体存在，所以只能说是暂时的、假有的存在。

　　⑤主者：主宰，即认为万事万物存在着恒常不变的主宰。

⑥我见：指执著于有实我的妄见，对于并无恒常主宰的万事万物，妄执有恒常性。据《大乘起信论》中所说，我见又分人、法二种：一、人我见，即执著于色、受、想、行、识，以五蕴假合的身心为实我。二、法我见，即妄计一切法皆有其实在体性。我见为四根本烦恼之一，以"染慧为性"，可分为身见、边见、邪见、见取见、戒禁取见五种。

⑦十二因缘：又名"十二有支"、"十二缘起"等。十二因缘是佛教最重要的基本理论之一，是佛教对于宇宙人生的基本观点，它以十二种条件来说明众生人身涉三世而轮回六道的次第缘起。十二因缘为：无明、行、识、名色、六处、触、受、爱、取、有、生、老死。据《长阿含卷·十大缘方便经》中所载，缘痴有行，缘行有识，缘识有名色，缘名色有六入，缘六入有触，缘触有受，缘受有爱，缘爱有取，缘取有有，缘有有生，缘生有老、死、忧、悲、苦恼大患所集。此十二支中，各前者为后者生起之因，后者为前者之果，前者若灭，后者亦灭，相依相待，即一切事物皆具有相依性，皆由因、缘所成立。十二因缘阐述了三世二重因果。无明与行为过去世二因，识、名色、六处、触和受所说的是现在世五果，此二因与五果构成了过去、现在之一重因果。受、取、有为现在三因，其造就了生与老死未来二果，此现在三因与未来二果为现在、未来一重因果。总体上说，十二因缘法诠释了众生人身六道轮转之三世轮回二重因果。

⑧无合无散无受者：指万法与法体的关系。万法因缘而生，法体本来不生，所以说无合；万法因缘而灭，法体本来不灭，所以说无散；既无生灭又无合散，当然亦无受彼生灭者。

⑨十二入：指内六根加外六境，又称"十二处"，为蕴、处、界三科之一。佛教认为，人类的认识，是人的认识器官六根（眼、耳、鼻、舌、身、意）对于外部世界的六尘（色、声、香、味、触、法六种现象）发生作用而产生。入是"涉入"的意思，谓根能涉尘，尘能入根，根尘互相涉入而生识，并为识之所入，故称"十二入"。六根六尘是"托以生识"之处，也就是说，人们对外部世界的六识（即关于色、声、香、味、触、法的认识）是依托六根六尘而生的，六根六尘是六识所生之处，故六根六尘又名"十二处"。十八界：界，音译"驮都"，具有层、根基、成分、要素、领域、种族、分界等义，此处意为"种类"。十八界，指十八种类，上述的六根、六尘与六识合称为"十八界"。佛教用十八界统摄世界上的一切现象，也就是今日所说的物质世界和精神世界。五阴：又称"五蕴"、"五众"、"五聚"等，蕴、处、界三科之一。蕴，音译"塞健陀"，指积聚、类别之意。五蕴，指构成人类身心的五种条件，即：色、受、想、行、识。一、色蕴：泛指宇宙间一切物质现象，亦包括我人的身体，由地、水、火、风四大种所造。二、受蕴：我人的感受、感觉，包括身的感受和心的感受。三、想蕴：我人的思想、概念，或心中浮现的形象。四、行蕴：行是造作，包括我人的意志、意念及行为，也包括对境而生起的嗔贪等强烈善恶情绪，以及无缘而起的嗔贪等情绪。行蕴有二种：心相应行蕴和心不相应行蕴。触、作意等，与心相应，是名心相应行蕴。举得、不得、无想定、灭尽定，等等，不与心相应，是名心不相应行蕴。五、识蕴：对境而了别识知事物之心及其本体。

⑩一合相：事物是由众缘和合而形成的一种相状，故称为

"一合相"。以佛教观点而言,世间上的一切事物,皆为一合相。

⑪无我、我所相:世界上的一切事物都是因缘和合而成,是一定时空条件下暂时的假有存在,并无恒常的主体,所以说无我、无我所。

⑫内一切法、外一切法:即一切道理,一切事物,总体上可分为三类:一者有为法,二者无为法,三者不可说法。

⑬不舍不受:指不舍弃也不执著。事物是因缘和合所生,我们既认识到它性空的面,从而不执著;也要认识到它暂时存在的意义,从而不舍弃。正所谓即空即有,是谓中道。

⑭假会观:指从假入空。虽然面对纷繁的万事万物,但能清楚地认识到它们只是因缘和合的假有存在,其本性为空,这样才能入尘而不染尘,有求无执。

⑮入空三昧:即观一切事物皆是因缘所生,色、受、想、行、识五蕴也是因缘和合所生,无我,也无我所,本性为空,如此则能入于空三昧。空三昧是指心境空灵寂灭、离于邪乱、敛守宁静的一种禅定境界。三昧,又名"三摩地"、"三摩提"等,指定心一处而使心境寂静的状态。

译文:

佛弟子,若要发心修习大乘佛法,就应当有一颗无执著之心,一切都应能舍弃。无论是国土、城邑、田宅,还是金、银、明珠,抑或是妻妾、儿女、奴婢,甚至是自己的身体性命,所有的因缘和合诸物,一切都能够舍弃。

万物本性为空,无有形相,但人们由于执著于有我、有人的知见，以为目之所见皆实，并以我为主宰，从而生种种贪着。其实，一切万法都是假有的存在，都是假借众缘和合而成。

认为事物有主宰，是众生造作的我见。因为一切有为诸法，都是由十二因缘相生相依和合而成，本无恒常主宰。一切事物虽由因缘和合而生，但其体性本空而无有生，所以说其无合。一切事物也会待因缘尽而灭，但其体性本空而无有灭，所以说其无散。既无生无灭，也就无有受生灭者。十二入、十八界、五蕴，一切事物都是因缘和合而成的一合相。一切事物，都没有恒常的主宰，也没有恒常之相，只是因缘聚会的假有存在。若能对一切物质现象和精神现象不舍不受，菩萨就能够彻见万法皆假，体性本空，从而成就舍心，证入空心三昧。

解读：

本节所述舍心为十心之首，其主旨在于强调修习大乘菩萨道者，首先得发起放下舍弃之心。在对发起舍心的论述中，大乘佛法之中道观始终贯穿其中。舍，在大乘佛教，更多的是放下，而不是放弃。一切事物都是因缘和合而生，是假有的存在，是流动变迁的，也就是"诸行无常"。但是，人们总是认为事物应该恒常不变，事物的变化总是应该有所主宰的，当人们执著于恒常时，而事实上又不可能时，痛苦也就产生了。正确的方法是认识到事物的无常假有，接纳事物的本然状态，痛苦也就不存在了。大乘佛教，不仅要认识到事物空的一面，不执著于有，更要重视有的一面，重视当下的责任义务。在心性上，应当扫除一切有为、无为的执著相，但在事相上，则要发大菩提心，认真做好每一件事,即所谓即有即无、非有非无的中道智慧。

第二　戒心

若佛子,戒、非非戒①,无受者②。

十善戒③,无师说法。欺盗乃至邪见,无集者④。慈、良、清、直、正、实、正见、舍、喜等⑤,是十戒体性⑥。制止八倒⑦,一切性离⑧,一道清净⑨。

注释:

①戒、非非戒:也可作"非戒、非非戒"。在戒律思想上,大乘佛教注重心的持戒,不重视有形的授戒、受戒和持戒,是谓"非戒"。但是,大乘佛教修持者,由于重视智慧的开启与自性的清净,在身、口、意等方面,也不是不符合戒律的要求,是谓"非非戒"。非戒、非非戒,体现了有无双遣的大乘中道智慧观。

②无受者:指大乘菩萨戒无受而受,无戒而戒,不着有、无二边。大乘菩萨仍然有成文的戒法,正式的授戒形式,无受者,只是从心性和智慧方面立论。

③十善戒:佛教将人的行为分为身、口、意三业,具体又有身三业、口四业和意三业,共十种业。十善戒就是分别对治十种业的戒律,即不杀生、不偷盗、不邪淫、不妄语、不两舌、不恶口、不绮语、不贪欲、不嗔恚、不邪见。

④无集者:无聚集,不招集。

⑤慈:佛教讲的慈,是对一切生命无差别的友爱,因为有慈悲心,从而有戒杀的行为。中国大乘佛教进一步提倡吃素,

不吃众生肉,长养慈悲心。佛教慈悲,也是与智慧联系在一起的,不仅要发心慈悲,更要注重结果上的慈悲。良、清、直、正、实:良以防盗,清以防淫,直以防妄,正以防酤,实以防赞毁。十善戒的诸种功德,可直接对治相应的恶习。正见:正确的知见,就是以佛教的观点去看待世界与人生。舍、喜:以舍防悭,以喜防嗔。

⑥十戒体性:十戒,大小乘皆有十戒的说法,此处当指卷下所说的大乘十戒。即杀戒、盗戒、淫戒、妄语戒、酤酒戒、说四众过戒(出家、在家菩萨和比丘、比丘尼)、自赞毁他戒、悭惜加毁、嗔心不受悔戒和谤三宝戒。体性,事物的实体为体,其体的不变性为性,此处体性指十善戒的功德本性。

⑦八倒:八种颠倒,是凡夫与二乘人所执取的,与佛的知见相反的八种错误见解。凡夫有四种:将无常计为常,无乐计乐,无我计我,无净计净。二乘亦有四种:即将常计无常,乐计无乐,我计为无我,净计无净。

⑧一切性离:指正戒性、邪戒性、有戒性、无戒性等,皆已远离。

⑨一道清净:指体性本自清净。

译文:

佛弟子,大乘菩萨戒,既不执著于有,不以戒相约束于身,也不是没有戒,似凡夫、外道那样,以为无戒可持,恣意妄为,不受束缚。大乘菩萨戒是一种无受而受、无戒而戒的大戒。

若通达了大乘菩萨戒远离有无二边的精神实质,菩萨十善戒，就算无师说戒与授戒，欺盗乃至邪见等恶业，也不会招集。慈（不杀）、良（防盗）、清（防淫）、直（防妄）、正（防酤酒）、实（防赞毁）、正见、舍（防悭）、喜（防嗔）等，是大乘十戒的真正体性。通达了十戒的体性，则可以制止凡夫、外道的"八种颠倒"，远离恶性，达到清净的梵行。

解读：

戒、定、慧是佛教三种最基本的理论，由戒而定，由定生慧，最终走向生命的解脱。戒律的作用在于防止修行者身、口、意造作恶业。小乘佛教比较注重行为上的持戒，坚守系列戒法，大乘佛教则比较注重戒心，防止心意上造作恶业。从戒与慧的成就方面讲，持戒可以生定，定则能生慧，所以戒是定慧的基础。但是，只有会犯戒者才有必要持戒。守戒，也是跟自己的习性作斗争。既有斗争，就会有内心的拉扯，有拉扯，内心也会更加烦躁，更不能生定生慧。因此，佛教修行者，有人从戒到定到慧，也有从慧到定到戒。随着智慧的成就，定力自然增长，持戒能力增加，身心也会自然符合戒相而无须持戒。大乘佛教强调发大菩提心，证悟中道智慧，成就道共戒体，则自然远离有无二边，虽无守戒之心，但内心通达戒之体性，身、口、意没有不符合戒法的。

第三　忍心

若佛子，忍①，有无相慧体性②。一切空，空忍③。一切处忍，名无生行忍④。一切处得，名如苦忍⑤。无量行，一一名忍。无受、无打、无刀杖嗔心，皆如如⑥。无一一谛⑦，一相⑧。无无相、有无有相，非非心相、缘无缘相⑨。立住动止，我人缚解。一切法如⑩，忍相不可得。

注释：

①忍：大乘佛教六波罗蜜或十波罗蜜之一，又译为"羼提"，有忍辱、忍耐、堪忍、忍许、忍可、安忍等意，即受他人之侮辱恼害等而不生嗔心，或自身遇苦而不动心，证悟真理，心安住于理上。依经论所载，忍有二忍、三忍、四忍、五忍、六忍、十忍等不同的说法。

②无相慧：佛法中道智慧，教人既不执著于有，也不执著于空，能离于二边之偏执，体认无相之中道智慧，即为无相慧。无相慧属于别教菩萨于十地位中的智慧。无相，无形相之意。佛教认为，一切诸法皆是因缘和合而生，都无自性，自性本空，无形相可得，故名"无相"。

③空忍：观三界苦果，无有实体；生死苦谛，性本空寂，即得空忍。

④无生行忍：又名"无生忍"，指安住于无生无灭之理而不动。《大智度论》卷五十中说："无生忍法者，于无生灭诸法实相中信受通达无碍不退，是名无生忍。"《大乘义章》卷十二中说："理寂不起，称曰无生。慧安此理，名无生忍。"通达无生忍者，于一切善恶凡圣境界，了无一相可得，无所挂碍，无有恐怖，无得无失，能证乎此者，则入大菩萨位矣。

⑤如苦忍：于世间一切处，难忍能忍，忍人之所不能忍，如忍诸毒害苦恼一样，是名"如苦忍"。此为世俗之忍，有形之忍，有忍之忍。

⑥如如：即"真如"。三轮体空，无有我、人、众生、寿者，四相皆空，真如现前，是名"如如"。真如，指事物的真实相状，或真实性质，又作"如如"、"如实"、"法界"、"法性"、"实相"、"如来藏"、"法身"、"佛性"、"自性清净身"、"一心"，等等。对于"真如"的含义，佛教各派解释不同，真如的分类也各有异。

⑦谛：指真实不虚之义，言真实之道理不虚妄也。佛教有二谛、四谛等说法。二谛即俗谛、真谛，如世俗的道理，名为"俗谛"；涅槃寂静的道理，名为"真谛"。见真谛理者为圣者，不然为凡夫。四谛即苦、集、灭、道，是佛教最基本的理论之一。

⑧一相：即"实相"。实相，亦名"诸法实相"，原义为本体、实体、真相、本性等，指一切万法真实不虚的体相，或真实的理法、不变的义理。佛教认为，宇宙间一切事物都是因缘和合而生，是变化无常的，都没有永恒固定不变的自体，这就是"空"，空就是宇宙万有的"真性"，亦即"诸法实相"。对于实相的内涵，《大般涅槃经》卷四十："无相之相，名为实相。"《中论·观法品》："诸法毕竟空，不生不灭，名诸法实相。"在中国佛教宗派中，三论宗以"无依无得"的空理为诸法实相；天台宗以"一念三千"、"三谛圆融"的性具说为诸法实相；华严宗以随缘之真如为诸法实相；法相宗以"圆成实性"为诸法实相。小乘以"我空"之涅槃为实相；大乘则以"我空"、"法空"之涅槃为实相。

⑨非非心相：非非心，也不是真的无心，是说真正的忍心，

虽有忍的力度但没有忍的相。菩萨修空观时,以"空"观照万法,故无相;修假观时,则非无相。缘无缘相:依佛教中道观,菩萨修行当依无缘相,行中道智慧。即观空时,无假无中而不空;观假时,无空无中而不假;观中时,无空无假而不中。三即一,一即三,即空即有即中。

⑩法:佛教中所说的"法"有多种含义:一、轨范:早期佛教多以"法"为轨范,认为"法"是认识的标准、规范、法则、真理等。二、一切现象:后来"法"的意义趋于广泛,常指一切物质现象和精神现象,甚至无形的概念,举凡意识所能思及的,都可以称为"法"。三、佛法:路径之义,指修证佛法的方法,如佛教三藏十二部经典。四、圣境:佛教修行的理想,是到达了生脱死、证悟无上菩提的境界。瑜伽行派对宇宙万有各种现象进行分类,心法八种,心所有法五十一种,色法十一种,心不相应法二十四种,无为法六种,合计共百种,故称"五位百法"。

译文:

佛弟子,忍心,以"无相慧"(觉诸法为空的空性智慧)为体性。以无相慧观照一切"坏苦",皆知本空,心无挂碍,是名空忍。观一切处"行苦",本无生灭,心安住于无生无灭之理而不动,是名无生行忍。观一切"苦苦",于世间一切处苦相,难忍能忍,如忍诸毒害苦恼,是名如苦忍。对于百千法门无量妙义,菩萨皆以无相慧观照,则于一一法中能成忍心。菩萨修无相慧,了达三轮体空,内不见有能受打之我相,外不见有打我之人相,中不见有刀杖所受所打之众生相,于三轮中觅一嗔心而不可得，如此则我、人、众生、寿者四相如如，皆空无所有。菩萨以无相慧观照世间、出世间之俗谛、真谛，悉皆无相，是名实相。实相无相，甚至连无相亦不立。菩萨修空观时，因诸法体性本空，故名无相。修假观时，因诸法假有，所以也不是非心相。修中观时，则缘此无缘相，即假即空即中。菩萨空慧体性现前，则立（站立）、住（安住）、动（行动）、止（卧止）四威仪，我、人、束缚、解脱四相，一切法当体皆空，而忍相亦不可得。

解读：

忍辱是大乘佛教六度（布施、持戒、忍辱、精进、禅定、智慧）之一。面对世界的众多苦难，人生本来就是忍受苦难的过程，所以人们才会寻求生命解脱之道。面对苦难，众生常会对境生心，贪、嗔、痴三毒并起，故沉沦苦海，六道轮转。修行者，则以全新的视角对待苦难，接纳苦难，忍受苦难，以求心灵的平和自在。忍辱有有形、无形之分。有形忍者，虽知诸法皆空，但内心仍有要忍之事与忍受之心，如此或可忍受一时一事，但也会因内心拉扯挣扎而增加烦躁，心灵更不能平和，甚至会产生自虐性精神忧郁症。无形忍者，知诸法空性，证无相慧，心力坚强，虽遇世人所称之诸多苦难，而在智者心中，则无有苦难相，无有要忍之事，也无忍受之心，遇事虽尽力而为，但当体即空，了无所牵，如此则是无忍之忍。故大乘佛教修行，提倡发大菩提心，注重成就无上智慧。空性现前，智慧通达，才是忍心的真正成就。

第四　进心①

若佛子，若四威仪一切时行②，伏空、假会、法性③。

登无生山④，而见一切有无，如有如无⑤。天地青黄赤白一切入⑥，乃至三宝智性⑦。一切信进道，空、无生、无作⑧，无慧⑨。起空入世谛，法亦无二。相续空心，通达进分善根⑩。

注释：

①进心：即精进心，大乘佛法六度之一，谓于修善断恶、去染转净之修行过程中，精而不杂，进而不退，不懈怠地努力上进。

②四威仪：指行、住、坐、卧四种威仪。威仪，谓起居动作皆有威德规则，举止皆应合乎规矩，语默不失方正，人见之能起崇仰畏敬之念。在佛教，一切生活起居都有与其相应的做法、观念及祈愿，如睡醒时唱"睡眠始寤，当愿众生，一切知觉，周顾十方"偈后，安详而起；漱口时诵"以水漱口，当愿众生，得清净口，诵持佛法"；如厕时唱"大小便时，当愿众生，弃贪嗔痴，蠲（juān）除罪垢"，此等均是僧众威仪。在生活细节方面，也有琐细的规定，故诸经论有"三千威仪，八万律仪"之说。

③伏空：制伏凡夫以假为真、执无我为有我的妄执妄情，而认识到诸法皆因缘和合而成，体性本空。伏，指制伏、降伏其心。空，入于空。法性：指诸法的真实体性，亦即宇宙间一切现象所具有真实不变的本性。又作"真如法性"，是"真如"的异

称。"法性"一词,小乘很少论及,大乘佛教所论极多,中国佛教以四家为主。一者唯识家,认为法性是三性(遍计所执性、依他起性、圆成实性)中之圆成实性,是依他起性、一切有为万法之所依,是万法的本体。二者三论宗,以真空为法性,诸法之性为真空,真空即妙有,妙有之性即是真空,即法性也。三者华严宗,谓真如有不变随缘二义,因随缘之义,变造一切诸法;虽变造,犹保真如而不变,如是随缘变造万法,故称"真如"为"法性"。四者天台宗,认为性具善恶,法性本具染净。

④无生山:指中道智慧最高之处。菩萨观一切法皆空,不见丝毫一法可得;又观一切法皆是假有的存在,不见丝毫一法消灭,如此无生无灭,空假皆真,以登山为喻,名得中道第一义。

⑤一切有无,如有如无:有,指世俗之人所执著的现象,此本为假,是缘于各种条件的暂时性存在。无,即万法的本性为无、为空,此是从最胜义上说的。如有如无,就是说,从事物的现象上说是有,但从事物的体性说是无,真正彻悟事物本身的认识,是如有如无,即空即有。

⑥一切入:又名"一切处"。一指遍处、不论何处之义,因通于十方无有障碍,故名"一切处"。二为禅定之名,又作"遍入",因所观之境周遍一切处,计有地、水、火、风、青、黄、赤、白、空、识十种,故又称"十遍处"。

⑦三宝智性:三宝,指佛教徒所尊敬供养的佛宝、法宝、僧宝,又作"三尊"。佛宝,就是指佛陀,因佛陀觉悟人生真相,且能教化众生得到生命解脱,故被尊称为"宝",后世又泛指一切诸佛。法,为佛陀所悟且向众生宣说之教法,众生依之可通达

解脱之道，故亦为"宝"，名为"法宝"。僧，佛法的实践者和弘扬者，佛陀灭度后，佛法依其而传承，故名之"僧宝"。三宝深义，各家各派皆有所发挥，有现前三宝、住持三宝、一体三宝等多种说法。归依三宝，是真正佛教徒不可欠缺的条件，不论任何时代、地域，也不论大乘、小乘，归依三宝都是最受重视的。归依三宝，不仅是形式上的归依，更重要的是心性归依，真正地相信佛陀及其教法，并依教奉行，以智慧为宗，因智而得解脱，故又名"三宝智性"。

⑧空、无生、无作：为三解脱法。菩萨观一切诸法，皆从因缘和合而生，其体本空，即悟自性真空而不随因缘生，是名"空解脱"。既观诸法，一切皆空，无相可得，既无有相，即悟自性常生而不随因缘灭，是名"无生解脱"。菩萨观诸法，空无有相，则无愿求，不造作生死之因，亦无生死之果，是名"无作解脱"。

⑨无慧：指无三解脱慧。智慧成就，生命解脱，到达彼岸，终不可仍然负筏而行。最胜之义，无一法可得，无一境可寻，当然也无一慧可执。

⑩善根：又称"善本"、"德本"，指能生出善法的根本。身、口、意三业之善法，能生妙果，故谓之"根"，是谓"善根"。或将善以树根为喻，故名"善根"。

译文：

佛弟子，应当行、住、坐、卧时时刻刻如法修行，降伏其心，契入于空。了知一切事物皆因缘假会而成，当体即空。

菩萨融通空、假二观，达中道智慧最高处，于此观照一切有为、无为之法，既荡一切法空，不见纤法可生，又观一切法假，不见毫法可灭，是谓即空即有，如有如无。天地间青、黄、赤、白等一切遍处世间法，乃至佛、法、僧三宝智性之出世间法，亦如此观。一切圣贤精进修习之道，证得空、无生、无作三解脱法，亦无三解脱慧相可得。菩萨起真空观而入世谛法，虽然入真、入俗，其实根本没有真、俗二相。菩萨以无相心发起种种精进，心心相续，念念无间，通达实相，分分增进趋向佛位之善根。

解读：

精进为修道之根本，但若不知修法之根本，虽然精进用功，也会是南辕北辙，看似向西却向东。生命解脱在于智慧解脱，即有即无、非有非无之中道智慧是大乘佛法的最高成就。佛法修习，念经念咒，参禅打坐，若不能以空性为指归，以智慧成就为宗旨，而是注重功夫境界，即使是感应成片，惊天动地，虹化飞升，也是与佛法无缘。为道日损，损之又损，不断放下，放下对事业名利的执著，放下对禅境功夫的追求，破除生生世世的习性，转染成净，转识成智，方合于真正的解脱之道。

第五 定心

若佛子，寂灭①，无相无相②，无量行、无量心三昧。凡夫圣人，无不入三昧，体性相应③。

一切以定力故④，我、人、作者、受者，一切缚见性⑤，是障因缘，散风动心。不寂而灭，空空八倒无缘⑥。假静慧观⑦，一切假会，念念寂灭。一切三界果罪性⑧，皆由定灭，而生一切善。

注释：

①寂灭："涅槃"之异名，又名"略灭"，指度脱生死、寂静无为的境地，即烦恼之火消失，此心归于寂静的究竟解脱境界。又因为此境地远离迷惑世界，含快乐之意，故又称寂灭为乐。佛教大小乘对寂灭的阐述有所差异，小乘认为，相对于生死之扰动不安，不生不死之寂静安稳为寂灭。大乘则认为，诸法本来呈现寂灭相，并非离生死而别有寂灭涅槃之境。

②无相无相：此处为解释寂灭之词，指能定之心与所定之境皆寂灭无相。

③体性相应：佛与众生，虽有觉、迷不同，其体性则同一而无差别，故名"体性相应"。体性，也指实体，事物之实质为"体"，而体之不变易称为"性"，故"体"即"性"。

④定力：又名"三摩地"，意为注心一境，不散乱。修习禅定，能产生一种息止散乱、伏除烦恼妄想的精神力量，故称"定力"。

⑤缚见性：即能生一切执缚的邪见种性。一切我见、人见、作者见、受者见，皆可使人生起一切执缚，从而不能解脱自在，此种种见，全都是障道因缘。

⑥八倒：亦名"八颠倒"，指凡夫与小乘之人所认同的八种颠倒见解。即：一、常颠倒，于世间无常之法而起常见。二、乐颠倒，世间五欲之乐皆是招苦之因，凡夫不明此理，妄计为乐。三、我颠倒，此身皆因四大假合而成，本无有我，凡夫不明此理，

于自身中强生主宰,妄计为我。四、净颠倒,已身他身,具有五种不净,凡夫不明此理,妄生贪著,执以为净。五、无常颠倒,于如来常住法身,妄计有生灭变异之相。六、无乐颠倒,于涅槃清净之乐而计无乐。七、无我颠倒,于佛性真我之中,妄计无我。八、无净颠倒,如来常住之身,非杂食身,非烦恼身,非血肉身,非筋骨缠裹之身,二乘不明此理,故计为不净。(《佛光大辞典》)

⑦假静慧观:以静止动,以慧照昏,以此二者为观,则定慧圆明。假,假借。静,定也。慧,智慧。

⑧三界:指有情众生所居住的欲界、色界、无色界三界。一、欲界,有淫欲、情欲、色欲和食欲之众生所居住地,上自六欲天,中自人界,下至无间地狱,谓之"欲界"。二、色界,此界在欲界之上,其中众生已离淫、食二欲,无男女之形,生命皆为化生,具有清净色可以示现。此色界由禅定之浅深粗妙而分四级,称为"四禅天"。三、无色界,此界无有物质,无身体,亦无宫殿国土,唯以心识住于深妙之禅定,故谓之"无色"。

译文:

佛弟子,寂灭之时,能定之心与所定之境悉皆无相,从而能具无量心行,总成无量心正定。一切凡夫,一切圣人,皆可入此正定,因凡夫圣者虽有迷悟染净差别,但在体性上却是平等相应的。

一切我见、人见、作者见、受者见,皆可使人产生执缚,都具邪见之性,它们都是障道因缘。众生一遇散乱境风,便会鼓动心海,随波逐浪而流转于生死,然而这一切皆可依仗定力而得寂灭。不得寂静定力而能灭除障惑者,无有是处。故依此定力,则凡夫二乘之八种颠倒见解,生灭之缘,皆得自空。假静止动,假慧照昏,以静慧观照因缘和合所生之假有存在,则念念归于寂灭。一切欲界、色界、无色界三界苦果及其诸恶罪性,亦皆借此定力而得以灭,并可滋生无漏功德智慧等一切善法。

解读:

定,是佛教最基本的理论"戒、定、慧"三学之一。禅定具足,是智慧成就的重要基础。就实际佛法修习而言,却是定慧圆融的。有人重视修定,借由定而生慧。有人重视修慧,智慧成就了,定力自然具足。大多数人则是定慧双修,定力与智慧同步增长。定,有世间定与出世间定之分。世间定是有我之定,依坚强意志力而得定,虽可提高心灵的敏锐度和觉察力,提升世间智慧,甚至可以触发神通变化,但人我不消,以定力强压烦恼,于生命解脱而言,则无有是处。出世间定,依佛法修习,破除人我习性,转染成净,转识成智,内心清静无物,成真正定,无有我见、人见、作者见、受者见,得生命解脱。

第六　慧心

若佛子,空慧非无缘①,知体名心②。分别一切法,假名主者,与道通同③。取果行因,入圣舍凡④,灭罪起福,缚解,尽是体性功用。一切见⑤,常、乐、我、净⑥。烦恼,慧性不明故。以慧为首,修不可说观慧⑦,入中道一谛⑧。其无明障慧⑨，非相、非来、非缘、非罪、非八倒、无生灭。慧光明焰，为照乐虚，方便转变神通⑩，以智体性所为，慧用故。

注释：

①空慧：大乘佛法六度之一，梵语"般若"，又名"般若波罗蜜"，此云"智慧"。诸法皆因缘和合，体空本空。学人证入空性，即能于境分明无惑，是名得证本有空慧。此处将"空慧"理解成观空理之智慧，也合文意。

②知体名心：指本有空慧灵明知体，惟是真心妙用，不假方便，能分别一切诸法当体即空。知体，本有空慧灵明之体。心，真心。

③与道通同：指与觉道，通同一味，体无差别。

④入圣舍凡：圣、凡，指圣人与凡夫。圣人，指证得圣智，在见道位以上之人。俱舍宗以四善根为内凡，三贤为外凡，三贤以下皆是凡夫；大乘则以初地以前为凡夫，初地以上为得道圣人。凡夫，音译"必栗托仡那"，意译为"异生"，指凡庸之人。就修行阶位而言，未见四谛真理之凡庸浅识者，均称"凡夫"。

⑤见：指由眼前所见或推想而对某事物产生一定的见解，意谓见解、思想、主张等。"见"分为二见、七见、十见等各种类别：一、二见：有见与无见，或断见与常见。二、七见：邪见（否定因果之理）、我见（执实我）、常见（执于身心常住不变）、断见（执于身心断灭）、戒盗见（又作"戒禁取见"，执著不正确之戒律）、果盗见（执著由邪行所得之结果为正确）、疑见（怀疑真理）。

三、十见：五见加贪见、恚见、慢见、无明见、疑见等，共为十见。

⑥常、乐、我、净：此处应该是指凡夫四颠倒见，即凡夫不知自己和世界的真相本为无常、苦、无我、不净，而以为人将永远存在（常）、人生是快乐的（乐）、万物有其主宰性（我）、身心是清净的（净）。早期佛教，为对治此四颠倒见，而教之修习观身不净、观受是苦、观心无常、观法无我四念处。另外，常、乐、我、净也指大乘涅槃与如来法身所具足之四德，又称"涅槃四德"。涅槃境界是永恒而无生灭的，谓之"常"；其境界无苦而安乐，谓之"乐"；得大自在，毫无拘束，谓之"我"；解脱一切垢染，谓之"净"。

⑦观慧：指观想、观照的智慧。以诸法缘起无自性之空理，观照一切现象，则一切烦恼无明，悉皆照破。

⑧中道一谛：中道，即离开二边的极端，臻于不偏不倚的中正之道。释迦牟尼佛住世时代，最初的中道观，是指远离苦行与欲乐两种极端的修行方法。一、在阿含类经典中，中道，亦称"八正道"，是指远离快乐主义与苦行主义等偏颇的修行方法，由此可成就智慧，趣入涅槃。二、部派佛教，继承了阿含教的立场，认为远离断、常之二见，是谓"中道"。三、大乘中观派主张，远离一切执著、分别而无所得者，是谓"中道"。中道，亦称"八不中道"，即不生、不灭、不断、不常、不一、不异、不去、不来，由此可破一切邪执而显诸法实相。四、天台宗立空、假、中三谛圆融中道说。唯识宗立有、空、中三时教判，认为远离有、空二边而完全彰显非有非空之中道真理，是谓中道了义教。

⑨无明：梵语"阿尾儞"，泛指无智、愚昧，指暗昧事物，不

能明白理解事物的真相，不通达宇宙真理的状态。佛教中的无明，特指不了解佛教关于宇宙人生的道理，更不能依佛教奉行。无明为十二因缘之一，称为"无明支"。俱舍宗、唯识宗立无明为心所（心之作用）之一，称为"痴"。

⑩神通：又作"神通力"、"神力"、"通力"等，指依修禅定而得到的无碍自在、凡人不可度测的不可思议能力。佛教于神通一般分为六种，即：神足通（身能飞天入地，出入三界，变化自在）、天眼通（能见天上人间粗细一切事物）、天耳通（能闻天上人间一切声音）、他心通（能洞悉他人思想）、宿命通（能知前世事迹）、漏尽通（能断一切烦恼惑业，永脱生死轮回）。前五通可依禅定功夫产生，外道诸仙、声闻及菩萨皆可获得。至于漏尽通，仅有达小乘之无学位或大乘之等觉位的圣者才能获得。

译文：

佛弟子，空慧本有，非是无缘而生，亦非即缘而生。空慧灵明之体，名之为真心。真心照用，则能分别一切诸法当体本空，皆假立其名，实无主宰，与至道通同一味，体无差别。

证取圣果，皆依因地所行。舍凡而不退堕，入圣而增进修，灭一切罪业，发起一切福，解脱一切执缚，皆是此空慧体性之功用。

凡夫、外道、二乘之人，持邪见、我见、常见、断见等一切错误的见解，将无常、苦、无我、不净的己身与世界执取为常、乐、我、净，从而沉沦烦恼，皆是不能通达智慧体性的缘故。

以空慧作为佛法修行之首，修不可说观慧以为助，细审细察，互观互融，证入中道第一义谛中。此时则证知，无量无明烦恼，各种障慧之颠倒知见，皆无有实体而非相，无有动转而非来，无有合散而非缘，无有因果而非罪，无有荣枯而非八倒，亦无有生灭，惟有空慧智光，灵明彻焰，其所照耀，如太阳处于虚空。

菩萨能起种种方便，辗转变化，运御神通妙用，度脱一切有情众生，皆是以平等智为体性，以空慧为其用。

解读：

智能离痴，慧能治愚，智慧为佛法修行之本，是众生了生脱死之必依。佛教智慧修习，或渐次破妄显真，智慧依阶第而成。或直入空性，成就空性慧，入中道智，再以其观照万法，一切烦恼知见执著，当体即空，并可运御神通妙用度化有情众生。此两种方法，为渐、顿之区分。大乘佛教，特别是禅门慧能南宗，依大菩提心和强出离心，提倡于当下直指人心，顿现佛性，顿悟无上智慧。然理则顿悟，事须渐修，从而有悟后起修之论。正如祖师所言：不识本心，学法无益。学人不必自认小根，当发起直取之愿，只要努力，虽不中，也会离道不远了。

第七　愿心

若佛子，愿，愿大求①，一切求。以果行因故②，愿心连③。愿心连相续百劫，得佛灭罪。求求至心④，无生空一愿⑤，观观入定照⑥。无量见缚，以求心故解脱；无量妙行⑦，以求心成菩提；无量功德，以求为本。

初发求心，中间修道，行满愿故，佛果便成。观一谛中道，非阴，非界，非没生。见见，非解慧⑧，是愿体性⑨，一切行本源。

注释：

①大求：即发愿求证无上智慧，成就佛的果位。求，即企求，希冀之意。

②以果行因：在上以求成就佛道，自利为果。在下当行化众生，利他为因。

③连：相续连接不断。

④求求：即持续不断地发起上求证悟佛道、下求度化众生之愿。至心：至诚之心。

⑤无生空：指修行无生空法，证入空性，契无生空理，求无所求，亦名"无生空智"。一愿：指度生一愿满足，也指众生平等，生佛无二。

⑥观观入定照：前面的"观"，指"空观"。后一个"观"，指"假观"。定，指"禅定"。照，指以智慧观照。空观是禅定之体，禅定是空观之用；假观是慧照之体，慧照是假观之用。又，禅定是空观之体，空观是禅定之用；慧照是假观之体，假观是慧照之用。证入中道智，则空观假观、禅定慧照，互摄互入，即体即用，一而二，二而一。

⑦妙行：又名"三妙行"、"三清净"，即身妙行、语妙行、意妙行，指三种智者所喜欢能招致善报的行为。大乘菩萨以上求佛道、下化众生之大愿，修一切善行，成无量功德，是谓"妙行"。

⑧解慧：华严之信、解、行、证四法之一。菩萨初发愿心，首先须相信佛法，其次要了解佛法，进而身体力行修习佛法，最后证悟佛果而了生脱死。

⑨愿体性：指一切愿心之本体，万行之本源。菩萨修行，必须证无生空慧，发无我愿，依此起一切无相妙行，才能证得佛之无相菩提涅槃妙果。

译文：

佛弟子，菩萨发愿，当发起上求佛道之大愿，发起下化一切众生之宏愿。以证悟佛果之愿心，行因地一切善行，则愿心连续不断。愿心相续而经万劫不辍，永无退悔，方能得见本佛，灭无量罪业。上求证悟佛道，下求度化众生，至诚肯切，以修证无生空法为当下所行。空观、假观、禅定、慧照，圆融互用无碍，则无量邪见、执缚，皆以此上求下化之大愿求心而得解脱。无量妙行，也因为此求求至心而得成就无上智慧。无量恒沙称性功德，都是以此大愿求心为根本。

因此，佛子初发大愿心，经中间累世累劫修证佛法，待至始觉、渐次觉、究竟觉三觉果满，成德周圆，方得成就佛果。菩萨以中道第一义谛智慧观照万法，则观五蕴非五蕴，观十八界非十八界，观生灭非生灭。能见、所见，皆非分别解慧。中道智慧，是一切愿心的本体，是一切行向的根本源心。

解读：

发大菩提心，是成就佛果的重要动力。但是，发大愿者，必须发大愿证悟空性智慧。若不能体悟无生空慧,则不能生起灵明觉照,不能照见自身的我执、我慢,大愿心很可能成为大我慢心和大我执心,是谓狂愿。即使践行一切善法,也只能增长我慢我执,与生命解脱无涉。

第八　护心

若佛子,护三宝①,护一切行功德,使外道八倒②,恶邪见,不娆正信。灭我缚、见缚③。无生照达二谛④,观心现前,以护根本,无相护。护空、无作、无相⑤,以心慧连。慧连,入无生空道、智道⑥,皆明光明光⑦。护观入空、假,分分幻化,幻化所起,如无如无,法体集散不可护⑧,观法亦尔。

注释:

①护:又名"护持",有内护与外护两种。内护,即内护己心,净化身、口、意三业。外护,指给亲族、同修等以物质和精神上的相助,从而使其安心修道,早成佛果。此处"护"应为外在护持。

②外道:又作"外教"、"外法"、"外学",指佛教以外的一切宗教。"外道"之原义,系指神圣而应受尊敬的隐遁者。初期佛教称其他教派为外道,意为"正说者"、"苦行者",而自称为"内道",称佛教经典为"内典",称佛教以外之经典为"外典"。至后世,渐渐附加异见、邪说等义,外道遂成为侮蔑排斥的贬称,意为真理以外之邪法者。

③我缚、见缚：我缚，指因为对实我的执著而产生对生命的束缚，不能自在。众生之身体，原为五蕴假合而成，若妄执身体中有着主宰作用的实体自我存在，而产生"我"与"我所"等妄想分别，即称"我执"。世界人生是无常无我的，若执著有常有我，各种苦也就随之产生，生命也就受到束缚而不能自在。见缚，指众生由于执著于各种错误的知见而形成生命的束缚。

④无生：又作"无起"，谓诸法之实相本空，无有生灭变化。若观无生之理，可破除生灭之烦恼。二谛：指"真谛"和"俗谛"。谛，指真实不虚之理。《增一阿含经》卷十七中说，如来所说诸法真实不虚，故称为"谛"。谛的种类，各经论宗派说法不同。如真俗二谛说，俗谛，指凡夫从实际事物现象中观察而得到的认识；真谛又作"胜义谛"、"第一义谛"，是指圣人由事物之真实现象体认空，依观察智而体会到的真理。原始佛教说有苦集灭道四谛，天台说空假中三谛，其他还有五、七、九、十、十六、二十五谛等各种说法。

⑤空、无作、无相：指修习佛法而达涅槃解脱的三种法门，亦称"三解脱门"、"三门"。即：一、空门，指观一切法皆因缘和合而生，其本性为空，若能通达空性，则于诸法而得自在。二、无作门，又称"无愿门"、"无欲门"，谓若知一切法无相，则于三界无所愿求；若无愿求，则不造作生死之业；若无生死之业，则无果报之苦而得自在。三、无相门，又称"无想门"。谓既知一切法空，乃观男女一异等相实不可得；若能如此通达诸法无相，则离差别相而得自在。（于凌波：《唯识名词白话新解》）

⑥入无生空道、智道：无生空道，即是"无余涅槃理果"。

无生智道，即是"无上菩提智果"。

⑦明光明光：即智理互照之象。灋智契理，因理冥智，智理如如，互发圆照，故云"明光明光"。

⑧法体：又译作"自性"、"自体"，指事物存在的本体、自身、本质等意，如部派佛教中说一切有部的"三世实有，法体恒有"中的"法体"，即是主张法体实有。

译文：

佛弟子，应当护持佛、法、僧三宝，护持六度万行一切圣贤功德，不使外道知见、凡夫二乘八种颠倒恶见邪见，扰乱佛法正信，灭除我缚、见缚。惟用无生智理，观照通彻空假二谛，照空而不沉空，照有而不滞有，不堕断见常见，二谛圆融，即是观慧成就，是谓真正护持三宝正信根本。虽曰护持，但能护之心与所护之境亦应无相，是谓无相护。空、无作、无相三解脱法门，亦应护持，是因为心慧相连。依此空心使无相慧相续相连，则能证入无生空道（无余涅槃理果）、无生智道（无上菩提智果）。理智互照互融，则慧光明焰，普照万法，巨细不遗。菩萨从护心中而起观照，观入于空即遣真相，观入于假即遣俗相，真相俗相既空既假，分分幻化。诸法皆幻化所起，生即如生，灭即如灭，生灭皆如，故云如无。法体本自不生，缘生而集；法体本自不灭，缘灭而散。则诸法体本无集散，则无实法可护。所护法体既不可得，又岂有能护智观。境智俱遣，了不可得，如是观行，如是正信，方能护持三宝功德。

解读：

护持三宝，既有对人的护持，也有对法的护持。护持的目的，在于修习佛法，成就智慧，得证佛果。但护持之道，也应具足中道智慧，否则的话，要么所护非人，要么所护非正法，执著于护持之相，则生人、我、法诸相，于自他修行皆有所碍。能护之人，所护之法，所护之智，悉皆无相，是名无相护持三宝。

第九　喜心①

若佛子，见他人得乐②，常生喜悦，及一切物。假空照寂③，而不入有为④，不无寂然大乐⑤。无合有受⑥，而化有法⑦，而见云假⑧。法性平等一观，心心行多闻⑨。一切佛行功德，无相喜智，心心生念。而静照乐心，缘一切法。

注释：

①喜：又称为"喜受"、"喜根"，五受（苦受、乐受、舍受、忧受、喜受）之一，即心中的欢悦状态。

②乐：与"苦"相对，谓由身心调适而得快乐的状态。亦称"乐受"，是指作为善业所引之果报，所引发的欢愉及之于身心乐的感受。

③假空照寂：菩萨空观假观双运，禅定智慧圆通。假，即"假观"。空，即"空观"。照，即是"慧"。寂，即"定"也。

④有为：有所作为、造作之意，又称"有为法"，泛指由因缘和合所造作的一切现象，以生、住、异、灭之四有为相为其特征；

狭义而言,特指人的造作行为。相对于此,永远不变而绝对存在者,则称为"无为法"。

⑤寂然大乐:认识诸法性空,契入空性,则生起无上大乐的觉受。寂然,指寂静无事之状态,或心中呈现平静澄澈之境地。《维摩诘经》卷上《弟子品》中说:"法常寂然,灭诸相故。"

⑥无合有受:菩萨喜心,不同凡夫情见之喜,亦不同二乘空执之喜,而是不空不假,不有不无,既有寂然大乐,又能乐及众生。无合,指六根与外境不合,二边不住,中道不立。有受,指确实有喜悦的感受。

⑦而化有法:化,不留之意。以其合于无,有定力故,不被物转,并能转物,所以说可化有法。

⑧而见云假:指虽有法而见,然种种诸境,本无实体,皆是假有。

⑨心行:谓心内之作用、活动、状态、变化等。众生心念生生灭灭,迁流不息,故名"心行"。也指心愿、决心等义。

译文:

佛弟子,遇见他人得世间、出世间快乐,应当为之生起欢喜心,并将此欢愉之心普悦于一切有情众生。菩萨空观假观双运,禅定智慧圆修。不入有为,离于有相,故不同凡夫情见之喜;不住无为,离于无相,故不同二乘空见之喜;不空不假,不有不无,则有寂然大乐,又能乐及众生。二边不住,中道不立,根境无合而有喜受,则定力智慧湛然,不被物转而能转物。虽有法可见,然种种诸境,当体即空,皆是假有。诸法之性,在圣不增,在凡不减,平等不二,以此为观。然虽观诸法体性平等,但法身之理果尚未究竟,故当心心发起大愿而行之,乃及多闻一切诸佛无量妙行而行。一切诸佛妙行圆满功德,本乎无相。通达无相,生喜心智慧,起行长养,永承无失,心心相续。恒以此静照不二之乐心,遍缘于一切已得法乐、未得法乐之众生,令其同证无相喜中,同生寂然大乐。

解读:

喜,既是菩萨因地所当修习,更是菩萨证入果地所发空性之觉受。世俗情见之喜,二乘执空之喜,皆不究竟。菩萨当成就不一不二、不空不有之中道智慧,则能生寂然大乐,自然生起乐及众生之大心。喜心,不仅是一种心理愉悦状态,更是一种智慧,有相、无相,其细微之处,唯亲证者方能了知。

第十　顶心①

若佛子,是人最上智②,灭无我轮、见、疑、身、一切嗔等③。如顶观连④,观连如顶,法界中因果⑤,如如一道⑥。最胜上如顶,如人顶。非非身见、六十二见、五阴生灭、神我主人动转屈伸⑦,无受无行可捉缚者⑧。

是人尔时,入内空值道,心心众生⑨。不见缘,不见非缘,住顶三昧。寂灭定,发行趣道⑩。性实,我、人、常见、八倒、生缘⑪,不二法门⑫,不受八难⑬,幻化果毕竟不受。

唯一众生,去来坐立,修行灭罪,除十恶⑭,生十善。入道，正人，正智，正行。菩萨达观现前，不受六道果⑮，必不退佛种性中⑯，生生入佛家，不离正信。

上《十天光品》广说。

注释：

①顶心：即具备最上智之心。又名"灌顶住"，谓观空无相，得无生心，得法水灌顶。

②最上智：又作"智波罗蜜"、"若那波罗蜜"，为菩萨欲达于大涅槃所修十种胜行之一，即如实知一切法的智慧，分为"受用法乐智"与"成熟有情智"两种。菩萨十种胜行，全称"十波罗蜜多"，又名"十度"、"十到彼岸"。即：施波罗蜜、戒波罗蜜、忍波罗蜜、精进波罗蜜、禅波罗蜜、般若波罗蜜、方便波罗蜜、愿波罗蜜、力波罗蜜、智波罗蜜。

③我轮：我，即我见。轮，即轮回。众生以不识我见本空，所以轮回诸趣。疑：谓对因果、因缘等佛法犹豫而无法相信的心理状态。《大乘义章》卷六中说疑有二种，一者疑事，如夜观树而疑为人非人等。二者疑理，疑圣谛等。疑为"五钝使"之一。佛教认为，有五种锐利的烦恼，即身见、边执见、见取见、邪见、戒禁取见，是谓"五利使"。也存着五种相对迟钝的烦恼，虽较为迟钝，但亦能驱使心灵不得自由，它们是贪、嗔、痴、慢、疑，是谓"五钝使"。一切嗔：嗔，又作"嗔恚"、"嗔怒"、"恚"、"怒"，是佛教最为强调的三种根本烦恼（贪、嗔、痴）之一，系指对有情众生不如己意之思想或行为产生怨恨的心理状态。

④如顶观连：即持续以定慧观察诸法本空而得最上智的智

慧观照。众生我慢,如山一般高,非以高大智慧观照不能破除,故说以顶心妙智作观。观,观照。连,连续不绝。

⑤法界:法界有二义,一是指作为诸法本体的真如、实相;二是泛指宇宙中的一切事物,包括世间、出世间法,通常释为"轨持",即一切不同的万事万物都能保持各自的特性,互不相紊,并按自身的规则运动变化,且能让人们理解其涵义。界,含有种族、分齐的意思,即分门别类的不同事物各守其不同的界限。

⑥如如:此处指法界中的因果轮回,诸法无二,是名"如如"。

⑦六十二见:指古代印度外道所执的六十二种错误见解,佛经中有数种异说。《长阿含经·梵动经》中载有十类六十二见之说,大致分为本劫本见、末劫末见二类。神我:外道所执之常住不灭的自我,我体常实并且灵妙不可思议,称为"神我"。数论外道二十五谛之第二十五,称为"神我谛"。此派认为,当人的肉体与神我结合时,神我会受物质的系缚;然在解脱之时,神我则脱离肉体而单独存在,成为本来纯粹而清净者。神我的立场与佛陀的无我立场针锋相对,是佛所极力批判的邪见之一。

⑧无受无行:顶智不受诸物,无行相可得。

⑨心心众生:即修菩萨道者当恒续发起救度众生之心,心心以度众生为事。

⑩发行趣道,即发起慈悲喜舍之广大心,修行妙行,趋向佛道。

⑪常见：又名"常邪见"、"常论"，为"断见"之对称。常见者，主张世界常住不变，人类之自我不灭，人类死后自我亦不消灭，且能再生而再以现状相续，即执我为常住，执著此见解，是谓"常见"。生缘：即生灭因缘。

⑫不二法门：指显示超越相对、差别之一切绝对、平等真理的教法。佛教教法有八万四千法门之多，然而，在诸法门之上，能直见圣道者，是谓"不二法门"。不二，指超越一切相对的两端（如大小、高下、来去、一多等）而显绝对的境界。法门，指佛教的教法。

⑬八难：指不得遇佛，不闻正法的八种障难。又作"八难处"、"八难解法"、"八无暇"、"八不闲"、"八非时"、"八恶"、"八不闻时节"等，具体指地狱、饿鬼、畜生、边地下贱、生不见佛、诸根不具、生长寿天，世智辩聪共八种障难。

⑭十恶：又称"十不善业"、"十不善业道"等。即：杀生、偷盗、邪淫、妄语、绮语、恶口、两舌、贪欲、嗔恚、愚痴，共十种邪恶的行为。

⑮六道：又称"六趣"，指凡俗众生因善恶业因而流转轮回的六种世界，即地狱、饿鬼、畜生、阿修罗、人、天。其中，地狱、畜生、饿鬼称"三恶道"，或"三涂"。阿修罗、人、天称"三善道"。六道中若不含阿修罗，则为"五道"，或"五趣"。

⑯佛种性：又称"如来性"、"觉性"，即佛陀的本性，或指成佛之能性、因性、种子，为"如来藏"之异名。原始佛教没有佛性的概念，佛性是大乘佛教中的重要范畴，大乘佛教的一些经典认为，一切众生皆有佛性，众生都有觉悟成佛的可能性。另外一些

经典则主张，并非一切有情都有佛性，一阐提人，即使勤修也不能成佛。"佛性"一词在不同的情况下有不同的解读。

译文:

佛弟子，顶智是超过上述九种观智的最上智，此智能灭除我执而免轮诸趣，能破除邪见、疑见、身见及嗔恚等一切诸惑。依此顶智相续观照，相续观照而体证无上顶智。如此则能了知十法界中因果轮回，真俗不二，诸法本为一相。是故此智为最上最胜顶智，犹如头顶，为人身中最为尊贵。菩萨修得此顶心观智，则能破除外道身见、六十二种断常邪见，洞悉五蕴生灭之理，亦非外道所计神我主人所能转动，它不受诸法，无行相可得，故亦无所执著。

菩萨依顶智观照诸法，内在五蕴身心及外在山河大地皆当体即空，唯道独存，由此而起同体大悲之心，心心所念，唯在普度有情。菩萨虽以度生为念，然不见有能缘之心，亦不见所缘之境，终日度生而无生有度，终日说法而无法可说，心境双泯，智理全空，尔时倏然安住最胜顶心三昧寂灭正定。菩萨于寂灭定中，发起妙行，趋向佛道。体性真实，犹如金刚，外道所执著的我见、人见、常见，八种颠倒、生灭因缘等，皆入"不二法门"。灭尽无余，则不受"八难"果报，亦毕竟不受三界一切幻化异熟业果果报。

菩萨虽得解脱，不受轮回，为度脱一切众生，故示现去来坐立，作精进修行，用种种方便，令诸众生，除灭十恶而生十善，使入佛道。佛法中正信之人，具足正智，并能发起正行。菩萨通达观智，妙观成就现前，虽然往返三界，示同凡夫，实非业系，既不受六道有漏之果，亦复不退佛种圣性，生生世世生于佛家，亦不离菩提正觉正信。

以上在大部《梵网经》内《十天光品》中有更广说明。

解读：

智慧成就，是生命解脱的根本。修习最上智，是一切大乘佛子所应承当。最上智者，无相，无住，无生死，无涅槃。心中若有一相，便为执著，有执著，则不能得解脱。大乘成就，正所谓了生死而不离生死，证涅槃而不取涅槃。虽解脱自在，但仍流连六道。广度众生而心中无一众生有度，整日说法而无法可说。真正的大乘精神，非那些口说大乘而整日执著神我往生之徒所能体会。

十长养心

　　《梵网经》中的十长养心，按明代蕅益大师的《梵网经合注》中所说，大致相当于华严的"十行法门"，具体指：第一、慈心，第二、悲心，第三、喜心，第四、舍心，第五、施心，第六、好语心，第七、利益心，第八、同心，第九、定心，第十、慧心。所谓长养，即长养善法，成就功德，趣向圣位。四无量定，四摄法慧，最能增长佛道，养育众生，故名"十长养"。

　　处于十长养位乃至十金刚位的大乘佛教修持者，称为"贤位菩萨"，指处于修善根而制伏烦恼，使心调和的修行阶位。贤位菩萨，未断无明烦恼，还未入圣位证果，按唯识学所言，仍然处于积集福德和智德两种资粮的过程，是名资粮位。贤位，《菩萨璎珞本业经》以十位、十行、十回向为三贤；《璎珞经》及华严以十住、十行、十回向为三贤；《仁王般若波罗蜜经》以十信十种性、十止性种性、十坚心道种性为三贤。佛教认为，相对于证果的圣人，三贤仍然是修行者中的凡夫位，相对于初发心等外凡而言，称三贤为"内凡"。

　　卢舍那佛言："千佛谛听，汝先问长养十心者①。"

注释：

①长养：指生长、养育之意。《杂阿含经》卷十五中说，依持

食、触食、意思食、识食等四食,令诸根及心、心法等相续长养。《瑜伽师地论》卷三、《俱舍论》卷二等论著中则以饭食、资助、睡眠、等持、梵行等诸胜缘以资养身心,是谓"长养"。

译文:

卢舍那佛继续说:"众佛子请仔细听,下面我将要为你们宣说十长养心。"

第一 慈心

若佛子,常行慈心①,生乐因已。于无我智中乐相应观入法②,受、想、行、识、色等大法中③,无生、无住、无灭④,如幻如化,如如无二故⑤。

一切修行成法轮⑥,化被一切,能生正信⑦,不由魔教。亦能使一切众生,得慈乐果。非实,非善恶果⑧,解空体性三昧。

注释:

①慈心:对处于苦恼困境中的人生起恻隐之心,并生起爱护、帮助之心,称为"慈心"。慈有三种:一有情缘慈,谓菩萨观一切众生,如同子女;二观法缘慈,观一切法,因缘生灭了无自性;三无缘大慈,言无心攀缘一切众生,无为而为,则一切众生自然获益。

②无我智:又作"根本智"、"如理智"、"无分别智"。相对于后得智而言,根本智指能契证真如之妙理,平等如实,无有差

别,故亦称"无分别智"。

③受、想、行、识、色等大法:受、想、行、识、色,指五蕴身心。大法,指地、水、风、火这四大法。佛教认为,地、水、火、风是构成世界的四种最基本元素,地大,性坚,支持万物;水大,性湿,收摄万物;火大,性暖,调熟万物;风大,性动,生长万物,这四种元素造作了一切色法,故谓之"能造四大"。印度文化中的"四大",类似于中国古代的"五行",也不能以现代之元素观理解,更多的是一种哲学上的范畴。

④无生:即诸法实相无生无灭,万法皆是无常的存在,也没有主宰,但众生执为常,强为主宰,所以有了求不得苦、爱别离苦等诸多苦难烦恼。无住:指诸法无固定之实体,无自性,随缘而起,故名"无住";或指心不执著于一定的对象,不失其自由无碍的作用。住,所住之意。

⑤如如无二:诸法体性本空,即真,如幻如化,即假。如如无二,即中。佛教中道智慧,即假即空即中,是谓"如如不二"。

⑥法轮:又称"梵轮"、"宝轮",是对佛法的喻称,以轮比喻佛法,一为摧破之义,即佛法能摧破众生的罪恶,犹如转轮圣王之轮宝,能辗摧山岳岩石;二为辗转之义,即佛法不停滞于一人一处,犹如车轮辗转不停;三为圆满之义,即佛之教法圆满无缺,犹如轮之圆满。

⑦正信:正直、正确的信念,指虔诚相信佛陀所说之正法,信心不因遭逢诸异道邪魔之教而稍生疑念。诸经论宗派虽然都强调正信,但正信的获得,却是需要一定的智慧,对于佛法有一定深度的理解与体悟,才能建立起理性的相信,仅是宗教感情上

的盲目信仰，是难以达到真正的正信。

⑧非善恶果：非天上人间的世俗善恶果。

译文：

佛弟子，应当时常发起对于一切众生的慈悲之心，利济众生而令其皆得安乐。菩萨以无我智观诸众生，实无苦境，本来自乐，是故自乐乐他。观一切诸法，色、受、想、行、识五蕴身心，地、水、火、风四大种性，其体性皆无生、无住、无灭，其存在皆如幻如化，从中道智而言皆如如不二，即空即假即中。

菩萨修行六度万行，无非为了成就无上法轮，度化一切众生，令其长养对于佛法的正信之心，不因遭逢诸异道邪魔之教而稍生疑念。又能使一切众生，得起慈三昧真实乐果。此果，非权小之实法小果，亦非人天善恶有漏之果，而是以一念相应智，契入空智，得正受体性三昧自乐乐人之慈乐果。

解读：

在诸心中，慈悲心最接近空性，修慈悲心，也最容易得根本智。慈悲，有因地慈悲，有果地慈悲。因地慈悲，是因地修菩萨行时应该时常发起的对于有情众生的慈悲之心，因慈悲心而广行六度万行，自利利他。果地慈悲，又名"胜义慈悲心"，是证入空性后生起的同体大悲的觉受，是无缘而生的大慈悲心，是自性本具的大慈悲心。然慈悲心还须配合智慧，才能有好心出好果。因此，虽证根本智，生起同体大悲心，还须证后得分别智，如此才能契入中道智，如理如法如机地救度众生。

第二　悲心

若佛子，以悲空空无相①。悲缘行道②，自灭一切苦，于一切众生无量苦中生智。不杀生缘，不杀法缘，不着我缘。故常行不杀、不盗、不淫，而一切众生不恼。

发菩提心者③，于空见一切法如实相④，种性行中生道智心⑤，于六亲六怨、亲怨三品中与上乐智⑥，上怨缘中九品得乐果⑦。空现时，自身、他、一切众生，平等一乐，起大悲。

注释：

①悲：音译作"迦楼那"、"加卢那"，意即因恻隐他人之苦而欲救济之心。悲心为四无量心之一。悲与慈，字义相近，然悲更强调一点大用。慈更多地体现在使众生安乐，然而众生现在苦中，必须离苦，方能得乐，是故佛子恒用悲心，令诸众生离苦得乐。空空无相：诸法虽实相为空，但也不可愚执为空；诸法体性虽然无相，但也不可执著于无相，是谓空空无相。菩萨虽然恒以悲心救济众生离苦得乐，然实非爱见之悲，无能无所，无自无他，所以说空空无相。

②悲缘：此处为动词，即攀缘、凭借之义。人之心识，通常攀缘于一切境界，如眼睛攀缘于好看的境界，心随物转，从而有执著而生烦恼。在人们的认识过程中，人的心识（认识器官认识能力）为能缘，所认识的对象为所缘。悲缘，即以悲心为能缘，以诸法空性为所缘。

③菩提心：全称"阿耨多罗三藐三菩提心"，又作"无上正真道意"、"无上菩提心"、"无上道心"等，即在上求证无上智慧，得涅槃解脱，在下广化一切众生的大愿心。菩提心的内容，即"众生无边誓愿度，烦恼无尽誓愿断，法门无量誓愿知，佛道无上誓愿证"之四弘誓愿。佛教认为，菩提心为一切诸佛之种子，净法长养之良田，若发起菩提心而勤行精进，当得速成无上菩提。

④实相：亦名"真如"、"一如"、"法性"、"涅槃"、"实性"、"无为"等，指一切事物真实的、常住不变的本性。

⑤种性：又作"种姓"，原义有宝山（埋藏珍宝之山）及血统、家族等义。印度种性制度，将人分成婆罗门、刹帝利、吠舍、首陀罗四种阶层，"种性"即为社会身份的象征。在佛教，"种性"转指修行人的资质。此处指佛及声闻、缘觉、菩萨等三乘人各具有可能证得菩提的本性。种性有先天具足与后天修行而得两种，前者称为"性种性"，后者称为"习种性"。行：身口意之造作名"行"，此处指发起大悲道智之心。道智：十智之一，指缘道谛作道、如、行、出等四种行相而断除迷惑之无漏智，亦称"道法智"。

⑥六亲六怨：六亲，指父、母、兄、弟、妻、子这六亲。对其友善为"六善"，加害于六亲则为"六怨"。亲怨三品：亲怨的感情程度有上、中、下三个级别。人们将与自己相关联的人通常分为三类，即亲（关系密切，感情深）、怨（仇人）、中庸（关系一般者），当这三类人在自己面前均各受苦时，恒常人对之，会有相对应的三种心理生起，一不忍、二喜、三舍。也就是说，如亲人或关系亲近的人有苦，则不堪忍；仇人有苦，则生欢喜；于中庸者

有苦,则多生弃舍而不关心。

⑦九品:对人亲怨的程度有上、中、下三品,上等中又有上、中、下三品,中、下等亦如此,合三为九,故有"九品"。如对上等亲爱者有苦而产生的不忍心,又会因亲近程度及感情程度而复分为上、中、下三品,分别为极不忍、次不忍、小不忍。喜、舍,亦如此。

译文:

佛弟子,菩萨之悲,非众生情爱之悲,而是空空无相大悲。凭此悲心广行佛道,不仅能够灭除自己的一切苦恼,而且能于灭除一切众生苦恼的过程中生长无量方便智慧。菩萨借此不杀生命、不破坏佛法和不执我见之悲心,能常行不杀、不盗、不淫之净行,前倡后袭,自能感动一切众生亦不杀、不盗、不淫,从而灭诸苦恼之因,并发起菩提心。

发大菩提心者,当于真空实相理中,照彻一切诸法皆如实相,于种子性中发起大悲道智之心,于父母兄弟姊妹六亲六怨、亲怨三品,皆施与最乐智,上怨缘中九品,令其皆得乐果。当空性现前时,自身、别人,甚至一切众生,皆平等快乐,为悲无量心之起用。

解读:

相对于慈,悲,更显菩萨悲天悯人之情,更显菩萨救度无量众生之大宏愿。大乘佛教修行,虽然倡导由人间、地狱等道受苦众生的苦恼而生起出离心和大菩提心,但若无空性智为基础，既很难生起真正的同体大悲之心，也会因无根本智而不能生起方便智，所谓发大菩提心则很可能成为大我慢心，所谓的救度众生很可能变成相互缠缚。真正发大菩提心者，虽然广修六度万行以积累福德资粮，于自修而言，当先观照出自己身心之苦，因感受自苦方才真正发起出离心，再力求证入空性，悟后起修，灭除己苦，在自利利他中成就后得方便智，以到功德圆满，得证圣果。

第三　喜心

若佛子，悦喜，无生心时[1]，种性体相道智[2]，空空喜心[3]。不着我所[4]，出没三世因果无集[5]。一切有，入空观行成[6]，等喜一切众生。起空入道，舍恶知识，求善知识[7]，示我好道。使诸众生，入佛法家。法中常起欢喜，入佛位中。复是诸众生入正信，舍邪见，背六道苦[8]，故喜。

注释：

①无生心：不执著于任何事、理，不住一切处之心，是名"无生心"。

②道智：即"中道智"。道，即"中道"。智，即"观智"。

③空空：大乘佛教般若思想中的十八空之一，空之亦空曰"空空"。《大智度论》卷四十六中说："何等为空空？一切法空，是空亦空，是名空空。"圣者证入空，然连一空相也不着，才是真正的空。真空能生妙有，一着空相，即入空境，后得分别智则不

能生起，也不能进入无修而修的修行阶段。

④我所：全称"我所有"，即我之所有、我之所属之意。人们一般认为自身为我，自身以外之物皆为我所有。在佛教义理中，我与我所，被认为是一切世俗之人所执著的重点，是众生种种烦恼的根源。因此，我、我所，是佛教修行所破除的对象。

⑤三世因果：三世，即过去、现在、未来三世。佛教认为，世上万物皆由因缘而迁流不息，处于因果的链锁之中，过去者为因，现在者为果；现在者为因，未来者为果，是谓"三世因果"。佛教认为人的生命也是因果相报，轮回不尽的。以过去生的业力为因，招感现在之果；以现在的业力为因，招感未来之果，如是因果相续，生死无穷。当然，所谓的"三世"，不一定是时间上相续的三世，只是相对于某因来说的下一世。如现在世所造的业力，所感的果不一定是在下一期生命，很可能是无数世后的某一世，但相对于此世的业而言仍然是下一世。无集：无所招集，无有挂碍。菩萨证入空智，无我相，无我所相，虽然往返三界，出没隐显，和光同尘，世俗人所谓三世因果，在菩萨看来，既无三世因果之相，亦无受者，故其本来无集，无有挂碍。集，招集。

⑥观行：指观心修行，或指观法之行相。唯识宗之观行有二种，一、寻伺，也就是对根尘相对所起的一念之心，以空、假、中三观观之。寻，即对粗心猛烈推求的心理活动；伺，则为细心分别的心理活动。二、真如，指常以妙观观于心性本具真如，速令显发。此处"观行"指以空观行，属后一种意义。

⑦善知识：音译作"迦罗蜜"，又作"知识"、"善友"、"亲

友"、"胜友"等,指正直而有德行,能教导众生正道并引导其修
习善法解脱烦恼的人。反之,说人以邪法、恶法,而使人住于烦
恼或堕于魔道的人,称为"恶知识",亦名"恶友"、"恶师"。

⑧背六道:远离六道,脱离六道之苦。

译文:

佛弟子,菩萨畅悦喜欢,是证入无生心时所起。当此喜时,
种子性分本体相状皆如实相,证入道智,空之亦空,得无相喜
心。不执著于我、我所,为度众生虽出入于过去、现在、未来三
世,然所谓三世因果于菩萨而言实无有招集,无有挂碍。菩萨
以不着故,于一切处凡有所入,以空观行,不假用心而自成就。
菩萨空观既成,平等喜悦度化一切众生,令其发起空智,趣入
佛道,亦令众生远离恶知识,寻求亲近善知识,并开示自身求
法、修法之妙道。即以此道,总令众生生于如来之家,入于佛
法之中,常获喜悦。菩萨虽入佛位,然又示身入六道,教化一切
众生,使其发起正信,舍诸邪见,生生世世出离六道之苦。以是
之故。菩萨心意满足而心生欢喜。

解读:

菩萨以证入空智,故能生无相喜心,并以此喜心平等度化一
切众生,令其离苦得乐。

第四 舍心

若佛子,常生舍心。无造、无相、空法中①,如虚

空。于善恶，有见无见^②，罪福二中^③，平等一照^④。非
人、非我所心，而自他体性不可得，为大舍^⑤。及自身
肉手足、男女国城，如幻如化，水流灯焰^⑥，一切舍。而
无生心^⑦，常修其舍。

注释：

①无造、无相、空法：此为三解脱法门。无造，即无所造
作，无能造舍之人。无相，即无有形相，无所舍之法及受舍者。
空法，即诸法体性本空，能舍所舍皆如虚无相，三轮体空。

②有见：又作"常见"，指执著于有之偏见，即妄执世间万物
皆具有恒常不变的实体的见解。如认为人类之精神生命不灭，
人类死后精神自我亦不消灭，且能再生而再以现状相续，即说
自我为常住。无见：又称"断见"、"断灭论"，常断二见之一，为
"常见"之对称，指偏执世间及我终会归于断灭之邪见。盖世间
诸法之因果各别，各由业力而相续，非常亦非断，执断见者则偏
执于一边，谓无因果相续之理，世间万法及我仅限于一期生命，
死后即归于断灭。主张此等断见者，被佛教称为"断见外道"，
属外道十六宗之一。

③二中：即罪福二种果报中。

④平等一照：即菩萨舍心如虚空，无所能舍之人，无有所舍
之物及受舍之人，遇一切诸法，以妙智平等慧观照，皆了然无二，
与实相不相违背，亦究竟如虚空。

⑤大舍：放下人、我二心，内外执情当下顿空，自他体性俱如
虚空皆了不可得，如此之舍，是谓大舍。大舍之心，即是发大菩提

心，发强出离心，舍下一切自我的执著，方能证入无上菩提，也才能真正地利乐有情。

⑥水流灯焰：如水流，如灯焰，皆虚假不实，自他体性了不可得。

⑦无生心：又名"真如心"，即本来具足无生无灭之清净本心。

译文：

佛弟子，应当常生舍心。既无能造舍之人，又无所舍之法及受舍者，能造所造皆空，于此三解脱法中，观一切法究竟如虚空。如此则善恶二因、有无二见、罪福二报，以妙智平等观照，皆了然无二，与实相不相违背。是故无人、我二相，亦无我、我所二执，自他体性俱如虚空而不可得故，如是之舍，是为大舍。

至于自身肉及手足等内财，男女、国城等外物，皆如幻如化，似流水灯焰，皆虚假非实而不能常住，故当能舍此一切而永无吝惜。

菩萨虽了知自他体性俱不可得，但仍于无相心中常生方便，修行舍心，度化一切有情。

解读：

舍心，首先得舍下自己的一切我执、法执，不仅舍有，而且舍无，不执于有，也不执于空，三轮体空，是谓大舍。正所谓英雄能征服天下，但不能征服自我。圣人能降服自我，而不愿征服天下。大舍之人，才能得大智慧。有大智慧，方能有大用。

第五　施心

若佛子，能以施心被一切众生^①，身施、口施、意施、财施、法施^②，教导一切众生。

内身、外身、国城、男女、田宅^③，皆如如相。乃至无念财物^④，受者、施者，亦内亦外，无合无散^⑤。无心行化^⑥，达理达施^⑦，一切相现在行^⑧。

注释：

①施心：施，音译为"檀那"，又称"布施"，以己之财分给他人是谓"布"，苦身律己而惠及他人称为"施"，即以慈悲心而施福利与他人。"布施"原为佛陀劝导在家学佛者所修行的善法，即以衣、食等物施与大德及贫穷者。至大乘时代，"布施"成为六波罗蜜之一，财施，再加上法施、无畏施二者，成为三种施，亦即指施与他人以财物、体力、智慧等，为他人造福成智而累积功德，以致生命解脱，"布施"成为一种修行方法。被一切众生：全句意为教导化被一切众生。被，即被覆、化被之义。

②身施、口施、意施、财施、法施：身施，即以身担荷、执劳负役而帮助他人，乃至施舍头、眼、骨髓、头脑、身肉、手足等。口施，即语气诚实，出言善巧方便，乃至欢喜赞叹，令众生心生欢喜。意施，即自心无嗔恨，无有贪痴嫉妒，乃至常怀恭敬心，现柔和身相。财施，即国城、妻子、珍宝、田宅、资生产业等而施于他人。法施，即以权实方便大小诸乘佛法，随因缘而譬喻说法，教化引导一切悭吝众生，令其离苦得乐。

③内身：谓众生自身中眼、耳、鼻、舌、身、意诸根，皆色、受、相、行、识五蕴和合而成。外身：即身外色、声、香、味、触、法诸尘，亦指身体之外所有物品，如国土、田宅、珍宝等。

④无念财物：菩萨以空智而观诸法皆当体即空，实无有法可施。不但无财物布施之相，而且无布施财物之念，是谓"无念财物"。

⑤无合无散：诸法皆空，缘生如幻没有合相，是谓"无合"；缘灭如幻没有散相，是谓"无散"。

⑥无心行化：无布施之心可起，无布施行为可作，无众生可以教化，然不妨终日度生；终日说法，实无一法可说，是名"无心行化"。

⑦达理达施：无心可行名为"达理"，无生可化名为"达施"，既能达理，又能达施，即达三轮体空。

⑧一切相现在行：菩萨通达空智，了无挂碍，不着空有，仍于一切种种相状而当下践行布施。

译文：

佛弟子，菩萨当生起布施之心而化被一切众生。常行身施、口施、意施、财施、法施等，教化引导一切悭吝众生，令其出离生死苦海。

菩萨起慧观，了达内在五蕴身心，乃至国城、男女、田宅等一切身外之物，皆当体即空，皆如如相。既无有法可施，也无布施之相，更无布施之念，是谓无念财物。无受施之人，无施者之我，能所双泯；无内之身命，亦无外之财物；以缘生如幻而无有合相,以缘灭如幻而无有散相,如此则无心行可行,无众生可化,是名无心行化。无心可行名为达理,无生可化名为达施,既能达理,又能达施,即达三轮体空。菩萨虽三轮体空,了无挂碍,但不着于空,仍于一切种种相状而当下践行布施。

解读:

以施行慈,可以施治贪吝之心。虽广行布施,但无布施之心,即非为我之功德或人生价值而行布施,而因众生之需要而行布施。虽施于众生,又不落施舍之相,无一众生得己施舍。如此三轮体空,才能真正得无量功德。如若有我相、人相而行布施,只能得微少人天福报,于佛法无上智慧及生命解脱,无有关联。

第六　好语心

若佛子,入体性爱语三昧①。第一义谛法语义②,一切实语言③,皆顺一语④。调和一切众生心,无嗔无诤⑤。

一切法空智无缘,常生爱心,行顺佛意,亦顺一切他人,以圣法语教诸众生,常行如心,发起善根。

注释:

①入体性爱语三昧:菩萨当以爱语度化众生,所谓爱语者,即是至慈至悲、亲亲切切、叮咛教诫、善好柔软的语言。而此语言,并非凡夫小乘因情见而生的偏执语言,而是依如来体性爱语

三昧正定之所生。也就是说，真正善好柔软语气语言，必然是从自性中流转而出，无任何的造作，也无任何的我执、我慢夹杂其中。

②第一义谛法语义：第一义谛法语，是为真语，又称"胜义谛语"，是最高的、最殊胜的真理。即向众生宣说大乘中道了义，不将不了义语向众生宣说。

③实语言：指真实不诳的语言。佛陀宣说佛法有五种语言，一真语，二实语，三如语，四不诳语，五不异语。真语、实语，为五中之二。

④一语：指如语，不异语，导向一乘之语。乘，即车乘，譬喻佛之教法，因其能载人运至涅槃彼岸，故称之为"乘"。佛陀为随顺众生因缘而方便说法，通常说有三乘，即声闻、缘觉、菩萨三种教法，而一乘教法，是指能直接引导众生成就无上智慧而得涅槃解脱的教法。

⑤无嗔（chēn）无诤（zhēng）：无嗔，即无嗔怒，无嗔则意平；无诤，即无是诤讼，无诤则言和。菩萨恒修五语为因，以最上乘语化导众生，众生虽心口多别，但菩萨难调能调，终至众生意言平和而无嗔无诤。

译文：

佛弟子，为了能以至慈至悲、亲亲切切、叮咛教诫、善好柔软的语言摄化众生，菩萨当入如来体性爱语三昧正定。既入此三昧，菩萨能依第一义谛而生语言，所说语言皆真实不诳，究竟合于一乘真语。这样，便可调和一切众生心性，使其意和而无嗔，言和而无诤。

菩萨了达一切法体性皆空，无上智慧虽无能所缘相，然不妨恒与众生自然任运而常生慈爱之心。菩萨顺心而动，随缘说法，上合三世诸佛之心，下顺一切众生之意。惟以第一义谛法语诚诲摄化一切众生，使其能随本心而动，亦开发生起一切善根。

解读：

菩萨爱语，并非是凡夫为了愉悦他人而强作善好语言，而是自性的本然流露。菩萨证入无我智，自身无执无求，惟以众生实际需要而感发种种善巧方便，宣说第一义谛法，令入意言平和而得安乐。

第七 益心

若佛子，利益心时①，以实智体性②，广行智道③，集一切明焰法门④，集观行七财⑤，前人得利益故⑥。

受身命而入利益三昧，现一切身、一切口、一切意而震动大世界⑦。一切所为所作，他人入法种、空种、道种中，得益得乐。现形六道，无量苦恼之事，不以为患，但益人为利。

注释：

①利益心：又称"利行心"，指利益众生之心。

②实智体性：实智，亦称"真智"、"圣智"，指缘真如实相

之智，如来成佛之本体。以其所缘者乃无缘之缘，故"实智"亦称"无智"。实智体性本空，但却能起大机用。

③广行智道：即为随顺因缘度化众生而行无量方便智慧。智道，又称"权智"、"俗谛"、"方便般若"，指了达事相之智。

④明焰法门：喻种种智慧，各种因缘譬喻，无量方便法门。明焰，即"灯"。

⑤七财：指佛教徒应该具有的七种行为规范。即信（信受正法）、戒（守持戒律）、惭（自己有惭）、愧（于人有愧）、闻（能闻正教）、舍（舍离一切而不染着）、慧（智慧通达）。这七种行为规范可以帮助众生得成圣果，使修行者早成佛道。故以财为喻，谓之"七财"，或"七圣财"、"七德财"。

⑥前人得利益：指当前行益之人得一切道智利益。菩萨以种种方便，使当前众生识路还家，无乏中途，精进修行，自己亦于其中成就一切方便智，所谓自利利他，在利他的过程中亦能自利。

⑦一切身、一切口、一切意：即"三轮"。佛能以身、口、意三业碾摧众生之惑业，其神通妙用非常人所能度测，故称此三业为"三轮"。一、神通轮，又云"神变轮"，指佛、菩萨欲说法时，会由身业现种种神通，惊动众生机情，使其生起正信。二、记心轮，指佛、菩萨欲说法时，必先观察众生根性，然后再随其根性利钝而随机说法。三、教诫轮，又云"正教轮"，指佛、菩萨若说正法，先以种种方便开示引导，令诸众生，改邪归正。此三者次第，当身、意、口渐次而为。先以神通导之，次以记心鉴别其根性，再以教诫，使众生得行正道。

译文：

佛弟子，若行利益心时，必以实相般若体性为所依，方能广起无量方便般若，集种种智慧、各种因缘譬喻、无量方便法门，集空、假、中之三观行及信、戒、闻、舍、慧、惭、愧之七财，则现前行益之人以此亦得一切智道大利益。

菩萨示受众生一样的四大五蕴身命，入"利益三昧"正定，以三昧之力，现一切神通轮（身），一切教诫轮（口），一切记心轮（意），三千大千世界因其而起动、起、涌、震、吼、击六种震动。一切所作所为，无非令众生悟入法种、空种、道种中，得大益获大乐。

为了救度众生，菩萨又示现身形于六道中，随类（或人或畜生）现形，不以六道无量痛苦为患，但以益人为利。

解读：

先得根本智，再得分别智。得根本智易，得后得分别智难。佛子于当下契入空性，顿悟空理，是谓得根本智。若要得分别智，还当悟后起修，广行六度，由体起用，渐得分别智。善财童子悟后仍然行五十三参，当及于此。在华严而言，由证理法界，达理事无碍法界，再达事事无碍法界。在唯识而言，得根本智时，心归于空，渐得妙观察智。此时悟后起修，渐得平等性智，善法恶法，只缘度人而皆平等。然至成所作智时，方能运用恰当，棒喝、机锋、轻重缓急，皆合众生当下之机。

第八 同心①

若佛子，以道性智②，同空无生法中③，以无我智④，同生无二⑤。空同源境，诸法如相。常生、常住、常灭，世法相续⑥，流转无量，而能现无量形身色心等业，入诸六道，一切事同，空同无生，我同无物，而分身散形故，入同法三昧。

注释：

①同心：又名"同事摄"、"难得行"，谓菩萨为平等普度一切众生，示现不同身形于六道之中，与众生共处一处，随缘说法，契机度化。

②道性智：即"道智"，又称"道种智"、"道相智"，大乘三智之一。大乘佛法有三智之说，即一切智、道种智、一切种智。一、一切智，又称"根本智"，指证入诸法本性为空，了知一切诸法总相之智。总相即空相。此智为声闻、缘觉之智。二、道种智，又称"道种慧"，即了知一切诸法别相之智。菩萨证根本智后，因大悲心而仍然广行六度万行，示现身形于六道，随众生因缘，以种种方便救度一切众生，在普度众生中，自己也成就无量方便种种差别之智慧。此智属菩萨之智。三、一切种智，又称"一切相智"，即通达总相与别相智，属佛智。天台宗认此三智为修空、假、中三观所成，即"一切智"为空观所成，"道种智"为假观所成，"一切种智"为中观所成。《华严经疏》卷四中则举出俗智、真智、中道智三智之说，其中真智即观照真谛空理之智，相当于一切智；俗智即观照俗谛诸法差别之智，相当道种智；中道智乃不偏真俗二边，双遮双照，相当于一切种智。

③无生法：佛真如之理，涅槃之体，以其远离生灭，故称

"无生法"。

④无我智：指人无我智和法无我智。众生由于不知世界诸法之实相，从而执著于人我见、法我见二见。人我见，指一切凡夫不知自己身心乃五蕴假合而成，故强立主宰，执人有常一我体；法我见，指二乘之人，不了悟诸法之空性，计一切法各有体性，虽得人无我智，然犹自怖畏生死，妄取涅槃之法，于法取见。大乘佛法，破人我见和法我见，得人无我智和法无我智，是名"无我智"。

⑤同生无二：同，即能同。生，即所同。无二，指物我无二相，隐同一类，种种方便，种种神通，摄受众生，无有彼此；或指物我无二体，皆同于无生空，通于真如之体。

⑥世法相续：一切众生，不识常生、常住、常灭之法，迷真逐妄，起惑造业，随业受报，故轮转生死，无穷无尽，是名"世法相续"。世法，即"世间法"，指世间的种种现象。

译文：

佛弟子，依菩提道性利生之权智，契同真空，所谓即俗而真，故证入无生法中。以二种无我妙智而言，四大非有，五蕴本空，皆同于无生空。既本同于无生空理，则无有人我同异之相，如一切水，皆同本源，一切根境，皆同真境，一切诸法，皆如实相。

一切众生，不识常生、常住、常灭等法，迷真逐妄，起惑造业，随业受报，轮转生死，无穷无尽。菩萨以同体悲智，起"同事摄"，示现无量形身色心入于六道之中，随机赴感，随类现形，与众生同处一处,随缘逗机,令得解脱。

菩萨以无我智故,虽入诸六道而等同无生,虽现"我"而同于无物,虽现无量分散形身色心等业,于理则未尝有散。菩萨能显如是神通,作大佛事,盖是入于"同法三昧"。

解读:

大乘菩萨精神,虽了生死而不离生死,出离六道而不离六道,随众生缘而示现不同形身色心,与众生共处一处,共同生活,共同工作,寻机逗教,普化众生而令其离苦得乐。菩萨因无我智,无有我、人、众生、寿者诸相,虽入于六道,而实无有六道可入,所谓入尘不染尘。修习大乘佛法者,当有大雄大力,敢于面对自身我执、法执,敢于痛施猛药,破除人法二执,无我利益众生,得成无上智慧。若整日所思无非了生脱死,执生死相,口说大乘而实非大乘,贪有执相,想证入空性得根本智,无有可能,而况于后得分别智。

第九 定心

若佛子,复从定心①,观慧证空,心心静缘。于我所法、识界、色界中②,而不动转,逆顺出没③,故常入百三昧、十禅支④。以一念智作是见⑤,一切我人,若内若外,众生种子,皆无合散,集成起作,而不可得。

注释:

①复:又。前面十发趣心中第五为定心,指欲界中所入三昧

正定，现在又从欲界定心而起，入上二界，所以讲"复"。定心：指因修习禅定而远离烦恼散乱的心理状态。《大智度论》卷二十六中说："定心者，定名一心不乱。乱心中不能得见实事，如水波荡，不得见面。如风中灯，不能得点。""定"是佛教戒、定、慧三学之一，是生起智慧的基础。

②识界：即识的领域，指人生起认识的六个领域，即识，眼、耳、鼻、舌、身、意六识。识界，又指"四空天"、"四空处"，具体是空无边处、识无边处、无所有处、非想非非想处，此四处只有受、想、行、识四蕴，没有色蕴，故为"识界"。界，即事物之间的区别、界限、领域。色界：色界为欲界、色界、无色界三界之一，位于欲界上方，乃天人的住处。色界众生虽已远离淫欲，不著秽恶的色法，然而尚为清净微细的色法所系缚，处于欲界及无色界的中间，称为"色界"。色界众生无男女之别，其衣服系自然而至，以光明为食物及语言。此界又依所入禅定之浅深次第而分四个层次，即初禅天离生喜乐地，二禅天定生喜乐地，三禅天离喜妙乐地，四禅天诸舍念清净地，又称"四禅天"。

③逆顺出没：逆顺，指由所出入禅定层次的高低而名是逆是顺。例如，菩萨从三界外入定，至非非想处出定，或从非非想处入定，至无所出处出定，自外而内，是谓顺。相反，菩萨从初禅入定，自二禅出定，或自二禅入定，至非非想处出定，自内而外，是为逆。出没，即出定、入定。

④百三昧：即"百八三昧"。三昧，又作"三摩地"、"正定"等，指将心定于一处或一境的一种寂静状态。诸经论对三昧有不同的分法和内涵解释，大体来说大乘菩萨三昧有一百八十三

种,故称"百八三昧"。十禅支:指禅定的观法或功德,计有十种,故名"十禅支"。依《杂阿含毗昙心论》卷七中说,四禅定计有十八支,即初禅有觉、观、喜、乐、一心共五支,二禅有内净、喜、乐、一心共四支,三禅有舍、念、慧(智)、乐、一心共五支,四禅有不苦不乐、舍、念、一心共四支,合其名称相同者,共有十种,即觉、观、喜、乐、心、净、舍、念、慧、不苦不乐,故称"十禅支"。

⑤一念智:即"一念相应智"。指定中一念,与慧相应,定慧圆照。

译文:

佛弟子,复从所入三昧正定心中,观照本有妙慧,证入本有真空,则心心相续,唯静是缘。则于我、我所诸法,入识界四空天及色界四禅天,而心无动转。递顺出没识、色二界而心无所转,则证入百八三昧之境,得十禅支之功。并能以一念相应智慧,照彻人、我诸法,若内根若外尘,及众生识性无明种子等,一切皆空,无合无散,为因缘集合所起之假有,皆如幻如化而不可得。

解读:

真正的解脱是以智慧成就而得解脱,然定慧不二。或借定生慧,或由慧得定,或定慧双修,然就慧成就而言,则必是慧定圆融的。定、慧皆有世间与出世间之分,佛教之正定正慧,必是渐至无我,习性渐消。世俗定慧,则是有我之境界,心性不净,世智辨聪，强压成定，虽可提升生活能力，然于生命解脱无涉。

第十　慧心

若佛子，作慧见心，观诸邪见、结、患等缚[1]，无决定体性[2]。顺忍空同故[3]，非阴、非界、非入、非众生、非一我、非因果、非三世法。

慧性起，光光一焰[4]，明明见，虚无受。其慧方便，生长养心，是心，入起空空道，发无生心。上千海眼王品，已说心百法明门。

注释：

①结：结集、系缚之义，"烦恼"之异名。众生因烦恼系缚而落于迷境，不得出离生死之苦，故称为"结"。佛教诸经论所说结之类别有多种：二结，悭、嫉。三结，身邪结（又作"身见结"）、戒盗结（又作"戒禁取见结"）、疑结。佛法修证果位中，得初果须陀含果，断此三结。四结，欲结、嗔结、痴结、利养结。五结，有五下分结与五上分结两种，五下分结，系将众生结缚于欲界的五种烦恼，即：有身见结、戒禁取见结、疑结、欲贪结、嗔恚结等五结。五上分结，系将众生结缚于色界、无色界的五种烦恼，即：色贪结、无色贪结、掉举结、慢结、无明结等五结。佛法修证果位中，阿那含果，断五下分结。阿罗汉果，断五上分结。九结，指爱、恚、慢、无明、见、取、疑、嫉、悭等九种烦恼。患：随眠之义，亦为"烦恼"之异名。因烦恼会使人心智昏暗不明，故名"随眠"。

②无决定体性：即无恒常不亦之本性。

③顺忍："十忍"之一，指于诸法思维观察，平等无违，随顺了知其理而令心清净。忍，一为忍辱、忍耐等意，指受他人之侮辱恼害等而不生嗔心，自身遇苦而不动心；二指安忍，指证悟真理，心安住于理上而不动心。佛教诸经论对于忍之类别，有二忍、三忍、四忍、六忍、十忍等多种说法，其中十忍，据旧译《华严经》卷二十八，有随顺音声忍、顺忍、无生法忍、如幻忍、如焰忍、如梦忍、如响忍、如电忍、如化忍、如虚空忍。"顺忍"是其中之一。空同：即虚空同体之义。

④光光一焰：以智慧焰，了达缘境皆为空幻。光光，即智，智能照境。一焰，即慧，慧能了境。

译文：

佛弟子，起慧见心，观照一切邪见、结、患等系缚生命解脱之烦恼，本无恒常本性。菩萨以成就顺忍解脱智故，了达诸邪见、烦恼等皆同如虚空，则观五阴非五阴，观十八界非十八界，观十二入非十二入，观众生非众生，观一我非一我，观因果非因果，观三世法非三世法。

菩萨从慧性而起观照，将智光慧焰彻照万法，内外明了，诸缘境皆为空幻，无有受者。依此慧观中种种巧妙方便，生十长养心，依长养心证入人空、法空之理，而得发无上心。

此是略说，于大本《梵网经》中的《上千海眼王品》中已经详细宣说了此十心一百零八种智慧门。

解读:

以智慧眼观照一切诸法,则其自性本空,无有可执。以智慧力故,则内心执缚纠结能够一时放下。内外通彻,则心灯长明。然智慧成就,还得以十长养心增长善根,积累功德。福报、功德、禅定、智慧,皆相辅相成,缺一不可。

十金刚心

《梵网经》中的十金刚心,唐代法藏所撰的《梵网经菩萨戒本疏》中谓十金刚即十回向,明代智旭的《梵网经合注》中以其类似于圆教的十信。金刚十心是指:第一、信心,第二、念心,第三、回向心,第四、达心,第五、直心,第六、不退心,第七、大乘心,第八、无相心,第九、慧心,第十、不坏心。

金刚,万物中最坚固者,此处譬喻菩萨长养善法后,其心犹如金刚更加坚勇,不被外道侵损。《华严经》中将菩萨的十种坚固愿心称为十金刚心。即:第一、觉了法性,第二、化度众生,第三、庄严世界,第四、回向善根,第五、事奉大师,第六、实证诸法,第七、广行忍辱,第八、长时修行,第九、自行满足,第十、满足他愿。大乘佛法修持者,由于修持此十金刚心,即将证果而得入圣者流。

卢舍那佛言:"千佛谛听,汝先言金刚种子,有十心①。"

注释:

①金刚种子,有十心:金刚,金属中最坚固者,任何物质都不能破坏,但能破坏一切物。佛教经论中常以此作为譬喻,此处喻指这十心最坚最利,能摧破一切烦恼,所以十回向心,被称为"金

刚种子"。

译文：

卢舍那佛说："千佛请仔细听，下面就是你们刚才所问的金刚种子心，共有十种心。

第一　信心

若佛子，信者①，一切行以信为首，众德根本。不起外道邪见心，诸见名著②，结有造业，必不受。入空无为法中，三相无无③，无生无生④，无住住，无灭灭，无有一切法空。

世谛，第一义谛智，尽灭异空⑤，色空⑥，细心心空⑦。细心心心空故⑧，信信寂灭⑨，无体性，和合亦无依⑩。然主者，我、人名用，三界假我，我无得集相，故名无相信。

注释：

①信：佛教中的"信"，指能令心澄净，对佛及佛的教法等不起疑心的精神作用，亦即信心、信仰。就其内容，《大乘起信论》说有四种信心，即信真如、信佛有无量功德、信法有大利益、信僧能正修行而自利利他，此为大乘佛教的一般性说法。

②诸见名著：指一切世间的种种知见皆名为执著。诸见，指一切世间的种种知见。名，名为，称作。著，指执著。

③三相：即三种相状。佛教经论中的三相有多种命名及涵

义。一、假名相,指唯有假名而无实体之相;法相,指五蕴、十二处、十八界等诸法之相;无相相,指无相之相。二、解脱相,指无生死之相;离相,指无涅槃之相;灭相,指生死涅槃之无相,其无相亦无,即非有非无之中道相。无无:即三相亦空无有,无有亦无有,故云"无无"。

④无生无生:无生,指诸法无有实体,体性本空,故言"无生"。然连无生也不立,故云"无生无生"。

⑤异空:指欲界众生由于诸见及所造诸业而执著的粗惑空。由于凡夫不解空的真实义,将"空"执著为有区别、有差异的一种存在,所以说是"异空"。

⑥色空:指无色界众生之细惑空。如色空外道,佛所称的十种外道之一,计无色界之色空为涅槃。《行事钞》下卷四之二中说:"色空外道,用色破欲有,以空破色有,谓空至极。"虽是空之极,但仍略执著于空。

⑦细心心空:细微的意识之心亦空。

⑧细心心心空:不仅细微意识之心念亦空,即使空上细心之心的心,亦不可得。

⑨信信:前一个"信",指能信之心智;后一个"信",指所信之理境。心心空之,心亦复空,则谁为能信,谁为所信,能信所信不假消除而自寂灭。

⑩无依:即无有主体。上述诸法无有体性,则能信所信以成和合,实也了不可得,所谓皮既不存,毛将焉附。

译文：

佛弟子，要对佛教圣谛有正信之心，因为成就佛道的一切妙行都是以信心为基础，成就一切功德也以其为根本。依对佛教的正信之心，则必然不起外道之邪见心。一切世间有、常、空、断等诸见，皆为执著，以执著故，则自然结集有漏之因，造诸恶业而感受恶果，而佛子亦依此正信心，植众德本，不造诸恶业而自然不受其果报。

菩萨入于真空无为法中，了知生、住、灭三相体性皆无相，无相亦无，故无生亦无生，无住亦无住，无灭也须灭，一切诸法本自空，故无法可空，空亦不可得。俗谛世间法，真谛出世间法，二谛亦尽无余，尽灭异空、色空，连灭此能灭异空、色空之细心之心，此心亦空。不但细心之心念亦空，就连空上细心之心，其心亦不可得，则能信所信不假消除而自寂灭，诸法本无体性，和合亦无依。

凡夫外道于诸法确立主宰，自认有我有人，安名立用，然三界中之我人名用，皆为假有，于我中求得求集求相，皆了不可得，故信亦为无相之信。

解读：

信心是进入佛道的第一步，也是成就佛道最重要的基石，所谓"信为道源功德母"。以修习佛法的历程而言，信心成就，依其次第可分为三阶段，即：一、信可，或称"信忍"，即由深刻的理解而起的净信，属信解位。二、信求，即由确立信解而精进修学，属解行位。三、证信，又作"证净"，即由实践而证得没有疑惑的净信成就。信心有宗教信仰心、理解而起信心、证悟而得信心三种差别,信心虽于修证佛法极为重要,但若宗教信仰心太多强烈,会影响到学人对于佛教教义的理解和证悟。因此,正信佛教修行者,于佛法要坚定相信,更要具足信心去体证佛法之真实不虚,以自身修行为佛法作见证。

第二　念心

若佛子,作念六念①,常觉乃至常施②,第一义谛空,无着无解③,生、住、灭相,不动,不到,去来。而于诸业受者,一合相④,回向入法界智⑤。

慧慧相乘⑥,乘乘寂灭⑦,焰焰无常⑧,光光无无⑨,生生不起,转易空道⑩。变前转后,变转化化,化转转变⑪,同时同住,焰焰一相,生灭一时。已变、未变、变变,化亦得一,受亦如是。

注释:

①念:佛教经论中所说的"念"有多种意义,就其形式而言,有观念、口念、心念等。观念,即观想佛的形象或佛法的内容等;口念,即以口称佛之名号,又作"称名念佛";心念,即以心想念佛菩萨等,如母忆子,心心念念于斯。此处"念"的涵义当指对佛、菩萨形象或功德的观念。就念的内容而言,有六念、八念、十念等各种说法。六念:又作"六随念"、"六念处"、"六念法",即:一、念佛,念佛的大慈大悲无量功德。二、念法,念如来所说三藏十二部经能利益大地众生。三、念僧,念僧具足戒、

定、慧，能为世间众生作良福田。四、念戒，念戒行有大势力，能除众生之诸恶烦恼。五、念施，念布施有大功德，能除众生之悭贪。六、念天，念三界诸天皆因往昔修持净戒、布施、闻慧等善根，而得此乐报。(《佛光大辞典》)

②常觉：即"念佛"，指观念诸佛之十功德品，具足十力、四无所畏，大悲三念，常乐我净。常施：即"常念布施"。

③无着无解：即以第一义谛空道而言，不见有凡法可缚，故"无着"；不见有圣解可解，故"无解"，故说"无着无解"。

④一合相：佛教认为，世界本为无量微尘因缘之集合，本无实性，本为一相，故称为"一合相"。

⑤法界智：无尽之诸法，称为"法界"；诸法之所依，称为"体"；法然不坏，称为"性"；能决断分明无尽诸法之智，称为"法界智"，亦称"法界体性智"。

⑥慧慧相乘：此句指真慧理慧体用不二，如轮乘之无止境。上慧即常念第一义谛破俗之真慧，下慧即起空证入法界之理慧，乘即轮乘之义。

⑦乘乘寂灭：此句意为以此真乘理乘本来空寂，无转而转，转而无转。上乘即常念第一义谛空之真乘，下乘即起空度众生证入法界之理乘。寂灭即不动不到、无去无来之义。

⑧焰焰无常：此句指此慧焰慧焰不入法界，不离法界，往返度生，无定居于一处。焰，喻慧。无常，指相乘。

⑨光光无无：此智光能照破三界众生粗细等惑，法界本空而无所有。光，指智乘之智光。光光，即"智智"。无无，即"寂灭"。

⑩生生不起，转易空道：即以法界智，了知法界本为空相，生而无生，起而无起，则转无明易向真如，转烦恼易向菩提，转生死易向涅槃。

⑪变前转后，变转化化，化转转变：变前转后，即转灭相无明为不灭相；变转化化，即转住相无明为无住相；化转转变，即转生相无明为无生相。（寂光《梵网经直解》)《大乘起信论》中分"无明"为生相无明、住相无明、异相无明、灭相无明四种，天台宗则有四十一品无明的化分，其破除皆与佛法修证的次第相对应。清代德玉顺朱所著《佛说梵网经顺朱》对于此四句解释有所不同。变前转后，全句意指变易照了前五识当体元空，环转旋归第八识本性清净。变，即变易六识，前，即前五识，转，即环转七识，后，即八识。变转化化，既前五识当体本空化为成所作智，则变易照了之六识亦与之俱化而为妙观察智也；既后八识本性清净化为大圆镜智，则环转旋归之七识亦与之俱化而为平等性智。化转转变，言前后二智本不动摇，如空如镜，其所以能转能化此二识证入本智者，皆七六能转能变之力，所谓七依八起，六从五生。两位前贤所论各有千秋，原文深奥，读者自辨。

译文：

佛弟子，应当常作六念，念佛、念法、念僧、念戒、念天、念施，亦当常念第一义谛空理。如此则不见有凡法可缚，故无着；不见有圣解可解，故无解。既无着无解，则虽生而无生相，虽住而无住相，虽灭而无灭相，不动不到，无去无来。是故无有生、住、灭之三相，作业受报一切皆空，诸所作业并诸受业者，皆为一合相，回向证入法界空智理中。

依法界智故，真慧、理慧轮乘无止，真乘、理乘无去无来，智光彻照法界本空而无所离，诸法生起而实无所起，则转凡向圣，转烦恼向菩提，转生死向涅槃。如是转如是易，则能变前转后，变转化化，化转转变，生与俱生同时，灭与俱灭同住。如此则焰焰了无二相，生灭咸同一时。已变、未变、正在变，亦证入法界智中，前言诸业受者亦是如此。

第三　回向心

若佛子，深心者①，第一义空，于实法空智②，照有实谛。业道相续③，因缘中道④，名为实谛。

假名诸法，我、人、主者，名为世谛。于此二有谛，深深入空⑤，而无去来，幻化受果而无受，故深深心解脱⑥。

注释：

①深心：又称"深信"，通常指深重殷切寻求佛道之心，或指对佛法真实的确信之心，也指乐集诸功德善行又有深信爱乐之心。深心，亦指回向心。回向心，谓以修证佛法的微妙之力，感佛光来照，又复回光以向于佛，如此光辉互交，感而遂通，成就功德。回，即回转。向，即趣向。

②实法空智：实法，天台称为"诸法实相"，华严名为"一真法界"，指一切诸法的本体，也为诸佛平等法身，其从本以来不

生不灭，非空非有，离名离相，无内无外，惟一真实，不可思议，故称"一真法界"。空智，即体证诸法体性本空之智慧。

③业道相续：众生由于无明而造诸恶业，由诸恶业而感招诸苦果，由受诸苦果而于烦恼不尽，生死不绝，是为"业道相续"。道，即道路，能通之义。

④中道：指离开二边之极端、邪执，为一种不偏于任何一方之中道。大千世界一切诸法，世俗智观其为有，空智观其为空，若以中道智观其，则即有即无，非有非无。

⑤深深入空：即深深入于第一义空。所谓真不立，妄本空，有无俱遣，空亦非空，深深回向一真法界第一义空。

⑥深深心解脱：深深心解脱有别于浅解脱和"深解脱"。声闻修四谛法证入空理，名为"浅解脱"；缘觉观俗谛法证法空理，名为"深解脱"；菩萨以法界智观空假不二，真俗互融，深之又深，故名"深深解脱"。

译文：

佛弟子，发起深重殷切求证佛道之心，深达第一义谛之空理。以体悟诸法实相之解空之智，观照通达俗谛、真谛二谛。众生由造诸业而感受诸果，生死相续不断，于此生灭因缘，以法界空智照之，则皆契合即有即无、非有非无之中道理，是名为实谛。因缘和合假立名言之诸法，外道、凡夫妄计我、人，执有主宰，名为世俗之理。其实真、俗二谛，本无二法，合为一理，深深入于第一义空，则无去无来而示去来，如幻如化而示幻化，示现感受诸果而实无受，故名得深深心解脱。

解读：

观诸法性空，解第一义谛空理，然于此空理，亦应当空，如此则空无所空，彻底了无一相可执，了无一法可得，是名"真解脱"。

第四　达心

若佛子，达照者①，忍顺一切实性②，性性无缚、无解③。无碍，法达、义达、辞达、教化达④。三世因果，众生根行⑤，如如，不合不散，无实用，无用，无名用⑥，用用一切空。空空照达空⑦，名为通达一切法空。空空如如，相不可得。

注释：

①达照：谓通达事理，照了无碍。达，即通达。照，即明照。

②忍顺一切实性：谓以忍可忍证悟法界之理，顺随法界之性，故能了达一切诸法之性，皆即法界真实之性。忍，即忍可忍证。顺，即随顺无违。

③性性：前"性"为诸法之性，后"性"为法界之性。

④法达、义达、辞达、教化达：法达，即"法无碍智"，指能通达世间出世间一切诸法名字差别，分别演说而无有滞碍。义达，即"义无碍智"，指能了知一切诸法之差别，于其义趣妙理能随顺宣扬而无有滞碍。辞达，即"辞无碍智"，指于诸法名字义理，随顺众生种种根机及殊方异语，能为其演说，令众生各各得解，辩说通达一切法性而无滞碍。教化达，即"乐说无碍智"，

指能随顺一切众生种种根性及所乐闻法而为说之，通达圆融而无有滞碍。

⑤众生根行：根，即根机，以草木之根喻众生于修习佛法的基本素质，根之发动处称为"机"，喻众生于佛法的悟性高低。依佛教而言，众生根机，有利根钝根者，有非钝非利者，有善性恶性者，有非善非恶者。行，即现行，指众生由其根机而表现出来的外部行为。如，有贪嗔痴等业系苦众生，有戒定慧等解脱乐众生。

⑥无实用，无用，无名用：无实用，指一切诸法当体即空，故无实用。无用，即无所用，指既无实用，也无所有用。无名用，实以名显，既无实用，名实皆无，一切用皆空，则当无所名用。

⑦空空：诸法体空、用空，是名"空空"。

译文：

佛弟子，应通达事理，明照法性无碍，以是忍证法界之理，顺随法界之性，故能了达一切诸法之性皆为法界真实之性，诸法之性与法界之性无二无别，无凡情可缚，亦无圣解可解。如此即得四无碍智，即法无碍智、义无碍智、辞无碍智、乐说无碍智。了达三世因果及众生根行，皆如如相，本无三世因果，亦无众生根行，无生无灭，一切诸法当体即空，故无实用，既无实用，则无所有用，亦无所名用，名实二用一切皆空。诸法体性为空，依体所起之用亦空，照了通达真空实性，名为通达一切法空。空空之智，如如之理，其相皆不可得。

解读：

既证入于空，又能依体起用，是谓真空妙有，发起四无碍智，而有能力践行广化一切众生之愿。然于真空妙有亦无所有，是谓"真实成就"。

第五　直心

若佛子，直者①，直照取缘神我②，入无生智。无明神我空③，空中空④，空空理心⑤，在有在无，而不坏道种子。

无漏中道一观⑥，而教化一切十方众生，转一切众生，皆萨婆若⑦。空直直性，直行于空，三界生者，结缚而不受。

注释：

①直者：亦名"直心"，即质直而无诈曲之心，正直而心胸坦荡，为一切万行之根本。《维摩诘经》中说："直心是道场"，"直心是菩萨净土"。《大乘起信论》以直心为十信成就菩萨所发三种心（直心、深心、大悲心）之一，视直心为正念真如妙法之心。

②取缘神我：取，即贪取。缘，即因缘。神我，即六识分别之我。二乘人不知第七识和第八识，而依六根意识分别而建立染净根本，从而沉空执寂，昭昭灵灵，以为有似神似通之我，故名"神我"。

③无明神我：指由于无始以来的无明愚障熏习所起的俱生我执，即第七识。此种执著为自内之我，微细难知，惟至第七地

后,方始能舍。

④空中空:即空尽诸有之空,空亦尽空。无明体性本空,无明空相尚不可得,而况于无明相。

⑤空空理心:即空有之理心和空无之理心,在有不滞有,有空而不坏有;在无不证无,无空而不坏无。前一个"空",空有。后一个"空",空无。

⑥无漏中道:既不坏,则不为一切有无等诸法所渗漏,不漏于有即得空观,不漏于无即得假观,于空于假不即不离,故名"无漏中道"。无漏,即不坏义。

⑦萨婆若:指"一切智"、"一切种智",意谓一切智与一切种智皆为佛智。"一切智"知一切诸法之总相,"一切种智"知一切诸法之种种别相。一切智一般对二乘而言,大乘则多言一切种智。

译文:

佛弟子,直心者,以正直无曲之坦诚心观照诸法,则贪取因缘可生可灭,六识分别之神我,当体全空,皆入无生理智之中。无明神我本空,此空亦空,以空空理心,在有不滞有,有空而不坏有;在无不证无,无空而不坏无,则不坏中道种子。

以无漏中道平等一观,教化一切十方执有执无之众生,离有相离无相,转化一切众生,证入萨婆若空智平等慧海。直心体性本空,是谓直性,以直性而行直行,虽有而实空,故菩萨往来于三界,不与法缚,不求法脱,不厌生死,不爱涅槃。无所挂碍,于世俗诸多烦恼束缚而实无有受。

解读：

直心是道场，直心是菩萨净土，当下一念直心，是佛法修持成就的重要检验指标。当下一念之心，是直是曲，是善是恶，是净是染，若能当下明白，实已进入真正修行之门。若以自身定力，强行观照自己之起心动念，使其清静无染，虽也灵明昭昭，实为外道神我知见。俗语说"功夫在画外"，当下一念直心，只是心性智慧成就之结果，不可倒果为因，徒成相似成就。

第六　不退心

若佛子，不退心者①，不入一切凡夫地②，不起新长养诸见③，亦复不起集因、相似、我人④。入三界业，亦行空，而不住退解脱。于第一中道，一合行故，不行退。本际无二故⑤，而不念退。空生观智如如，相续乘乘⑥，心入不二⑦。常空生心，一道一净⑧，为不退一道一照⑨。

注释：

①不退心：谓定力显发，慧心明彻，见道不远，修行精进无懈而无退转心。又指佛教修行证得果位后，不会产生退转回凡夫地之心。

②不入一切凡夫地：菩萨照破三界见思烦恼等惑，将登圣地，因此不入一切凡夫地。此处凡夫，非世俗没有修行佛法的一般人，而是指十信位的大心凡夫，谓由修十住而空观牢固的信位凡夫。

③不起新长养诸见：菩萨修行十行假观，彻底制伏了对"有无"刻意分别的凡夫行为，并长养六度万行，所以不会重新长养诸凡夫外道邪见。

④亦复不起集因、相似、我人：指菩萨修至不退位修行中道观智，并唯此观慧精进修行，心心不二，则不会再起集因、相似、我人等一切知见。集因，《大正藏》中《梵网经》中本作"习因"，习因，"习果"之对称，与习果一样，习因通于一切色法、心法和善恶无记性。相似，亦名"相似觉"、"相似即"、"相似位"等，指二乘及三贤位（十住、十行、十回向）之菩萨灭尽异相之不觉，证悟相似真如之理，因其未曾真得之故，名为"相似觉"。我人，指我、人二见，凡夫之知见。

⑤本际不二：指认识到本际智与诸法之本际不分不离，所以能不堕登地之前，念也不退。本际，亦名"本际智"，指照了佛智及诸法之本际的智慧。

⑥相续乘乘：即"行不退智"。相续，指中道合行念念相续。乘乘，指行行相乘。

⑦心入不二：即"念不退智"，指心心念念无欠无余，绵绵不断，流入不二法中。

⑧一道一净：指善契心体，不染二边。一道，指前面所讲中道一合之义。一净，指前述本际清净不二之义。

⑨一道一照：即理智一如。一道，指中道实相之理。一照，指以中道之理观照诸法。

译文：

佛弟子，所谓的不退心，是指证得果位之后，永不退回到一切凡夫之地，不会重新长养诸凡夫外道邪见，也不会再起集因、相似智、我人等一切知见。虽然示现三界业中流转，以亦行此空观之故，而不于住中退入信位，故得"位不退"，是谓初离凡夫解脱。于第一义谛道理中，空、假、中三观互融一合行，则不长诸见，得"行不退"。通达本际智与诸法之本际不一不二，念念充遍合于中道智观，得"不念退"。能行空观之本智，证入法界之观理，中道合行念念相续、行行相乘，心心念念无欠无余、绵绵不断，流入不二法中。常入于空而生其心，善契心体，不染二边，是谓不退心成就，进则理智互融，直趋佛果。

解读：

真正的不退心，并不仅仅是指强烈而不会退转的修道之心，而且是指证到一定果位后，不再起凡夫外道种种邪见，证得第一义谛中道智，而得位不退、行为退、念不退三不退转之心。也就是说，不退心，是立足于智慧成就，并达到一定证量时的一种心理状态。真修佛子，切不可将世俗强烈执著的宗教情感当作不退心，而是应该明佛理，如法修行，依佛理而知自身修行状态，方不至未证言证，滞足不前而贻误人生。

第七　大乘心

若佛子，独大乘心者①，解解一空故②，一切行心③，名一乘。乘一空智，智乘、行乘④，乘智心心，任载任用。

任载,任一切众生,度三界河、结缚河、生灭河⑤。行者,坐乘。

任用,载用智乘,趣入佛海故。

一切众生,未得空智任用,不名为大乘,但名乘,得度苦海。

注释:

①独大乘心:大乘,与其相对的是"小乘",释迦牟尼佛入灭一段时期后,随着大乘佛教的兴起,大乘佛教徒将原始佛教与部派佛教贬称为"小乘"。在部派佛教的立场,大乘非佛说,然就思想史的发展而言,小乘是大乘思想的基础,大乘思想基本上可以在原始佛教中找出源头。在佛教义理上,小乘仅视释迦牟尼为佛,为教主,大乘则认为三世十方有无数的佛。小乘主张人无我,大乘除主张人无我外,还提倡法无我。小乘主张由观四谛、十二因缘等而得悟诸行无常、诸法无我,从而达到涅槃寂静。从其涅槃义上看,小乘比较重视自己的解脱,故称为自调自度的声闻、缘觉之道。大乘则提倡发大菩提心,强调于六度万行中成就无上智慧,行自利利他的菩萨道。独,唯独,只有。大,即大而无外。乘,即车乘,喻指能将众生从烦恼之此岸载至觉悟之彼岸的佛教教法。

②解解:第一个"解",指能解法界广大之智。第二个"解",指所解法界广大之理。

③一切行心:即一切行、一切心。一切行心,虽细分无量,然总不出三乘之行心。

④智乘、行乘：智乘，即"本有空智理乘"。行乘，即"空法界行乘"，指以空智而观法界皆空。

⑤度三界河、结缚河、生灭河：三界河，指欲界、色界、无色界等众生漂流没溺之苦河。结缚河，外道由于见使执缚而有种种邪见执缚，是故不得出离生死之惑业河。生灭河，二乘由于生灭知见而沉落变易生死之河。

译文：

佛弟子，唯有发大乘心者，能使能解之智及所解之理皆归于第一义空，如此则一切行都是法界行，一切心都是法界心，亦可名为一乘。乘一乘之空智，方显一乘之空理，起一乘之空行。行乘之心与智乘之心，任载任用，方得名为大乘。

所谓任载，就是以行乘承载一切众生，度三界苦果之河、惑业结缚之河及变易生死之河。菩萨行，不住彼此二岸，亦不居中流，但坐大乘中而广行济度。

所谓任用，即以智乘载运众生，任意纵横，自在无碍，广化利益一切众生而直超入于佛海。

一切众生，未得一空智乘而任载任用，不得名为大乘，只能名为"乘"，仅能得度苦海、安住化城以自利。唯行不离智，智不离行，智行并行，广利有情，方得名为中道观智大乘。

解读：

大乘教义，不仅要自度，而且要发心广度有情。要能普度众生，则必先证入根本智，体悟第一义空，再于广行万行之中，成

就后得智，最终得一切种智。正所谓智、行并行，广化利益一切
众生。

第八 无相心

若佛子，无相心者①，妄想解脱②，照般若波罗蜜无
二③。一切结业④，三世法⑤，如如一谛。而行于无生
空⑥，自知得成佛，一切佛是我等师，一切贤圣是我同
学，皆同无生空，故名无相心。

注释:

①无相心:即见诸相无相之心。无相，无生死相，无烦恼
相，无菩提相，无十界平等相，无十界差别相。相，即形相、状态
等义，是相对于事物本体而言。世界上一切事物，虽有一定的形
相，然从本质上来说，都是因缘假合而成，缘生即起，缘灭即灭，
所以说其体性本空，既为空，则无有形相，是谓"无相"。

②妄想:指以虚妄颠倒之心分别诸法之相状而起的虚妄想
法。《楞伽阿跋多罗宝经》卷二中举出十二种妄想，即言说妄想、
所说事妄想、想妄想、利妄想、自性妄想、因妄想、见妄想、成
妄想、生妄想、不生妄想、相续妄想、缚不缚妄想。解脱:又作
"毗木叉"、"毗木底"、"木叉"或"木底"等，指由烦恼束缚中解
放出来而达到脱离迷苦的境地。如从三界束缚中获得解脱，分
别称为欲缠解脱、色缠解脱、无色缠解脱。由修习所断烦恼之
不同，可分为见所断烦恼解脱与修所断烦恼解脱。佛教经论于
解脱的类别或层次有多种论述，如有为解脱与无为解脱，性净解

脱与障尽解脱,心解脱与慧解脱,慧解脱与俱解脱,时解脱与不时解脱,另有烦恼解脱、邪见解脱等十种解脱。

③般若波罗蜜:又作"般若波罗蜜多",意译"慧到彼岸"、"智度"、"明度"等,即"智慧",指通达诸法实相,度生死此岸至涅槃彼岸的佛教智慧。

④结业:结,即烦恼,指因结烦恼而有系缚,故名"结"。业,音译"羯磨",义译"造作",指身、口、意的造作行为以及由此行为而延续下来所形成的力量,故又称"业力"。众生之生命流转就是由于此业力的内在推动。

⑤三世法:指过去、现在、未来三世之因果法。

⑥无生空:即"无生空智",指不住生死此岸,亦不住涅槃彼岸,以不住故,则能常行于无生空。无生,即不生不灭。

译文:

佛弟子,若能以无相心观照一切,则无妄想与解脱的分别,生死与涅槃,于此无相般若波罗蜜中,皆无二无别。故一切众生烦恼、业缚,三世因果等法,与菩提、解脱、法身等法,彼此皆如如,本无二理。菩萨依此而不住生死此岸,亦不住涅槃彼岸,以不住故,而能常行于无生空。以行无生空故,自知决定信得将来必定成佛,亦知一切成佛道者是我等师,一切三贤十圣等尚未成佛道者是我等同学和伴侣。我行此无生空,诸佛及一切贤圣亦皆同行此无生空,以同行无生空故,必同证无生空,所以名为无相心。

解读：

十方三世一切诸佛及一切众生因法身空相，故说同一法身。正信学佛者，并非盲目相信诸佛，也非相信诸佛能赐予福报功德，更非相信由诸佛加持而保神识长存，而当以诸佛为师，践行诸佛之最高教法（中道第一义谛智），以无相心而行六度万行，行无生空法。一切诸佛皆行无生空法，我亦必定因行此法而得成佛。然成佛者无佛可成，解脱者实无有解脱，是名"真正解脱"。

第九 慧心

若佛子，如如慧者[1]，无量法界，无集[2]，无受生[3]，生生烦恼而不缚。一切法门[4]，一切贤所行道，一切圣所观法，所有亦如是。

一切佛教化方便法，我皆集在心中。外道一切论，邪定功用，幻化，魔说，佛说，皆分别入二谛处。

非一非二[5]，非有阴、界、入，是慧光明，光明照性，入一切法。

注释：

①如如慧：亦名"真如慧"，指能体认诸法体性本空之智慧。如如，即法界理。慧，即法界智。以理契智，以智契理，故名"如如慧"。

②集：原始佛教基本理论苦、集、灭、道四谛法之一。所谓"集"，即招集、聚集之义。佛教认为，人生诸多烦恼痛苦，皆由

诸无明惑业所招集而来,故名"集谛"。

③无受生:指菩萨虽示现生命于六道之中,但实无有身心而受彼生死,无生无死,无有烦恼,故说"无受生"。受生,指由业力感应而得生命。

④一切法门:指尽十方三世一切诸佛教化开导一切众生的种种巧妙方便教法。法门,即佛的教法,指以佛的教法而达圣智,依此修行得解脱生死而入涅槃之门,因此称为"法门"。

⑤非一非二:不是同一,也不是不同一,而是超越同、不同的相对而臻于绝对的境界。诸法从相用上说,则万象森罗,当然不能说是同一。若从本体上来说,则诸法皆是假有而体性本空,所说也不能说是不同。以佛教中道智慧观一切诸法,则体用不一也不二,即体即用,即用即体。

译文:

佛弟子,如果具此真如慧,则能于无量法界中,示集因而无集,示受生灭而无有生灭,生生世世示现诸多烦恼而实不受其系缚。乃至于一切诸佛所教导的法门,一切三贤所行之道,一切十圣所观真如法,也如是不执著,所谓不着圣解。

十方三世一切诸佛教化开导无量众生的种种巧妙方便教法,皆集在我如如慧心之中而圆融无碍。岂但诸佛法无碍,即使外道一切杂典戏论法,一切邪定盲炼功用,种种幻化,或佛说,或魔说,我皆以无分别如如智慧而分别入于二谛。邪定、正定,魔说、佛说,实非一非二,五蕴非五蕴,十八界非十八界,十二入非十二入,乃即如如智光明。即此智慧光明,照法界性,入于一切诸法之时，一切诸法亦是智慧光明。

解读：

真实空性慧，当不落凡见，不着圣解。虽为了生死而修习佛法，而内心无有生死可了；虽发愿广度一切众生，而实无一众生有度，所谓三轮体空而又不舍一法。佛说、魔说，邪定、正定，皆为二边说，以中道第一义谛，则非一非二，平等一观。以自身智慧光明故，入于一切法中，于六度万行中，虽无有度人之心，也无有度人之法，更无要度所度之人，而所遇者皆得以度，是谓无上智慧光明之大机大用。

第十　不坏心

若佛子，不坏心者[1]，入圣地智[2]，近解脱位，得道正门[3]，明菩提心[4]，伏忍顺空[5]，八魔不坏[6]，众圣摩顶[7]，诸佛劝发，入摩顶三昧。

放身光，光照十方佛土[8]，入佛威神[9]，出没自在，动大千界，与平等地心，无二无别，而非中观知道[10]。

以三昧力故，光中见佛，无量国土，现为说法。尔时即得顶三昧，证虚空平等地，总持法门[11]，圣行满足，心心行空[12]。

空空慧中道[13]，无相照故[14]，一切相灭[15]，得金刚三昧门[16]，入一切行门，入虚空平等地。如《佛华经》中广说。

注释：

①不坏心：即"不坏道心"。按大乘佛教修行阶第，十向已满，将入圣流，真正见道修道，故名"不坏心"。

②圣地智：即登初地菩萨之智慧。处于十信阶段的大乘佛教修行者，只是处于发菩提心阶段，虽名发心菩萨，仍然是凡夫。住、行、向三十心阶段的大乘佛教修行者，名"贤人"。登初地以上菩萨名"圣"。菩萨到不坏心阶段，十向满足，宜登初地，故称"证圣地智"。

③得道正门：此十回向已满菩萨，将入初地，入初地者，方是真正见道，见道后才是真正的修道，由初地而渐至如来觉地，故说"得道正门"。

④明菩提心：菩提，旧译为"道"，新译为"觉"。菩提心，即求正觉之心。菩提心为一切诸佛之种子，净法长养之良田，若发起大菩提心勤行精进，当得速成无上菩提。所以说，菩提心乃一切正愿之始，无上智慧之根本，大乘菩萨，最初必须发起大菩提心。《维摩诘经·佛国品》中说："菩提心是菩萨净土。"大乘佛教分菩提心为五类，即：一、十信菩萨，名"发菩提心"。二、三贤菩萨能降伏其心，名"伏菩提心"。三、初地至七地菩萨，与般若慧相应，名"明菩提心"。四、八九十地菩萨，真得无生法忍，远离三界。名为"出到菩提心"。五、等妙菩萨坐于道场，成等正觉，名为"证菩提心"。此十向终心将登初地，正当第三位明菩提心阶段。

⑤伏忍：此为菩萨阶位，此位靠近菩萨初地。菩萨有五种阶位，即"五忍"：一、伏忍，此位虽未断烦恼种子，但能制伏而

不使之起。二、信忍，初地至三地间，见法性而起正信。三、顺忍，于四地至六地间，顺菩提道而趋向无生果。四、无生忍，于七地至九地间，悟入诸法无生之理。五、寂灭忍，于十地及妙觉间，断尽诸惑，而臻涅槃寂灭之境。此三贤向满，居伏忍顶。顺空：指能随顺无生空慧。

⑥八魔：魔，全称为"魔罗"，意译为"杀者"、"夺命"、"能夺"、"障碍"等，又称"恶魔"，指能夺取吾人生命，或能妨碍善事之恶鬼神。"魔"字，旧译作"磨"，至南朝梁武帝时，以其为能恼人者，始改为"魔"字。魔，既有外在于人且会恼人的鬼神类魔，又有自身内在障碍人修行之魔，如烦恼魔、五阴魔等。大乘佛教一般讲有十种魔，即色魔、受魔、想魔、行魔、识魔、烦恼魔、死魔、天魔。一至五魔亦称"五蕴魔"，喻五蕴生灭法使修行人不能解脱。"烦恼魔"喻三界中妄惑，"死魔"会使人夭丧，"天魔"指欲界第六天之魔，此魔会做种种障碍，使修行人不能解脱三界生死。

⑦摩顶：指佛授记时，抚摩弟子的头顶，预言他将来成佛的事。

⑧十方佛土：指十方诸佛之净土，也泛指无量诸佛之净土。佛经称东、西、南、北、东南、西南、东北、西北、上、下，为"十方"。

⑨威神：多指佛所具备的不可思议力量。威，即威严。神，指神妙不可测。

⑩中观知道：即"中观智道"，指由中道观所得到的，不离两边而又不落两边的中道智慧。

⑪总持法门：谓总一切法，持无量义。总持，梵语"陀罗

尼"，译言"总持"，指持善不失，持恶不使起之义。菩萨所修之念，以定慧成就而具此总持功德。

⑫心心行空：住、行、向三十心及分别我法二执之心行至此悉归于空，是名"心心行空"。心，指三十心（十发趣、十长养、十金刚这三十心）。心行，即心分别我法二执之行。

⑬空空：指人空、法空。

⑭无相照：因为证得诸法本空，无有一相可得，以此起观，是名"无相照"。

⑮一切相灭：指人相、法相，实相、假相，一切诸相，悉皆消灭。

⑯金刚三昧：指能通达一切诸法实相之三昧（正定），因其能断破一切烦恼，犹如金刚坚固能摧破万物，故称"金刚三昧"。《大涅槃经》卷二十四中说："菩萨摩诃萨，修大涅槃，得金刚三昧，安住是中，悉能破散一切诸法。"此三昧门为菩萨所得三昧，是菩萨进入佛所具无量三昧的路径，菩萨由成就此金刚三昧而永不退转。

译文：

佛弟子，所谓不坏心者，是将得登大乘初地入圣者流的智慧，始离解脱分别障而接近解脱位，将以见道而得入真正修道之门，与般若慧相应而名明菩提心，居伏忍顶，异相无明现行不起而能随顺无生空慧，故八魔不能坏。是以感动众圣前来摩顶加被，诸佛劝发增进其行，以至得入摩顶三昧。

入此三昧，身放无量光明，照达十方佛刹，入佛威神而形仪如佛，出没十方国土而自在无碍，以佛神力加被而一时震动大千世界，与虚空平等欢喜地心无二无别，非行位、向位菩萨中观智道所能比。

以得诸佛三昧加被力故，能于光中见一切佛，能现身于无量佛国净土，能化无量身，广利有情而为说法，当尔之时，即得入顶三昧，实证虚空平等欢喜。此时得妙湛总持法门，一切如来圣行功德悉皆圆满具足，一切诸心心行悉归于空。

证得人空、法空之慧，入中道之智，以无相中道之智而起观照，则无相不灭，无理不显，得金刚三昧正受法门一时现前，入一切行门，方才证入虚空平等地。

此处仅为略说，广说见于《华严经》中。

解读：

不坏心，居十金刚心或十回向心之最终，是贤位之顶，即将登初地而入圣者流，故立六义而说明即将见道者的基本知见。从贤位到圣位，虽仅一步，然此一步却天壤之别，是修行上质的飞跃，修行者可能终其一生甚至数世而不能突破。真正见道者，才是入修道之门，才是真正会修道了，即是得无师智。不见道何谈修道，所谓悟后方才真正起修。见道，靠顿悟，靠因缘聚会时的当下一念灵光，即得悟入佛之知见，同时并发根尘脱落之觉受。见道前，应当略明见道之理，如是方能于见道时顿悟体证佛陀所说宇宙实相之理，否则会落于身心觉受而执身心境界为开悟，迷于六根尘影而生大我慢，与正信佛法之无相智慧成就背道而驰，不能增进智慧功德，甚至误入魔境，徒不可惜！

十　地

关于佛教修行证果的次第，小乘有"四果"之说，即须陀洹果、斯陀含果、阿那含果、阿罗汉果。

须陀洹果（初果），译为"预流果"，指初见真理，得入圣者之流者。初果圣人，断尽三界见惑，即断除了我见、戒禁取见、疑见三结。结，就是束缚的意思，又称为"烦恼"，断三结既是断除此三种烦。我见结：执著五蕴身心有一个我，认为这个我是真实的，称为"我见"；戒禁取见结：执著各种不正确的戒律来修行，如有些人持牛戒、狗戒、羊戒等等，这些都是邪行；疑结：对三宝、戒律、过去未来的因果以及十二因缘等佛教思想有所怀疑。证初果者不再有上述烦恼。

斯陀含果（二果），又称为"一来果"。证初果圣者断除三结后，必须继续修行，至贪嗔痴淡薄，便证得斯陀含果。因其对欲界烦恼未完全断除，还必须在欲界的人间天上来往一次，但在往返生死中，他必定能继续修行而证阿罗汉果。

阿那含果（三果），旧译"不来"。三果圣人断除五下分结，即断我见、戒禁取见（邪行）、疑见、欲界的贪以及嗔心。我们凡夫有欲界、色界、无色界的贪，称为三有的贪。三果圣者断除欲界的贪，初果与二果的圣者都还没断除它，只有阿罗汉才完全断除了这三界的贪。所以说，证悟初果、二果、三果的圣人，他们虽然断除了一些烦恼，但还必须继续修学圣道，故称为"有学圣人"。

阿罗汉果（四果），又译为"杀贼"、"应供"、"无生"等，意思是指阿罗汉杀尽了一切烦恼贼，不再有生死业的生起，是应当受人天供养的圣者。四果圣者，断除了"五上分结"，即色爱结（色界的贪）、无色爱结（无色界的贪）、慢结（恃自凌他之骄慢）、掉结（心念掉动而退失禅定）、无明结（痴）。由于已经彻证无我，断尽烦恼，证得涅槃，在修道上已无可修学，故阿罗汉称为"无学"。

佛教修行虽法门平等，但证果次第却有阶可循。学人可对照自身，准确判断自己修行境界，方不会未证言证，犯大妄语戒。在修行方法上，若初果都未达到，而妄自参究四果之智慧，强行破除四果才能断尽之习性，不仅枉费心智，而且可能会心力交瘁，徒增内心烦躁，即使自感有所体悟，若未真正得证相应果位，也只是相似智慧而已。了解各果功德及其境界，学人还可以分辨老师，正确选择适合当下自己状况的老师，如果以佛祖之功德智慧选择老师，其结果可想而知。

大乘佛教兴起后，大乘经典对小乘修行之四果作了大乘的理解和诠释，如《金刚经》认为，"须陀含名为入流而无所入，不入色声香味触法，是名须陀含"；"斯陀含名一往来，而实无往来"；"阿那含名为不来，而实无不来"。

随着大乘佛教的发展，大乘佛法有了独具自身特色的证果次第。《梵网经》中称大乘菩萨修行证入果地后，由初地而至十地共十个阶第，是谓"十地"，此与华严等大乘经典中所述大致相同。即：第一、体性平等地，第二、体性善慧地，第三、体性光明地,第四、体性尔焰地,第五、体性慧照地,第六、体性华光地,第七、体性满足地,第八、体性佛吼地,第九、体性华严地,第十、体性入佛界地。

十地菩萨,断十种障,证十真如。菩萨果地次第虽有十地之别,然其体性实无差别,于初地已达一切,然所证犹未圆满,故地地建立。大乘佛教修习者,初信发心时,修生空观,至七信位而断分别我执。随入法空观,历三贤位,至初地菩萨,离分别我法二执,远离第六粗惑,然犹有第七微细俱生我法二执,未能空尽第六分别二执。自初地恒住人法二空观,至七地后心方舍,能藏所藏,至八地初心即得无功用行,此时第七俱生我执现行方才永伏。至等觉后心金刚喻定现前时,一刹那间,生相无明异熟种子方始断尽而无余。

卢舍那佛言:"千佛谛听,汝先问地者有何义。"

译文:

卢舍那佛说:"千佛请仔细聆听,你们刚才问,地为何意?"

第一　体性平等地

若佛子,菩提萨埵①,入平等慧体性地②,真实法化③,一切行华光满足④,四天果乘用⑤,任化无方⑥,理化神通⑦。

十力、十号、十八不共法⑧,住佛净土。无量大愿,辩才无畏,一切论⑨,一切行我皆得入⑩。

生出佛家,坐佛性地⑪,一切障碍,凡夫因果,毕竟不受,大乐欢喜。从一佛土,入无量佛土。从一劫,入无量劫。不可说法,为可说法。反照见一切法,逆顺见一切法,常入二谛,而在第一义中⑫。

以一智⑬,知十地次第,一一事示众生,而常心心中道。以一智,知一切佛土殊品,及佛所说法,而身心不变。以一智,知十二因缘、十恶种性,而常住善道。以一切智,见有无二相。以一智,知入十禅支行、三十七道⑭,而现一切色身六道⑮。以一切智,知十方色色⑯,分分了起,入受色报,而心心无缚,光光照一切⑰。

是故无生信忍空慧,常现在前。从一地、二地,乃至佛界,其中间一切法门,一时而行故。略出平等地功德海藏行愿,如海一滴,毛头许事。

注释:

①菩提萨埵:梵语的音译,亦名"菩萨",意译"觉有情",指上求佛道、下度众生之大乘佛法修习者。

②平等慧体性地:即"初地",亦名"欢喜地"。平等,即法身理,诸佛法身平等。慧,即"空慧",诸佛平等之慧。菩萨断障证真,证入如来平等法身空慧本体性分地中,理齐佛理,彻见大道,尽佛境界,而得法喜,即登"初地",亦名"欢喜地"。

③真实法化:意即菩萨以真实不虚平等之理法开化一切众生。真,即不妄。实,即不虚。法,即理法。

④华光满足：意即菩萨万行因华、智光、果海悉皆圆满具足。华，即"因华"。光，即"智光"，喻解脱。满足，即圆满具足。

⑤四天果乘用：谓菩萨华光满足，得转轮王果，又得七宝惠施，御用象马宝乘一日一夜可周游四天下，任意惠施，随方设化。四天，即"四天下"，指须弥山四方的四大洲，即南赡部洲，东毗提诃洲，西瞿陀尼洲，北拘卢洲。果，即转轮王果。乘，即象马宝乘。用，即御用。

⑥任化无方：任化，即任运教化。无方，即无有方隅。

⑦理化神通：理化，即以理教化，此是针对善根丰厚之众生。神通，指依修禅定而得超人间的不可思议神力，神通有神足、天眼、天耳、他心、宿命等五种，加漏尽通，共为"六神通"。此处神通，指对于难调难伏之顽劣众生，以神通力折服其骄慢，使令信受。是何等人，说何等法，或慈或威，咸令众生离苦得乐。

⑧十力：又作"十神力"，指如来所具足的十种智力，即：知觉处非处智力、知三世业报智力、知诸禅解脱三昧智力、知诸根胜劣智力、知种种解智力、知种种界智力、知一切至所道智力、知天眼无碍智力、知宿命无漏智力、知永断习气智力。十号：佛的尊号，有十种，即：一、如来，即乘如实道来成正觉；二、应供，即应受天人供养；三、正遍知，即佛能真正遍知一切法；四、明行足，即三明（宿命明、天眼明、漏尽明）和五行（圣行、梵行、天行、婴儿行、病行）具足；五、善逝，以一切智乘行八正道而自在涅槃；六、世间解，通达一切世间的事理；七、无上士，一切众生中佛的功德果报为最上；八、调御丈夫，即能以种种方便法调御

众生入佛道；九、天人师，指佛能为一切天人的导师；十、佛世尊，指佛是一切世人所共同尊重者。十八不共法：指佛和菩萨所具有的不同于声闻、缘觉的十八种特征或功德。

⑨一切论：即"五明"，指古代印度的五种学问，大乘佛教积极主张利益众生，以五明作为大乘佛法修习者所必学的内容，视其为圆成佛果的"大智资粮"。五明即：一、声明，研究语言和文典的学问；二、工巧明，有关工艺、技术、计度等方面的学问；三、医方明，相当于现代的医药科学和医疗技术；四、因明，关于逻辑和辩论的学问；五、内明，即明自家之宗旨，婆罗门教以四吠陀论为内明，佛教以三藏十二部教为内明。

⑩一切行我皆得入：菩萨明我空、法空之理，离分别我、法二执，于四无量心、十大行愿、四无碍辩才等一切圣行无不通达，随机教化众生。一切行，即"一切圣行"。我，即初地菩萨。入，即证入，通达。

⑪坐佛性地：指菩萨所证真如境界，与诸佛同，平等无差，所谓诸佛与我同一法身，我性同共如来合。

⑫在第一义中：第一义，即第一义中道理智谛。指常入俗谛而不滞有，常入真谛而不沉空，既不滞有，又不沉空，故恒处第一义中道智中。

⑬一智：即"第一义中道智"。

⑭三十七道：即"三十七道品"，指佛教修行者获得智慧达到生命解脱的三十七种实践修行法。内容有四念处、四正勤、四神足、五根、五力、七觉分、八正道。

⑮色身：即"肉身"，相对于无色无形的佛之法身，而称有色有

形的身体为"色身"，此身体由地、水、火、风等物质要素所合成。

⑯色色：指内色、外色。

⑰光光照：即智光普照。

译文：

佛弟子，大乘菩萨，证入平等慧体性地。以真实不虚平等之理法，开化一切众生，万行因华、智光、果海悉皆圆满具足，得转轮王位，御用象马宝乘周游四天下，任运教化，无有方隅，以理教化善根丰厚之人，以神通摄伏刚强顽劣之众生，或慈或威，咸令众生离苦得乐。

菩萨于此地更得十种智力、十种圣号、十八不共法，住如来实报庄严净土。菩萨住此净土，广发四无量心十大行愿，以四无碍辩才教化一切众生，离五怖畏，四明五明一切诸论无不通达，一切圣行皆得一一证入。

如是则名生出佛家，证真如境，一切异生性障，凡夫有漏因果，至此永离，毕竟更无有受，得出世间心未曾有法，故大乐欢喜，是以此地名欢喜地。此地菩萨，通达身土无碍、刹刹圆融，故现身一佛国土，则无量佛国齐现；经历一劫乃至于一刹那际，则无量数劫同历。真如之法，本无名相，本无言说，但随众生机宜而巧设方便说法。回光返照一切诸法，令众生悟法界性，于诸法中逆顺自在，破邪显正。常入俗谛而不滞有，常入真谛而不沉空，既不滞有，又不沉空，恒处第一义中道智中。

菩萨因得第一义中道智（下简称一智）而行六妙义。一惟以此一智，能知一地二地乃至十地先后次第，一一事示导众

生令其进修,而心心系于中道之理。二惟以此一智,能知一切
十方诸佛刹土净秽胜劣不同品级,及诸佛教化众生所说无量
法门,但身心不迁不变。三惟以此一智,能知十二因缘生灭因
果、十恶种子性分,而常住善法道中。四惟以此一智,能彻见有
无二相,虽行出世道而不住涅槃。五惟以此一智,能知出入十
禅支观行、三十七道品,示现一切身色于六道中,令众生增长善
根,进修佛道。六惟以一切智,能知十方内色、外色,分分变易
生灭,虽趣入领受有色之报,而心心无着无缚,智光慧光普照一
切世间出世间染净诸法,当体皆真如。

以是之故,无生信忍,无生空慧,不断不续,常现在前。从
一地、二地,乃至十地入佛境界,于其中间,一切法门俱皆一时
而能尽行,不假余力。言此只是大概说出平等地功德,其真实
功德行愿犹如海藏甚深,无量无边,难可具说,上述犹如以一
毛蘸取大海中水之一滴而已。”

解读:

初地菩萨,断一种异生性障,乃从凡夫分别我执现行所起,
并断二种愚执,一执著我法愚,二恶趣杂染愚。菩萨于此地,初
证二空理,始获法味,故生大欢喜,是名欢喜地。菩萨十地境
界,委实难知,此处总结性解读,参照(明)寂光所著《梵网经
直解》,下九地解读,亦是如此,不再注明。

第二　体性善慧地

若佛子,菩提萨埵,善慧体性地①,清净明达一切

善根②。所谓慈、悲、喜、舍、慧，一切功德本。

从观入大空慧方便道智中③，见诸众生，无非苦谛，皆有识心④，三恶道，刀杖，一切苦恼，缘中生识⑤，名为苦谛⑥。

三苦相者⑦，如者⑧，如身初觉⑨，从刀杖、身色阴，二缘中生觉⑩，为行苦缘。次意地觉⑪，缘身觉所缘，得刀杖及身疮肿等法，故觉苦苦缘，重故苦苦。次受行觉二心⑫，缘向身色阴，坏疮中，生苦觉故，名为坏苦缘。是以三觉，次第生三心故，为苦、苦苦。

一切有心众生，见是三苦，起无量苦恼因缘，故我于是中，入教化道三昧，现一切色身，于六道中，十种辩才⑬，说诸法门。谓苦识、苦缘、刀杖缘⑭，具苦识行，身疮肿发坏，内外触中，或具不具⑮。具二缘中生识，识作识受，触识，名为苦识行。

二缘故，心心缘色，心触触恼，受烦毒时，为苦苦。心缘识，初在根觉缘，名为苦觉。心作心受，触识觉触，未受烦毒时，是名行苦。逼迮生觉⑯，如斲石火，于身心念念生灭。身散坏，转变化，识入坏缘，缘集散，心苦心恼，受念后缘染着，心心不舍，是为坏苦。三界一切苦谛。

复观无明，集无量心，作一切业，相续相连，集因集因，名为集谛。

正见解脱⑰，空空智道，心心名以智道，道谛。

尽有果报，尽有因，清净一照，体性妙智，寂灭一谛[18]。

慧品具足名根。一切慧性，起空入观，是初善根。

第二观舍，一切贪着行，一切平等空，舍无缘，而观诸法，空际一相。我观一切十方地土，皆吾昔身所用故土；四大海水，是吾故水；一切劫火，是吾昔身故所用火；一切风轮[19]，是吾故所用气。我今入此地中，法身满足，舍吾故身，毕竟不受四大分段不净故身[20]，是为舍品具足。

第三次观，于所化一切众生，与人天乐、十地乐、离十恶畏乐，得妙华三昧乐[21]，乃至佛乐。如是观者，慈品具足。

菩萨尔时住是地中，无痴、无贪、无嗔，入平等一谛智，一切行本。游佛一切世界，现化无量法身。如《一切众生天华品》说。

注释：

①善慧体性地：此地菩萨，善修清净法身平等大慧，故名"善慧地"。又此地菩萨，得最终戒体清净成就，梵行清白，体离垢染，故又名"离垢地"，即"第二地"。善者，能也。慧者，明也。

②清净明达：清净，即因离垢而慧体清净。明达，指所证菩提智善照慧了。

③从观：即从上述慈、悲、喜、舍、慧五品而起观照。慈者，

能与自他乐；悲者，能拔自他苦；喜者，庆悦自他；舍者，自他解脱；慧者，能鉴机说法。如是五观，一切诸佛菩萨，六度四摄，三身四智，无量恒沙功德，皆以其为本。入大空慧方便道智中：入，即证入。大空慧，即甚深无相大空般若。方便，即善巧方便。道智，即证道谛之智，指缘道谛作道、如、行、出等四种行相而断除迷惑之无漏智。菩萨以空慧起观，则心、佛、众生三无差别，无苦无乐，无生无灭。然以方便智观，则一切众生，迷而不觉，沉沦生死苦海，故菩萨兴慈运悲，拔苦与乐，所谓依体而起方便道智。

④皆有识心：识心，即六识或八识之心王。六识，指眼、耳、鼻、舌、身、意等六种认识了别的作用。八识，即眼、耳、鼻、舌、身、意、末那、阿赖耶共八种识。一切众生所受苦报，推其因缘，皆由六识造业而起，故说"皆有识心"。

⑤缘中生识：指在地狱、饿鬼、畜生等恶道中，受一切刀杖等苦，以识心未空故，于诸苦缘逼迫中而生受苦之心识，名为"缘中生识"。

⑥苦谛：佛教最基本的理论四圣谛之一。谛，指审实不虚之义。四谛，指苦、集、灭、道四种正确无误的真理。苦谛，指佛教对于这个世界中一切痛苦现象的正确阐述。释迦牟尼佛最初所说法即为四谛，先宣说苦谛，然后由苦追溯造成痛苦的原因（集谛），再探寻灭除痛苦的方法和途径（道谛），最终描述了离苦得乐的寂灭境界（灭谛）。在四谛中，苦与集表示迷妄世界之果与因，灭与道表示证悟世界之果与因。就苦谛而言，一般有八苦之说，即生、老、病、死、怨憎会、爱别离、求不得、五取蕴苦。

前七苦属生活感受,第八苦五取蕴苦(亦称五阴炽盛苦),谓凡夫将五蕴执取为自我所衍生的一切生命现象,从而误以"无常"之现象界为"常",误以"无我"之五蕴为"我",执常执我而不可得,故导致"苦"。

⑦三苦相:指"苦苦"、"坏苦"、"行苦"三种苦相。一苦苦,指世上冷热饥渴等苦缘所生之苦,也包括病痛、鞭挞刀割等所生之苦。二坏苦,指乐境变坏所生的苦,如面对钱财损失、名誉受损、亲人死亡等事,精神上感到痛苦。三行苦,指一切法皆为众缘所造,难免生灭迁流,圣者观之而于身心皆感逼恼,故称为"行苦"。行苦属一种行相微细之苦,一般人不易察觉。

⑧如者:《大正藏》中版本无"如者"二字。

⑨身初觉:身,即眼、耳、鼻、舌、身五种身体器官,外部环境对于人身体的刺激,首先在于这五种器官,苦也是于此首先生起。

⑩二缘:即内缘和外缘。苦的来源可分为外缘和内缘,外缘即刀杖等外部条件,内缘即五蕴身心。

⑪意地觉:即"第六识"。前五识对于外部环境产生直接感受,第六识对其进行分别并进而产生苦乐、善恶、好坏等认识。

⑫受行觉二心:指受苦觉心与行苦觉心二心。

⑬十种辩才:辩才,指善巧说法之才能。佛教有辩才无碍之说,意即义理贯通,言辞畅达,能随众生因缘而能方便善巧说法,毫无滞碍。佛教经论于辩才有多种划分,《华严经》中说有"四辩",即法无碍辨、义无碍辨、辞无碍辨和乐说无碍辨;又说有"十辨",即自相、同相、行相、说相、智相、无我慢相、大小乘

相、菩萨地相、如来地相、作住持相。

⑭苦识：即苦体，亦即"苦谛"。苦缘：即苦产生的因缘。

⑮或具不具：言内根与身外尘境互触之中，或根境相触而具识，或根境不相触而不具识。

⑯逼迮(zé)：即逼迫。

⑰正见解脱：正见，佛教最基础理论八正道之一，即正确的见解，主要是指对佛教苦、集、灭、道四谛之理有明确的认识。解脱，指依正见而得生命解脱。八正道，又作"八圣道"、"八支正道"、"八圣道分"，为四圣谛的道谛，指八种通向涅槃解脱的正确方法或途径。其内容为：一正见；二正思维；三正语，离妄言、两舌、恶口、绮语等；四正业，又作正行，离杀生、不与取等行为；五正命，即舍咒术等邪命，如法求取衣服、饮食等诸生活之物；六正精进，已生之恶法令断，未生之恶法令不起，未生之善法令生，已生之善法令增长满具；七正念；八正定，离欲恶不善之法，成就初禅乃至四禅。

⑱寂灭一谛：即灭谛，佛教最基本理论四谛之一，详名"灭圣谛"，又作"苦灭谛"、"苦尽谛"、"苦灭圣谛"等，指永断无明、欲爱等一切烦恼，于一切苦皆得消灭，而得生命大自在的解脱境界，亦即涅槃境界。

⑲风轮：为大地所依四轮（空轮、风轮、水轮、金轮）之一，乃世界之最底部。依古印度宇宙生成论，世界生成必先立于虚空之上，称为空轮，依此空轮而上生风轮、水轮、金轮，四轮之上乃有九山八海。

⑳四大分段不净故身：四大，又称"四界"，即地、水、火、

风。佛教认为,一切物质(色法)系由地、水、火、风等四大特征要素所构成。分段,即分段生死,阶段性生死。六道众生随其业力而感招不同果报身命,或长或短,随因缘之力而有一定界限,故称为"分段"。

㉑妙华三昧乐:指菩萨得圣人妙道万行因华三昧正定,依此正定,得妙华三昧之乐。

译文:

佛弟子,大乘菩萨,证入善慧体性地(亦称离垢地),永离垢染,梵行清净,明了通达一切善根。所谓慈、悲、喜、舍、慧五观,一切诸佛菩萨,六度四摄,三身四智,无量恒沙功德,皆以其为本。依此五观而起观照,证入甚深无相大空般若,并起无量方便道智,见三界一切众生,无一不是深陷苦海。然推究苦谛因缘,皆由识心分别取舍,作种种恶业,堕于地狱、饿鬼、畜生三恶道中,皆如畜生类受刀杖逼恼一般,承受一切痛苦烦恼逼迫。众生所遭一切苦恼,皆由识心于诸苦缘逼迫中随感而生,此即为苦谛。

苦谛中有三种苦相,一行苦相,二苦苦相,三坏苦相。既有三苦相,则有三苦觉;既有三苦觉,则必有三苦缘。现具体说明如下:一、根身初觉(眼、耳、鼻、舌、身前五识),谓外有如刀杖等境缘,内具有情身根色阴,于是根境二缘相触而生觉,此觉未别苦乐,唯随念而无计度,但名为行苦缘。二、意地觉,谓第六识缘于前五身觉所缘而起分别,认识到自身受刀杖所打,并生起刀杖逼迫苦、身受打伤苦、疮肿苦等痛苦的感受,故名为觉苦苦缘。身觉刀杖而生痛苦，意地觉而生恼苦，苦上加苦，故说重故苦苦。三、受行觉，谓行苦觉心，苦苦觉心，又缘向身疮等四大色阴将欲坏时而生起恼苦觉受，是名为坏苦缘。依身觉、意地觉、受行觉，次第产生行苦、苦苦、坏苦之三心，三心俱苦，总为苦、苦苦。

一切有心众生，遇此三苦，生起无量苦恼，以此因缘又反造诸恶业，以致生生死死深沦苦海。我等菩萨见此而生大慈悲心，证入教化道三昧，现种种身形于六道之中，以十种巧妙无碍辩才，为众生宣说苦、集、灭、道四圣谛等种种法门。

所谓苦谛者，欲令众生知前五识是第六识分别而起苦受之所依，故云苦识；知内五根身缘为众苦之本，名苦缘；知刀杖等外境缘有牵心业用，名刀杖缘；也知此等具苦识行。面对身体疮肿及肌体损坏，在内根与外尘境互触之中，或根境相触而具识，或根境不相触而不具识。内根、外尘二缘互触而生触识（前五识），第六意识同时分别而起苦受，即六识作之，还是六识受之，所谓苦识，就是此触识，名为苦识行。

身根、外境二缘互触，第六识心念念缘于色阴中疮肿等法，苦境触心而生烦恼，身得疮肿之苦，心生烦恼之苦，二苦交煎，是为苦苦。第六识心所缘前之五种触识，最初在五根觉，由刀杖缘触身而心觉其苦，故名为苦觉。第六识心执取前尘分别影事，造作业苦，心自还复领受，实为无相代谢。前五根触及外尘而生触识，但此触识仅能了境觉触，此心未曾深受烦恼之时，只有随念而无计度，但为第六行苦的引发之缘，故触识亦名为行苦。

前五识缘现前逆顺影子，一刹那间流入意地，逼迫生觉而心受烦毒，犹如砍石出火，旋砍旋出，于身心中迁流不息，刹那生灭。待临命终时，色身散坏，神识转变迁化，受业力牵引而入于坏缘，随因缘生灭而心心相续，生苦生恼。惟受最后一念染缘，深染深着，心心念念不能舍离，是则名为坏苦。如此三苦，是为三界众苦之本。

返推苦谛之因，皆依无明一念妄动，遂集无量种种妄想攀缘之心，造作一切诸恶业而招引苦果，因果相续相连，过去之因成现在果，现在之因招未来果，如是集因，集众苦之因，名为集谛。

一切佛教修行者，皆依正见而得解脱。具正见则苦空，具解脱则集空，苦空集空，即具足无上大空慧之智道，心心相续念念相连入于空慧，是则名为增修智道，名为道谛。

尽灭一切诸有果报，尽灭一切诸有生因，三界二十五有见思尘沙等惑，苦果苦因，以此清净大空慧而起观照，悉皆空寂。证得体性本空并起妙智，是谓证入空空寂灭之理，名为"寂灭一谛"。

此大空慧品具足慈、悲、喜、舍无量功德，是一切功德之根本。依一切慧性起空体而入智观，现身六道，为苦恼众生宣说四谛法门，使诸众生知苦、断集、修道、证灭，是名初善根。

第二等者，应该观舍。一切种种贪爱执著诸恶行法，以及舍迷而得寂灭解脱之境，俱属对待，皆应舍去，因一切世间出世间法悉皆平等本空。无缘可舍，舍亦复舍，观染净诸法，无相可得，无相可舍，所谓空际一相。因此，我观一切十方地土，皆我昔身所用旧骨肉。四大海水，是吾昔身所用旧血脉。一切劫火，是我昔身所用旧暖气。一切风轮，是我昔身所用旧呼吸。我今证入此体性善慧地中，所证最胜真如法性之身，三德圆满，三身具足，以断障证真故，毕竟不复更受过去四大分段不净杂染之身。以不受故，是为舍品具足。

第三等者，菩萨应该观于所化一切众生种种根性而次第与乐。如求人天乐者，则与三皈五戒十善而令其生人天中受胜妙乐；如求菩萨乘者，则与六度四摄而令其得证十地之乐；如求离十恶畏乐者，则与反十恶修十善法而令其升天受十善乐；求妙华三昧乐者，令此菩萨得圣人妙道万行因华三昧正定，乘此智定而证十地果，得妙华三昧之乐。乃至令得佛果无余涅槃究竟之乐，如是观者，是为慈品具足。

当尔之时，菩萨住于体性善慧地中，慧品具足故无痴，舍品具足故无贪，慈悲喜具足故无嗔，以无贪、嗔、痴故，证入平等大空慧品一谛圣智，此为一切万行之根本。以是智行双运，则能游佛一切世界，亦能遍现无量法身（此处法身即化身，三身本为一体），摄受教化一切众生。此处文义，大部中《如一切众生天华品》中作了广泛详细说明。

解读：

二地菩萨，断所知障中俱生一分法执，并断二种愚执，即微细误犯愚和种种业愚。菩萨于二地，得增上尸罗波罗蜜多，愚障既断，性戒具足，远离一切微细犯戒，故此地又名"离垢地"。

第三　体性光明地

若佛子，菩提萨埵，光明体性地①。以三昧解了智②，知三世一切佛法门③，十二法品④，名、味、句⑤。重诵、记别、直语、偈、不请说、律戒、譬喻、佛界、昔事、方正、未曾有、谈说⑥。是法体性，名一切义别，是名、味、句中说一切有为法⑦，分分受生。

初入识胎⑧，四大增长色心⑨，名六住⑩。于根中起实觉，未别苦乐，名触识⑪。又觉苦乐识，名三受⑫。连连觉着受无穷⑬。以欲我见，戒取⑭。善恶，有⑮。识初名生⑯。识终名死⑰。是十品⑱，现在苦因缘果⑲，观是行相中道，我久已离故，无自体性。

入光明神通，总持辩才，心心行空。而十方佛土中，现劫化转化，百劫千劫，国土中养神通。礼敬佛前，咨受法言。复现六道身，一音中说无量法品，而众生各自分分得闻心所欲之法。苦、空、无常、无我，一谛之音，国土不同，身心别化。

是妙华光明地中，略开一毛头许，如法品《解观法门》、《千三昧品》说。

注释：

①光明体性地：即"第三地"，又名"发光地"。此地菩萨成就胜定及殊妙教四种总持，能从正定起智，发无量智慧光明，

故名"体性光明地",亦名"发光地"。

②三昧解了智：谓依甚深那伽大定而发起能通达三世十方一切诸佛化导法门的究竟智慧。三昧，即"甚深那伽大定"。解了智，即通达诸法之智。

③三世一切佛：三世，亦称"三际"，指过去、现在、未来三世。世，指时间的迁流延续而有过去、现在、未来三种。三世，在个体生命而言，有今世、过去世、未来世；在佛而言，有过去佛，如弥陀佛是过去十劫之佛，有现在佛，即释迦牟尼佛，有未来佛，如弥勒佛为五十六亿七千万年后出现于娑婆世界之佛。佛教中的三世，并不一定是时间紧挨着的过去现在未来三世，而是因果法中的三世。今世之因，来世成果，然此果熟不一定是在个体生命时间上的下一世，也许是很多世后的某一世，其间会有往昔诸多因缘成熟之世。但是，就因果成立而言，果虽然会成熟于多世以后，但仍为因的后世。佛教的三世说使其果报思想更加圆融。

④十二法品：即"十二法门轨则品类"。佛教经典内容，或说义理，或说因果，讲权讲实，说显说密，然归结起来，总不出十二种分类。法，即轨则。品，即类。

⑤名、味、句：味，亦称"文"，指字、字母，其本身无义，但能构成名和句。名，即由文之连续使用而构成事物的名称，在佛学中，则为随其音声呼召物体，使人闻其名而能于心中浮现物体之相，并能令人生起觉慧之义。句，即语句，指连结名成为一个完整意义的章句，在佛学中，是对诸法差别的描述语。

⑥重诵：亦称"重颂"，指已经宣说于上，复以偈等形式重新

宣颂其义。记别：又名"授记"，本指以问答方式解说教理，后转指弟子所证境界或死后生处，现在专指佛陀预言弟子成佛之事，含时期、国土、佛名等事。直语：又名"契纪"，指经典中直说法义较长的行文。偈（jì）：又名"偈颂"、"讽颂"等，通常由固定的字数和音节组成，佛教经论中常用其概括地复述前面所宣讲的内容，以加强读者的印象。后来中国禅宗祖师也常用偈的形式表达其思想或悟境。不请说：即"自说"，指佛陀不问而自说。佛教中的经典，一般是佛陀应人所请而说，但也有一些经典为佛陀不请而自说。譬喻：略称"譬"或"喻"，指为使人易于理解所说内容的意义，而使用实例或以寓言等加之说明，称为"譬喻"。佛界：又名"本生"、"本起"，指佛陀所说自己及诸佛、菩萨于因地受生之事。昔事：梵语"伊帝"，意译"本事"，指佛陀所说诸菩萨弟子在因地，为求菩提道所行苦行之事，如采果汲水、舍薪设食、割肉舍身等事，也包括除本生以外所宣说的前际所有事。方正：梵语"毗佛略"，意译"大方广"，指如来所说大乘等经典，其意宽广而深远。未曾有：梵语"阿浮达磨"，意译为"未曾有法"、"未曾有经"等。佛陀入灭以后，弟子们结集经典，按类分为九部经或十二部经；"未曾有"即为其中一。该类经典中多记载有关佛陀的神秘奇特之事，如佛初生时即下地步行七步说唯我独尊，以及放大光明、大地震动、天雨众花之类。谈说：梵语"优婆提舍"，意译"论议"，指诸经论中有问有答辩论诸法义的文体。

⑦有为法：有为，即有所作为，有所造作之意。泛指由因缘和合所造作的一切现象，如色心等法，以生、住、异、灭为其特

征。与此相对的是无为法,指永远不变而绝对存在者,如佛教中依智慧断烦恼所显的涅槃境界。

⑧识胎:即"识支",十二因缘中第三支,指吾人依过去世之业而于托胎刹那的意识。有情众生,由于不识法界真如之理而处无明之中,以无明故,妄作不善恶行,相续而行,从而造就过去世二因(无明、行),进而感招现世生命之开端。神识初入胎一刹那间,染爱为种,纳想成胎,名曰"凝滑",故名"初入识胎"。

⑨色心:即"名色支",十二因缘中第四支。色,即物质性的身体。心,又为"名",即心法。神识在胎,染父母精血,吸取母体营养,渐渐增长而成身形,遂有名心色质。第一个七天及第二个七天所长身体名为"胞",至第五个七日的身体名为"形位",此时渐生诸根形手足,故名"四大增长色心"。

⑩六住:又名"六处"、"六根",指眼、耳、鼻、舌、身、意六种感觉器官。胎儿在母腹中,从名色以后至第六个七日,发毛爪齿渐成,至第七个七日,六根开张,并渐有入六尘之用,此乃妄心依止处,故名"六住"。

⑪触识:即"触支",十二因缘之第六支。婴儿出生后乃至三四岁时,六根与六尘接触从而有眼触、耳触乃至意触六种触识,但此时婴儿未能分别知苦知乐,故此触识亦名无知实觉。

⑫三受:指根境相触而产生的感受,即苦受、乐受、不苦不乐三种感受。幼儿五六岁至十二三岁时,六尘触六根即能领受,如对苦境,即觉是苦并有苦受;乐境,即觉是乐而有乐受;不苦不乐境,即觉是不苦不乐而有不苦不乐之受,故名"三受"。受,即"受支",十二因缘中第七支。

⑬连连觉着受无穷：即"爱支"，十二因缘中第八支。连连，即不断。无穷，即无尽。从十四五岁至十八九岁时，连连起心，贪爱欲境，虽有贪爱，然未广求，但也染着其受而无穷尽矣。

⑭以欲我见，戒取：即"取支"，十二因缘中第九支。从二十岁后，由有诸欲助发爱性，作种种取舍，从而生起贪、嗔、痴、慢、疑、身见、边见、邪见、见取、戒取等十使烦恼。

⑮有：即"有支"，十二因缘中第十支。其意为存在，因六识驰求诸境，起造善恶业因，牵引阿赖耶受当生苦乐之果。

⑯识初名生：现在所造善恶业因，必受来世善恶业果，此世命终，此识最先投胎，故名为"生"。生，即"生支"，十二因缘中第十一支。

⑰识终名死：来世受生以后，五蕴身相熟已还，一期生命将尽，此识最后而舍，故说识终名死。死，亦名"老死"，即"死支"，十二因缘中第十二支。

⑱十品：即上文从初入识胎到识终名死，共十品因缘。此处共说了除无明支和行支以外的十二因缘中的十个，故说"十品"。

⑲现在苦因缘：佛教十二因缘是三世因果论，无明和行属于过去二因，识、名色、六处、触和受这五支属现在果，爱、取、有这三支为现在因，生、老死属现在因之未来果。本文此处不言过去二因，是因为该因已经成果，佛陀想要现前诸人，认识现前苦果苦因，毋使再造有漏苦因，从而永灭当来苦果。

译文：

佛弟子，大乘菩萨，证入光明体性地（亦称发光地）。此地菩萨能依甚深那伽大定而发起究竟大智慧,通达三世十方一切诸佛的教化法门,其法总归为十二类品,以名称物,以味（字）成句,以句表义,文义相成而成经典。所谓十二类经典是指:一、重诵;二、记别;三、直语;四、偈;五、不请说;六、律戒;七、譬喻;八、佛界;九、昔事;十、方正;十一、未曾有;十二、谈说。此十二法品体性本同,实无差别,只因众生有无量种心,故而立有一切种种法义的区别。十二法品中名、味、句等所说一切有为诸法,所谓分分差别之有为受生之法,无不皆具十支。

一、初入识胎（识支）;二、四大增长色心（名色支）;三、六住（六入支）;四、未别苦乐（触支）;五、觉苦乐（受支）;六、连连觉着受无穷（爱支）;七、以欲我见戒取（取支）;八、善恶有（有支）;九、识初名生（生支）;十、识终名死（老死支）。上述十品（十支）,所论为现在果、现在因及未来果,一切众生在此十品因果中生死流转。菩萨观此一切众生生灭行相,实无生灭去来种种行相,皆入中道理智之中。以其早已远离一切生灭行相,故观一切行相皆无有自性。

菩萨证入光明体性地中,发起无量智慧光明,具足无量游戏神通,得总持法门无碍辩才大智慧,然却心心念念行于空。虽心心行空,但仍于十方佛土中,现身,现劫,现化,辗转变化,百劫千劫中,于诸国土长养神通。并于诸国土中礼敬诸佛,咨受教诲。复能示现不同身形于六道,以一谛之音宣说无量法门,众生随其根性而各自详细得闻其所欲听闻之法。苦、空、无常、无我等法,从此一谛之音中演出,国土虽有胜劣净秽种种不同,众生身心虽有钝利善恶差别,但皆能得到教化,证常、乐、我、净四德。

妙华光明地中无边功德行愿,犹如海藏不能穷尽,此处略述,犹如以一毛蘸大海中一滴水而已。在大部内《如法品解观法门》、《千三昧品》二文中,有更广说明。

解读:

此地菩萨,断一种暗钝障,即所知障中俱生法执一分暗钝所起,并断二种愚执,一者欲贪愚,二者陀罗尼愚。愚障既断,故名发光地。所证真如,名胜流真如。寄位夜摩天王,假修十善等法,化导一切众生。

第四 体性尔焰地

若佛子,菩提萨埵,体性地中①。尔真焰俗②,不断不常③,即生即住即灭,一世一时一有④,种异异现异故⑤。因缘中道,非一非二⑥,非善非恶,非凡非佛,故佛界、凡界,一一是名为世谛。其智道观,无一无二,玄道定品⑦。

所谓说佛心行⑧,初觉定因⑨。信觉、思觉、静觉、上觉、念觉、慧觉、观觉、猗觉、乐觉、舍觉⑩。是品品方便道⑪,心心入定果。

是人住定中,焰焰见法行空。若起念,定入生心⑫,定生爱顺,道法化生,名法乐忍、住忍、证忍、寂灭忍⑬。

故诸佛于入光光华三昧中,现无量佛,以手摩顶,一音说法,百千起发,而不出定。住定,味乐定,着定,贪定,一劫千劫中住定。见佛莲华坐,说百法门。是人供养听法,一劫住定。

时诸佛光中摩顶,发起定品,出相、进相、去向相故。不没、不退、不堕、不住,顶三昧。法上乐忍[14],永尽无余。

即入一切佛土中,修行无量功德品,行行皆光明入善权方便,教化一切众生,能使得见佛体性,常乐我净。是人生住是地中,行化法门,渐渐深妙,空华观智,入体性中道。一切法门品满足,犹如金刚。

上《日月道品》,已明斯义。

注释:

①体性地:即"体性尔焰地",亦名"焰慧地"。体性,指本体性分。尔,意为即。焰,喻智慧光明。菩萨修习无边菩提分法,证得诸佛本体性分,佛觉圆满,即得慧光发焰,如大火聚,能烁破一切情见,故名"焰慧"。

②尔真焰俗:尔,即也。真,真谛。焰,智慧光明。俗,即俗谛。菩萨证入此地,即能明即体即用双照之道,以智慧光明故,即真明俗,其俗即真;明俗即真,其俗不俗。

③不断不常:真不断,俗不常,照真了真故不断,照俗了俗故不常,所谓般若无相,二谛常然,故说"不断不常"。

④一有:即"一刹那心念"。

⑤种异异：指众生阿赖耶识中能熏所熏种子各有差异。现异：指种子既异，则所熏起现行亦异，而菩萨利生也不得不现异法。

⑥非一非二：善与恶，凡与圣，以俗谛观，则非一；若以真谛观，其体性皆空，故非二。无论是非一还是非二，皆落两边。若以中道智观，则非一非二，故无善无恶，无凡无佛，双照双泯，超越对待，臻于绝对境界。

⑦玄道定品：传统佛教修行，由禅定智慧而进入涅槃境界，有三十七种修行方法，称为三十七觉支、三十七菩提分、三十七道品等，即"四念处"、"四正勤"、"四如意足"、"五根"、"五力"、"七菩提分"、"八圣道分"。其中"七菩提分"，即明七觉定品，然此皆是因地心行。依中道智观则无一无二，又何有定品种种差别。玄道，指玄妙道法。定品，指定的品级。

⑧佛心行：指佛的心理状态及其定观境界。心行，指心内之作用、活动、状态、变化等。

⑨初觉定因：谓佛菩萨最初悟入空性之时，觉悟自己最初觉心原来本定，凡夫以迷故不定，我今既悟始觉，则得禅定正因。

⑩信觉、思觉、静觉、上觉、念觉、慧觉、观觉、猗觉、乐觉、舍觉：此为"十觉支"，又称"十等觉支"、"十菩提分"等，指达到正觉的十种观察觉知方法，因其能帮助菩提智慧的开展，故称为"觉支"。一、"信觉支"，指由最初觉心得悟此心原自本定，不从人得，便一信永信。二、"思觉支"，所信本定，但仍要思维修习。三、"静觉支"，虽善思维，但要成就静定之力。四、"上觉

支"，又名"精进觉支"，指修法勇猛精进而不懈怠。五、"念觉支"，精进修行，念兹在兹而明记不忘。六、"慧觉支"，谓以慧心照诸妄念而分明不惑。七、"观觉支"，智慧观察更加微细。八、"猗觉支"，灭妄证真而得身心轻安。九、"乐觉支"，意地畅适，身心悦乐。十、"舍觉"，舍妄念，舍一切法。此十觉支一般合为"七觉支"，以念合思，以观合慧，以猗合静。

⑪品品方便道：十觉支虽品品不同，但皆是智道观中十种方便道，能令行人证入定果慧果。方便道，亦名"权道"，十波罗蜜之一，指巧妙地接近、施设、安排等，是诱引众生证悟诸法实相得入真如法界的种种方便法门。

⑫定入生心：即从定中发生一念清净慧照之心。正是由于有此一念清净心，从而有对于定境定乐的贪着，常入于定中而不思出定。

⑬法乐忍、住忍、证忍、寂灭忍：闻法心喜名法乐忍，安住于忍而不动名住忍，深证此忍而不转名证忍，断诸惑而寂静安住于第十地及佛果名寂灭忍。

⑭法上乐忍：即"法爱"，指对法的爱执。

译文：

佛弟子，大乘菩萨，证入体性尔焰地（亦称焰慧地）中，以智慧光明故，通达即体即用双照之道，即真明俗，其俗即真；明俗即真，其俗不俗；照真了真故不断，照俗了俗故不常，是以一切法即生、即住、即灭，所谓无边刹海同一世，十世古今同一时，真俗生灭同一有。言有所差别者，皆因众生阿赖耶识中能熏所熏种子各有差异，种子既异，则所起现行亦异，菩萨利生也不得不现差异之法。然种异、现异皆属因缘法，其体性不迁不变，以即真即俗之中道智，真如不变随缘故非一，随缘不变真如故非二，是为非一非二，亦非善非恶，非凡非佛，所谓凡界、佛界一一各有不同，皆为俗谛之见。依智道起观，俗、真、恶、善、凡、圣等，俱属对待，本来无一无二，玄妙道法七觉定品，亦为如是。

至于说诸佛心行，诸佛菩萨最初悟道之时，觉悟自己原来本定，最初觉心即为禅定正因。因此而有十种觉支，即：一、信觉；二、思觉；三、静觉（静定力）；四、上觉（精进）；五、念觉；六、慧觉；七、观觉；八、猗觉（轻安）；九、乐觉；十、舍觉。十觉支虽品品不同，但皆是智道观中十种方便道，能令行人心心念念证入定果。

菩萨既入住定中，定中发起无量智慧光焰，照彻诸法行相，荡然一空。若起念时，也是从定中发生一念清净慧照之心，起念入念，咸是深定，并于此深定中生起贪爱、逸顺，故能于深定道法中化生，名之为法乐忍（闻法心喜）、住忍（安住于忍而不动）、证忍（深证此忍而不转）、寂灭忍（寂灭于忍而不起）。

然而若陷深定，则不合精进，故十方诸佛于此智光慧光妙华三昧正定中，现示无量佛身，以手摩其顶，一音说法，百千方便起发，而此菩萨以甚深定力故，不动不转不起，而不出定。此等菩萨住此定而不起，玩味好乐此定而不厌，持守此定而不移，贪爱此定而不舍，住此定中，浅者一劫，深者千劫。菩萨于此深定之中，见佛在莲华上坐，为诸众生说心地道百法明门，是菩萨人等，兴种种供养，听受妙法，又增一劫住定。

尔时十方诸佛，复于光光华三昧中，以手摩顶，二番加劝，令诸菩萨发起定品三相，即虽在定中而犹出定（出相），早已出定而犹在定中（进相），虽为自定而实为众生（去向相）。菩萨因此定品三相，则能出定而不沉没，能进而不退转，能去向而不坠堕，能入定而不住于定，是为最上乘三昧正定。如是则定爱、法爱二障俱离，故说永尽无余。

菩萨既不住定，便入一切佛刹国土之中，上事诸佛，下拔众苦，修行无量无边一切功德法品，智行双运，行行皆大光明，以一切善权种种巧妙方便法，教化利益一切众生，能使其皆得悟见诸佛体性，证如来常、乐、我、净四德。菩萨既生是地，亦住是地中，于此地中普度众生的一切行化法门，渐渐深妙，其所证空华观智，入于诸佛体性中道。如此则一切诸佛法门品皆得圆满具足，犹如金刚无有缺少。

此处仅为略说，大部内《日月道品》中，已详明此地之义。

解读：

此地菩萨，断一种微细烦恼现行障，即所知障中俱生一分微细无明之惑现起。又断二种愚执，一者等至爱愚，二者法爱愚。菩萨初入证智，善修三十七品菩提分法，能起焰慧智火，烧一切根本烦恼及随烦恼，故名"焰慧地"。

第五　体性慧照地

若佛子，菩提萨埵，慧照体性地①。法有十种力生品，起一切功德行。以一慧②方便，知善恶二业别行，处力品③。善作、恶作业,智力品。一切欲求,愿六道生生果,欲力品④。六道性分别不同,性力品。一切善恶根,一一不同,根力品。邪定、正定、不定,是名定力品。一切因果,乘是因,乘是果⑤,至果处乘因道,是道力品。五眼知一切法⑥,见一切受生故,天眼力品。百劫事,一一知,宿世力品。于一切生烦恼灭,一切受无明灭,解脱力品。

是十力品智,知自修因果,亦知一切众生因果分别。而身、心、口别用⑦,以净国土为恶国土,以恶国土为妙乐国土;能转善作恶,转恶作善;色为非色,非色为色;以男为女,以女为男⑧;以六道为非六道,非六道为六道;乃至地水火风,非地水火风⑨。

是人尔时,以大方便力,从一切众生而见不可思议,下地所不能知觉,举足下足事⑩。是人大明智,渐渐进,分分智⑪,光光无量无量,不可说不可说法门,现在前行。

注释:

①慧照体性地:谓此地菩萨,因为修习甚深禅定而证入诸谛相应之慧,圆照法界,故名"慧照体性地"。又因为修行方便胜智自在极为难得,见、思等烦恼不易调伏,故又名"难胜地"。

②一慧:一念相应慧,即"一切种智"。一切种智,指了知一切道、一切种、一相寂灭相与种种行类差别的佛智。天台宗

认为一切种智是中观所成之智，亦名"中道智"。此处指中道智慧。

③处力品：处力，即"是处非处"、"处非处"之智力，此智力能够分辨事物微细之因果，如作善得恶报、做恶得善报，其中深层次原因，皆可了别。例如，造塑佛像，刷印经典，本为积善，可得善果。然而，若于其中假公济私，瞒因昧果，形式虽善，但却造就地狱果报，所谓修善不得善报。又如，除恶人恶兽，虽为作恶，实为杀一救多，除害兴善，正是菩萨大悲所为，此谓作恶得善果。菩萨以大智慧，能够透过现象看本质，对于其中因果，皆能了了分明。

④欲力品：即了知众生一切欲求和愿望的智力。无论是常欲供养三宝，亲近善知识，还是常欲念财色名食睡等，是愿生西方极乐世界，还是愿于六道中生死轮转，以此智力，皆得以知。

⑤乘是因，乘是果：由昔乘如是修行断障之因，今方得乘如是慧照证真之果。若乘有漏因，则至有漏果；若乘无漏因，则至无漏果。有漏因，指迷妄、我人等见，以及以此知见而有的身、口、意一切行为。有漏果，指由于诸见、烦恼而在迷妄的世界中流转不停，形成难以脱离生死苦海的苦果。与此相反，无漏因，即导致无漏果报的原因，指遵循佛教三法印，顺宇宙真理而有的一切行为。无漏果，指达到断灭烦恼之境界。在四圣谛中，苦谛属有漏果，集谛属有漏因，此二谛属有漏法。灭谛属无漏果，道谛属无漏因，此二谛属无漏法。

⑥五眼：指五种眼力，即：一、肉眼，欲界凡夫肉身所具之眼，所见十分有限。二、天眼，众生因修禅定所得之眼，上下、远

近、前后、内外、昼夜等悉能有见。三、慧眼，指能识出真空无相，能轻易洞察一切现象皆为空相、定相之眼力。四、法眼，指菩萨为救度一切众生而有能照见一切法门之眼。五、佛眼，即觉者之眼，指能够见到一切法非空非有不可思议的真理，于前四眼作用无所不知，乃至无事不知、无事不闻之眼力。佛教各宗各派于五眼义略有所不同。

⑦身、心、口别用：别用，即差别妙用。身能现通，心能系念，口能说法，皆有无穷差别妙用而不可测，故说身、心、口妙用。

⑧以男为女，以女为男：男女本无真实之相，应以女身得度者，则以男为女；应以男身得度者，则以女为男，或男或女，种种自在神通妙用，皆以菩萨发一慧大方便智力而得起用。以男为女，指转男相为女相，如舍利佛被天女一指为女相。以女为男，指转女相为男相，如《法华经》中，龙女倏转为男，于无垢世界成佛。

⑨地水火风，非地水火风：指种种神变，如十八神变，即入地如水、履水如地、身上出火、身下出水、身下出火、身上出水、身为水火、担负干草入中不烧等等现象。

⑩举足下足事：即菩萨只能举出自己当下所处位阶之所有神通妙用。上述种种自在神用，不但凡夫众生见而觉不可思议，就是前面诸地菩萨，亦不能知觉，所谓初地菩萨不知二地菩萨之事。

⑪分分智：指从二智乃至十智，一分一分地证入诸佛之一切种智。根本智可于当下顿悟而证，一切种智则必须于六度万行

中分分而得。

译文：

佛弟子，大乘菩萨，证入慧照体性地（亦称难胜地）。依此地中所证真如大法，能起十种智慧力，能通达一切众生世间、出世间无量功德行。此十种力是指：一、以一念相应智慧，对于作善得恶报，做恶得善报，其中因果别行的深层次微细原因，皆可了别，是名处非处力品。二、能了知一切众生三世所作善恶诸业并诸受因果。或当受长寿报时而实为短寿，或当受短寿报时而实为长寿，或富而贫，或贫而富，皆因当下之积因损因，积德损德，其中微细因果之转变差别，菩萨皆能了知，并能一一为众生说，是名智力品。三、能了知一切众生心中所欲、所求及所愿。众生，是欲想供养三宝、恭敬天地君亲师友，还是欲想财色名食等；是寻求明师善友，还是求名声利养、功名富贵乃至好子孙眷属等；是发愿往生西方乐土，成佛广度众生，还是愿生天、人、地狱等六道中，诸多众生心行差别，菩萨皆能一一了知，是名欲力品。四、能了知一切六道众生本分性情之不同，或利或钝，或智或愚，或巧或拙，如是差别，皆可为众生说，是名性力品。五、于一切众生，或一生所种善根恶根，或多生所种善根恶根，或易受教化，或难受教化，如是差别，皆能了知，并能与众生说，是名根力品。六、能了知一切外道邪定、小乘偏定、大乘正定、凡夫不定，并能一一为众生说，是名定力品。七、能了知一切贤圣皆由昔乘如是修行断障之因，方得今乘如是慧照证真之果。乘有漏因，至有漏果，乘无漏因，至无漏果，志存果道并乘当下因道，菩萨皆能了知，并能为众生说，是名道力品。八、以肉眼、天眼、慧眼、法眼、佛眼这五眼，了知一切世间、出世间善恶果报、生灭因缘诸法，并见一切众生临命终时受报好丑及随善受生随恶受生之处，可以一一示诸众生，是名天眼力品。九、对于自己种种宿命，百千万亿劫前死此生彼之姓族名字、苦乐寿夭、富贵贫贱等事，并众生种种宿命，皆能一一了知，并能为众生说，是名宿世力品。十、能尽灭一切招致分段生死之烦恼及一切受变易生死之无明，故为解脱力品。

如是十力品智，不仅知道自己修行的因果，亦了知一切众生所行所修之因果，众多因果皆分别明了，无有差错。不仅如此，菩萨身、口、意更有无穷差别妙用。因有三轮妙用力而能通达净秽平等，故能以寂光净土示为五趣杂居土，以五趣杂居土示为极乐国土；因了知善恶性空，故能转善为恶，转恶为善；因通达色空不二，故能使色为非色，令非色为色；亦能转男相为女相，转女相为男相；以六道为非六道，非六道为六道；乃至能使地、水、火、风四大，为非地、水、火、风四大。

菩萨于此时能以大方便智慧力，示现任从一切众生见之都会认为不可思议的境界，即使是下地诸菩萨也未曾知晓觉受，因菩萨只能举出自己当下所处位阶之所有神通妙用，所谓初地菩萨不知二地菩萨之事。此地菩萨之大光明智慧，渐渐增进，分分证入诸佛之一切种智，所证智光之光，无量无量，一切不可说不可说种种法门，一时一一显现于前，所以此地名为"慧照地"。

解读:

此地菩萨,断一种下乘涅槃障,即所知障中俱生一分之厌生死苦、趣涅槃乐,并断二种愚执,一纯作意背生死愚,二纯作意向涅槃愚。菩萨修菩提分法,二智断通,真俗无碍,生死即涅槃,愚障既断,故此地又名难胜地。菩萨于此地,五眼神通成就,发起种种神通妙用,得极微细智慧力,了知一切微细因果,或有或无,或善或恶,或男或女,皆随众生缘而平等自在一用,分分成就一切种智。

第六 体性华光地

若佛子,菩提萨埵,体性华光地①。能于一切世界中,十神通明智品②,以示一切众生种种变化。

以天眼明智③,知三世国土中,微尘等一切色,分分成六道众生身,一一身微尘细色④,成大色,分分知。

以天耳智⑤,知十方三世六道众生,苦乐音声,非非音,非非声,一切法声⑥。

以天身智⑦,知一切色,色非色,非男非女形。于一念中,遍十方三世国土劫量,大小国土中微尘身。

以天他心智⑧,知三世众生心中所行,十方六道中一切众生心心所念,苦乐善恶等事。

以天人智⑨,知十方三世国土中,一切众生宿世苦乐受命,一一知,命续百劫。

以天解脱智⑩,知十方三世众生解脱,断除一切烦恼，若多若少，从一地乃至十地，灭灭皆尽。

以天定心智⑪，知十方三世国土中，众生心定不定，非定非不定，起定方法，有所摄受，三昧百三昧。

以天觉智，知一切众生，已成佛，未成佛，乃至六道一切人心心，亦知十方佛心中所说之法。

以天念智，知百劫千劫，大小劫中，一切众生受命，命久近。

以天愿智，知一切众生贤圣，十地三十心中，一一行愿。若求苦乐，若法非法⑫，一切求，十愿、百千大愿品具足。

是人住地中，十神通明中，现无量身、心、口别用。说地功德，百千万劫，不可穷尽。而尔所释迦，略开神通明品。如《观十二因缘品》中说。

注释：

①体性华光地：又名"现前地"。此地菩萨因地时修习无量智慧，入此地中，大智行华一时开敷，光照一切，故说"体性华光地"。又此地菩萨，真如净性及本一切功德智慧，俱得现前，故又名"现前地"。

②十神通明智：即下文所说的"十通智"。神通，指依修禅定而得的无碍自在、超人间的、不可思议的种种能力。常说的"神通"有"五神通"或"六神通"，即神足、天眼、天耳、他心、宿命等五种，加上唯佛能有的漏尽通，共为"六神通"。

③天眼明智：即与"天眼通"相应的智慧，亦称"天眼通"，谓此眼能知天上地下远近粗细之形色及六道众生之死此生彼种种状况，其性无记，摄于十智中之有漏世俗智。

④微尘细色：微尘，指眼睛所能看到的物质中最微细的东西，佛教经典中经常以"微尘"比喻量极小，以"微尘数"比喻数极多。细色，为"粗色"之对称，指物质（色法）中最精妙者。

⑤天耳智：指得天耳通者产生一种与天耳相应的智慧。天耳，又名"天耳通"，六神通之一，指耳根所具有的一种特殊听觉能力，能听见远近粗细等一切人声、非人声等，并能知道声音的性质。

⑥非非音，非非声，一切法声：众生或受逼恼而生苦音声，或受安逸而生乐音声，菩萨以天耳通而皆能有闻，然因天耳智故，则知苦乐音声非苦乐音声，其性本空，但也不是认为没有苦乐音声，也承认假有的存在，世间、出世间的一切法声也是如此。

⑦天身智：即"神足通智"。神足通，六神通之一，又名"如意足通"、"神境智通"等，指身体能变化自在的神通力。依佛经中所说，具神足通者，身体飞行如鸟之无碍，移远令近不往而到，此没彼出无有间隔，于一念中能够达于十方国土及三世之量。依神足通而起天身智，更能观六尘中不净之物为净，观清净之物为不净，是名圣如意，唯佛独有。

⑧天他心智：即"他心通智"。他心通，六神通之一，又名"他心智证通"、"智心差别智作证通"等，指能如实了知他人心中差别相的神通力。

⑨天人智：即"天人通智"。天人通，又称"宿命通"、"宿住随念智证通"等，指能自在了知自己及众生宿世生命状况的神通力。

⑩天解脱智：即"漏尽通智"。漏尽通，又称"漏尽神通"、"漏尽通证"等，指证得漏尽智，烦恼尽除，得生命解脱，并威德具足的境界。

⑪天定心智：与"天觉智"、"天念智"、"天顺智"均为"天他心智"的别说，指能知十方三世众生的禅定层次，并能知其心中所觉、所念及所愿的神通能力。

⑫法非法：法，即"正法"，特指佛教三藏十二部经所传佛旨。非法，指佛教以外的教法，如四韦驮外道邪论，儒家道家等思想。佛教认为，大乘人正法学力之余，可以学以折服阐提世智辩聪等法。

译文：

佛弟子，大乘菩萨，证入体性华光地（亦称现前地）。菩萨住是地中，能于十方一切世界之中，运用十种神通光明智品，教化示导一切众生，现种种殊胜变化不可思议境界。十种明智是指：

一、天眼明智，依此智能了知十方三世国土中微尘等一切细色，地水火风等一切四大幻色，因缘和合分分聚成六道众生身相。而众生一一分段身中都有微尘数之细色，也会还原成五大之细色。如此分分色相，一一皆可了知。

二、天耳智，依此智能闻知十方三世六道众生之苦乐音声，明知苦乐音声非苦乐音声，亦非不是苦乐音声，乃至世间出世间一切法声，亦皆如是。

三、天身智，依此智能知依报国土境等外色及正报六根身形内色，一切色咸非是色，男女形亦非为男女形。此菩萨能于一念中咸皆周遍十方三世国土，乃至无量劫数的大小国土之中，变化自在无碍，示现微尘数身形。

四、天他心智，依此智能知三世一切众生心中所行，乃至十方六道一切众生心中所念苦乐、善恶等事。

五、天人智，依此智能知十方三世国土之中一切众生宿世苦受、乐受等命，一一了知其受命长短相续百劫等事。

六、天解脱智，依此智能知十方三世贤圣众生解脱之道，随力随分断除一切烦恼愚障，若多分若少分，从一地少分断除，乃至十地多分断除，能灭所灭皆尽。如是种种解脱，一一了知。

七、天定心智，依此智能知十方三世国土中贤圣众生，其心定还是不定，非定非不定，及诸起定方法，所有摄受，种种三昧，乃至百八三昧。如是一切正受禅定，一一了知。

八、天觉智，依此智能知一切贤圣，或已成佛道，或未成佛道。并能知六道中一切人心心所念所行，亦知十方三世诸佛心中所念所说之法。

九、天念智，依此智能了知百劫、千劫、大小劫中，一切贤圣众生受佛慧命，教化众生，如是慧命或近或久，或一劫二劫住世，或十劫乃至百千万亿劫住世。

十、天愿智，依此智能了知一切众生圣贤，十地三十心中，一一所修行门，一一所发大愿。如求苦行法、乐行法，如求正信佛法、外道世俗法，一切所求，一切所愿，普贤十大行愿乃至诸佛无量百千大愿，此地菩萨一一具足而悉知之。

菩萨住此体性华光地，于十种神通智中，现身、口、意三轮差别种种妙用。若说此地种种功德，虽百千万劫亦不能穷尽。你们世界中释迦牟尼佛仅略说神通明智品，在大部内《观十二因缘品》中，所说与此相同。

解读：

菩萨于此地断一种粗相现行障，即所知障中俱生一分执有染净粗相现行所起，并断二种愚执。一为"现观察行流转愚"，二为"相多现行愚"。此地菩萨于一切法无有染净，证无染净真如。又愚障既断，般若现前，位寄自在天王，假修三乘等法，现十种神通明智，化导一切众生。

第七　体性满足地

若佛子，菩提萨埵，满足体性地①。入是法中，十八圣人智品②，下地所不共。所谓身无漏过③，口无语罪④，念无失念⑤，离八法⑥，一切法中舍⑦，常在三昧。是入地六品具足⑧，复从是智，生六足智。

三界结习毕竟不受⑨，故欲具足。一切功德，一切法门，所求满故，进心足。一切法事，一切劫事，一切众生事，以一心中一时知故，念心足。是二谛相，六道众生，一切法故，智慧足。知十法趣人，乃至一切佛，无结无习故，解脱足。见一切众生，知他人自我弟子，无漏无诸烦恼习故，以智知他身，六通足。

是人入六满足明智中，便起智身，随六道众生心行。口辩说无量法门品，示一切众生故，随一切众生心行。常入三昧，而十方大地动，虚空化华故，能令众生心行。以大明智具足[10]，见过去一切劫中佛出世，亦是示一切众生心。以无著智[11]，见现在十方一切国土中，一切佛，一切众生，心心所行。以神通道智[12]，见未来中一切劫一切佛出世，一切众生从是佛受道听法故。

住是十八圣人中，心心三昧。观三界微尘等色，是我故身。一切众生，是我父母。而今入是地中，一切功德，一切神光，一切佛所行法，乃至八地、九地中，一切法门品，我皆已入故。于一切佛国土中，示现作佛、成道、转法轮，示入灭度，转化他方，过去来今一切国土中。

注释：

①满足体性地：指此地菩萨因地中广修方便度，故果地中证得如来一切智行悉皆圆满具足，故名"满足体性地"。又因此地菩萨，出三界河，过二乘地，至涅槃城，近法王位，其境广无边际，故名"远行地"。

②十八圣人智品：亦称"十八不共法"，指佛与大乘七地菩萨独具的十种功德，二乘及七地以下菩萨所不有，故说"不共"。即：一、身无失；二、口无失；三、念无失；四、无异想；五、无不

定心；六、无不知已舍；七、欲无减；八、精进无减；九、念无减；十、慧无减；十一、解脱无减；十二、解脱知见无减；十三、一切身业随智慧行；十四、一切口业随智慧行；十五、一切意业随智慧行；十六、智慧知过去世无碍；十七、智慧知未来世无碍；十八、智慧知现在世无碍。

③身无漏过：指菩萨从无始以来严持戒律，一切烦恼净尽无余，身业清净，故名身无漏过。漏，漏泄之意，为"烦恼"之异名。佛教认为，众生贪、嗔等烦恼皆由身、口、意表现出来，如水外泄，故名为"漏"。又诸烦恼能使人落于三恶道，故称为"漏"。因此，有烦恼之法被称为"有漏"；离烦恼垢染之清净法被称为"无漏"，如涅槃、菩提等法。

④口无语罪：指菩萨从无量劫以来，随诸众生根性而方便说法，令其得证道果，是以口业清净，故说口无语罪。

⑤念无失念：即"意无失"，指菩萨自无始以来，常修戒定慧，灭除贪嗔痴，心入禅定而意根清静，故说"念无失念"。

⑥八法：佛教经论中所说的八法有多种含义。如称"八正道"（正见、正思维、正语、正业、正命、正精进、正念、正定）为八法，有将地、水、火、风等"四大"与色、香、味、触等"四微"总称为"八法"，也有将利、无利、名闻、不名闻、论议、无论议、苦、乐称为"世间八法"，《佛地经论》卷五中将利、衰、毁、誉、称、讥、苦、乐称为"世间八法"，即常称的"八风"。

⑦一切法中舍：指菩萨以大般若空慧，照见世间出世间一切染净诸法当体即空，了不可得，无所挂碍，故说一切法中舍。

⑧六品：即前述十八圣人智中的前六种智。

⑨结习：本义为积久而难改的习惯，佛教中称为烦恼和习气。有系缚的意思，指众生被烦恼系缚而不能出离生死苦海。结，即烦恼。习，即习气。习，是烦恼的余习，相对于"结"而言，"习"的程度较轻，性质上有时略显中性，但"习"比"结"更加微细，更加难以清除。

⑩大明智：即"过去无碍智"，此智能知过去无碍。

⑪无著智：即"现在无碍智"，此智能知现在无碍，如明镜普照，无有执著。

⑫神通道智：即"未来无碍智"。指一种具有不可思议神通妙用的智慧。神，指神妙难测。通，指变通无碍。道，指道理难穷。智，指智慧无量。

译文：

佛弟子，大乘菩萨，证入体性满足地（亦称远行地）。此地菩萨入满足体性法中，具足十八圣人智慧功德，此智唯佛与此地菩萨所有，是二乘以及下地菩萨所不共有。所谓十八圣人智是指：一、身无漏过；二、口无语罪；三、念不失念；四、远离"利、衰、苦、乐、称、讥、毁、誉"八法；五、一切法中舍；六、常住三昧正定。此地菩萨不仅圆满具足上述六智，又复从是六智相续中，生起六满足智用，即：

一、欲具足，亦名欲无减，谓此地菩萨示身三界，摄化众生，然于三界烦恼习气毕竟不受。

二、进心足，亦名精进无减，谓此地菩萨于诸如来一切智慧功德，化导众生之一切方便法门，所求悉皆满足具足。

三、念心足，亦名念无减，谓此地菩萨能了知世间出世间一切法事，一切劫量大小延促等事，及一切众生因缘果报等事。如是等事，此地菩萨不劳忆度，当下一心，一时而知。

四、智慧足，亦称智慧无减，谓此地菩萨通达真俗二谛，随机方便教化六道众生，一切真俗二谛诸方便法悉皆圆满具足。

五、解脱足，亦名解脱无减，谓此地菩萨，能知"十发趣"人，乃至一切诸佛，断除一切烦恼，灭尽一切习气。

六、六通足，亦名知见无减，谓此地菩萨具足天眼、天耳、他心、漏尽、神境、宿命六种神通，能彻见一切圣贤、众生，并能了知一切他人及自我所化弟子，皆得证无漏智，灭尽烦恼习气。此等神通妙用，悉是以此智了知他身相及自身相而得。

此地菩萨不止得入六满足大明智慧中，复更具足六种智用，即：

一、便起智身，即身业随智慧行，谓此地菩萨由智慧而方便发起身业，随顺六道众生而现种种身相，调伏众生种种心行，令其发菩提心行菩萨行。

二、口辩说无量法门，即口业随智慧行，谓此地菩萨能以清净微妙口业及乐说辩才，为一切众生宣说无量法门，随顺化导一切众生心行，令得解悟。

三、常入三昧，即意业随智慧行，谓此菩萨能以清净意业而常入三昧正定，以三昧力故，十方世界六返震动，虚空之内天雨四华，以是威神力故，能令一切众生发增上胜进心行。

四、大明智，即过去无碍智，谓此地菩萨以大明智具足故，能见过去无量劫中诸佛出世成道，为众生说法，亦开示一切众生心，令知过去世无碍。

五、无著智，即现在无碍智，谓菩萨以无著智满足故，能见尽现在际十方一切国土中一切诸佛及一切众生，知其心心所念所行。

六、神通道智，即未来无碍智，谓菩萨以神通道智满足故，能见未来一切劫中一切诸佛出世，并能见一切众生随其受道听法。

菩萨住是十八不共圣人智心地中，心心不离正受三昧。观三界微尘数等细色，无不是我昔日之身。一切大小众生，无一不是我往世生生之父母。而今得以证入体性满足地中，一切功德，一切神通智光，一切诸佛所行巧妙方便法，乃至八地、九地中，一切解脱法门，我皆已得一齐证入。故能于一切国土中，示现出家、苦行、成道、作佛、转法轮，广度众生。此世应缘一朝事毕，乃复示现入于灭度，又辗转教化他方世界，于过去、未来、现在一切国土中，示现种种不可思议之事。

解读：

此地菩萨断一种细相现行障，即所知障中俱生一分执有生灭细相现行所起，并断二种愚执，一者细相现行愚，二者纯作意求无相愚。菩萨于此地，具足十八不共圣人智慧功德，行过二乘，善修无相，远离烦恼习气，性相齐具，证法无差别真如。

第八　体性佛吼地

若佛子，菩提萨埵，佛吼体性地①。入法王位三昧[2]，其智如佛，佛吼三昧故。十品大明空门[3]，常现在前，华光音入心三昧[4]。

其空慧者，谓内空慧门，外空慧门，有为空慧门，无为空慧门，性空慧门，无始空慧门，第一义空慧门，空空慧门，空空复空慧门，空空复空空慧门。如是十空门，下地各所不知[5]，虚空平等地不可说不可说神通道智[6]。

以一念智[7]，知一切法分分别异，而入无量佛国土中，一一佛前咨受法，转法度与一切众生，而以法药施一切众生[8]。为大法师，为大导师，破坏四魔[9]，法身具足，化化入佛界。

是诸佛数[10]，是诸九地、十地数中，长养法身。百千陀罗尼门、百千三昧门、百千金刚门、百千神通门、百千解脱门[11]，如是百千虚空平等门中而大自在。一念一时行，劫说非劫，非劫说劫；非道说道，道说非道；非六道众生说六道众生，六道众生说非六道众生；非佛说佛，佛说非佛。而入出诸佛体性三昧中。

反照、顺照、逆照[12]，前照、后照，因照、果照，空照、有照，第一中道义谛照。是智惟八地所证，下地所不及。不动、不到、不出、不入、不生、不灭[13]。

是地法门品，无量无量，不可说不可说，今以略开地中百千分，一毛头许事。《罗汉品》中已明。

注释：

①佛吼体性地：此地菩萨说法无畏，犹如狮子吼，邪妄远离，大众无怖，故名"佛吼体性地"。又此地菩萨，证无漏无分别智，一切有相功用及诸烦恼不能动之，真如之理常静而无能动摇，故又名"不动地"。

②法王位三昧：指菩萨证入无上自觉圣智，得法王大乐三昧正受，于诸法中自在出入，心常在定，故名"法王位三昧"。法王，其义有二，一为佛之尊称，因其能自在演化教法，度化众生，是为法门之王，故称"法王"。《无量寿经》卷下中说："佛为法王，尊超众圣，普为一切天人之师。"二为菩萨之尊称，《大宝积经》卷九密迹力士会中说菩萨因具足四事，故有"法王"之称誉。另外，冥界阎魔王能依法判定冥界众生之罪，故也称为"法王"。西藏所传佛教首领，也以"法王"为其封号。

③大明空门：即"大明空慧智门"。空门，亦名"空解脱门"，与"无愿解脱门"、"无相解脱门"合为佛教"三解脱门"。一切诸法皆因缘和合而成，其体性本空，观诸法体性即空而趋入涅槃之门，是谓"空解脱门"。《大智度论》卷十八中列举人空、法空、有为空、无为空等观空相之四法门，天台宗列举有门、空门、亦有亦空门、非有非空门作为证悟佛法的四种法门。菩萨由证入空性而得空慧，慧光具大光明，其所持法门，称为"大明空门"。

④华光音入心三昧：此地菩萨说法，行华、智光、法音倍胜于前，咸入深心三昧正受之中。华，即"行华"，可成就人之功德。光，即"智光"，可破众生的各种障碍。音，即"法音"，可使人转迷而悟。入心，即以法音转入众生心中，使其成就正觉。

⑤下地：即"下地菩萨"。菩萨有十地，与本地相比，阶位低的为下地。此处指八地以前各地。

⑥神通道智：《大正藏》本中为"神通信智"。

⑦一念智：即"一念相应智慧"，亦名"一念相应慧"，指与现前一刹那之念相应之智慧。定慧相应之一念，理智相应之一念，是将成佛时所发出的智慧。《大智度论》卷九十二中说："住如金刚三昧，用一念相应慧，得阿耨多罗三藐三菩提，是时名为佛，一切法中得自在。"

⑧法药：佛法能医治众生的众多痛苦，故名"药"。

⑨四魔：指恼害众生、夺众生身命，或断众生慧命的四种魔类，即烦恼魔（贪嗔痴等烦恼能恼害身心）、阴魔（色受想行识五蕴能生一切苦）、死魔（死亡能断人生命）、天魔（能坏人善事的天魔外道）。

⑩是诸佛数：谓此地菩萨，即是入诸佛之数。虽还有九地十地之数，也只是随方应化，滋养慧命，充足法身而已。

⑪陀罗尼门：亦名"总持"，谓菩萨智慧通达，于名、句、文等，如意自在，随一字中而能显示分别开演一切染净之义，并能随顺一切众生言音，开导正信，令其灭诸恶习而行一切善法，是为"菩萨陀罗尼门"。

⑫反照：即内观身心。顺照：即"观流转门"，指观关于众生惑业苦次第缘起生死流转等事，四谛中的苦、集二谛为流转门。逆照：即"观还灭门"，指观修涅槃解脱等事，四谛中灭、道二谛为还灭门。

⑬不动：即上述观照智慧非攀缘之心所能想到。不到：即

不是言思所能表达。不出：即时时皆于其中。不入：即非入定照。不生、不灭：指此照离生灭相，定照与照者，同时寂灭。

译文：

佛弟子，大乘菩萨，证入佛吼体性地（亦称不动地）。此地菩萨证入无上自觉圣智法王位大乐三昧，其智慧与佛无二无别，盖由于此地菩萨证得佛吼三昧，说法无畏如同狮吼，邪妄远离，大众无怖。菩萨依此佛吼三昧，十品大明空慧法门常现在前，行华、智光、法音倍胜过前，咸令众生入深心三昧正受之中。所谓十品大明空慧法门是指：

一、内空慧门，谓此菩萨常以般若智观照身内五蕴身心，无不当体即空，故得内空慧常现在前。

二、外空慧门，谓此菩萨以般若智观照身外山河国土、色等六尘诸法，了知其皆无有自性，其相不可得，故证入外空慧门。

三、有为空慧门，谓此菩萨恒以智慧照破一切世谛有为诸法，皆虚假不实，都无自性，故得证入有为空慧门。

四、无为空慧门，谓此菩萨智照一切真谛无为诸法，亦皆是空，故得证入无为空慧门。

五、性空慧门，谓此菩萨以甚深般若智观照法界，圆融事理，凡夫滞有则说不有，二乘沉空则说不空，不有不空，平等无碍，故得证入性空慧门。

六、无始空慧门，谓此菩萨常以智照无始无明住地烦恼，本无有根，起无始相，灭无终相，故证入无始空慧门。

七、第一义谛空慧门，即中道理，名第一义谛。谓此菩萨常以智照真俗二谛，皆无相可得，不居二边，不存中道，故得证入第一义空慧门。

八、空空慧门，即复空前面第一义空之空。第一义虽空，但能空之理犹在，菩萨以空空智照此能空之理亦空，故得证入空空慧门。

九、空空复空慧门，即空空复空。空理虽空，然空理之智犹在，菩萨以智照则空空之智亦空，故得证入空空复空慧门。

十、空空复空空慧门，即前面空空复空亦归于空。理智皆空，然而空空之空仍在，菩萨于此空空复空亦归于空，故证入空空复空空慧门。

如是十品空慧门，惟此八地菩萨所能得证，八地以下诸菩萨等皆各所不知。此地菩萨得证虚空平等地智中，不止十品空慧而已，更有不可说不可说神通道智。

此地菩萨以一念相应智慧，了知一切染净诸法分分差别，而得入无量诸佛国土之中，于一一佛前咨受法要，转法轮广度一切众生，又以法药惠施一切凡夫众生，治其心病。作大法师，训诲众生远离烦恼，作大导师，诱引众生永超苦趣，如是则破坏四魔，法身具足，而能扬化分身，化化不绝，悉使众生入于佛界。

此地菩萨，即是入于诸佛之数，虽还有九地十地之数，也只是随方应化，滋养慧命，充足法身而已。百千陀罗尼门、百千三昧正定门、百千金刚不坏门、百千神通变化门、百千方便解脱门，如是百千虚空平等门中，此地菩萨皆得大自在。故菩萨于一念、一时皆能行此种种法门，由于了知时间并非实有，故劫说非劫、非劫说劫；因为知晓道与非道本来不一不异，故道说非道、非道说道；因为知道凡与圣本来平等，故非六道众生说六道众生、六道众生说非六道众生；因为佛魔本非异体，故非佛说佛、佛说非佛。如此菩萨则出入自在，或隐或现，皆不离诸佛体性三昧正定，且具足十种慧照，即：

反照观身心，顺照观流转门，逆照观还灭门，前照观过去，后照观未来，因照观诸因，果照观诸法果，空照观真谛，有照观俗谛，第一中道义谛照观于中道，此等观照智慧唯八地菩萨所证，八地以前菩萨皆不能及。此十种慧照，非攀缘心思虑所得，非言语思想所能表达，无时不照，非由入定而照，不生，亦不灭。

此地菩萨所证一切法门，其数无量无量，不可尽说不可尽说。今所简略开显者，只是此地功德中百千万亿等分之一，犹如大海中一滴毛头许事而已。大部内《罗汉圣行圣道品》中已详明斯义。

解读：

此地菩萨，断一种加行障，即所知障中俱生一分令无相观不任运起，并断二种愚执，一者无相作功用愚，二者于相不自在愚。菩萨证入八地，得入无功用道，得无分别智照，任运相续，报行纯熟，故名不动地。入不动地，即是入诸佛之数，所欠唯在滋养功德、充足法身而已。

第九　体性华严地

若佛子，菩提萨埵，佛华严体性地①。以佛威仪，如来三昧自在王②，王定，出入无时③。

于十方三千世界，百亿日月，百亿四天下，一时成佛、转法轮，乃至灭度④。一切佛事，以一心中，一时示现一切众生。一切色身，八十种好⑤，三十二相⑥。自在乐，虚空同，无量大悲光明相好庄严。非天，非人，非六道，一切法外而常行六道。现无量身、无量口、无量意，说无量法门，而能转魔界入佛界，佛界入魔界；复转一切见入佛见⑦，佛见入一切见；佛性入众生性，众生性入佛性⑧。

其地光，光光照，慧慧照，明焰明焰，无畏无量⑨，十力、十八不共法⑩，解脱涅槃，无为一道清净。

而以一切众生作父母兄弟，为其说法，尽一切劫，得道果⑪。又现一切国土身，为一切众生相视如父如母，天魔外道相视如父如母。

住是地中，从生死际起，至金刚际，以一念心中，现如是事，而能转入无量众生界。如是无量，略说如海一滴。

注释：

①佛华严体性地：菩萨修万行因华，所证境界庄严，与佛等无有差别，故名"佛华严体性地"。又此地菩萨，发真如妙用，凡所有照，悉是真如，且善用诸佛平等大慧，宣说正法，故此地又名"善慧地"。华，即"行华"。严，即"佛果"。

②如来三昧自在王：菩萨于如来百八三昧中皆能自在安

住，故名如来"三昧自在王"。三昧自在王，即百八三昧中三昧王。如来，梵语"多陀阿伽陀"，佛的十种名号之一。如，即"本觉"，来，即"始觉"，本始不二，故名"如来"。又来无所从，去无所至，无来无去，故名"如来"。又，如诸佛而来，故名"如来"。《成实论》卷一中说："如来者，乘如实道来成正觉，故曰如来。"自在，音译"伊湿伐罗"，又作"无碍"、"纵任"，谓远离烦恼之系缚，身心自由通达，所作所为皆进退无碍。自在，诸经论中义有多种，此处指观境自在和作用自在，前者指菩萨能以正智慧自在地观照真如之境，且能通达一切诸法；后者指菩萨既能以正智慧照了真如之境，即能自在地由体起用，现身说法，化诸众生。

③出入无时：指菩萨以三昧王自在安住诸三昧中，出而动，则以三昧王定而随心出入，自在无碍，或暂或久，无有定时。

④灭度：又作"泥洹"、"涅槃"等，又译为"灭"、"寂灭"、"不生"、"无为"、"解脱"等，新译为"圆寂"。即灭生死之因果，渡生死之瀑流。灭度，常指命终证果，但也有不同解读，其根本意思则是解脱。灭，即灭生死因果之义。

⑤八十种好：指佛、菩萨所具有的与常人不同的八十种好相，又称"八十随形好"、"八十微妙种好"等。"八十种好"的顺序与名称，异说纷纭，《大般若经》卷三百八十一中详细说明了八十种好，如指爪狭长而薄润光洁、手足之指圆而纤长柔软、手足各等无差且诸指间皆充密，等等。八十种好微细隐密而难以得见，唯佛菩萨始能具足。

⑥三十二相：指佛、菩萨的应化身所具足的三十二种殊胜容

貌与微妙形相，又作"三十二大人相"、"三十二大丈夫相"、"三十二大士相"等。"三十二相"名称之顺序，经论各有异说，《大智度论》卷四中有详说，如足下安平立相、足下二轮相、长指相、足跟广平相，等等。此三十二相，不限于佛、菩萨有，转轮圣王也会具有，总为大人之相。三十二相通常与八十种好合称为"相好"。

⑦转一切见入佛见：众生因种种错误知见而烦恼痛苦无尽，沉沦生死苦海，若证入佛知见，则了生脱死，故说"转一切见入佛见"。一切见，指一切众生的种种知见，如人见、我见、法见等迷妄之见。佛见，亦名"佛知见"，指彻底了达诸法实相的真知真见。

⑧众生性入佛性：佛教修行之本，在于转识成智，转染成净，众生虽然皆有佛性，然以烦恼覆障而无显，故说转众生性入佛性。众生性，即众生的本性，指众生被无明愚痴所染所障的心性。佛性，此处指佛陀的本性，其本来清净无染。

⑨无畏无量：无畏，指教化他人的心没有惧怕，此处指佛的四无畏，即：一切智无所畏、漏尽无所畏、说障道无所畏、尽苦道无所畏。无量，此处指佛菩萨为普度无量众生，令其离苦得乐，所应具有的四种无量心，即：慈心无量、悲无量心、喜无量心、舍无量心。

⑩十力：又作"十神力"，谓如来证得实相之智而圆满具足的了达一切、不能坏、无能胜的十种智力。

⑪道果：指由菩提之道而证涅槃之果。道，即"菩提"。果，即"涅槃"。

译文：

佛弟子，大乘菩萨，证入佛体性华严地（亦称善慧地）。此地菩萨，具足诸佛威仪，入于如来百八三昧中三昧王定，以三昧王定力而随心出入于诸三昧，自在无碍，或暂或久，无有定时。

菩萨得此如来三昧自在王定，则与佛无殊，能于十方三千大千世界、百亿日月、百亿四天下等诸国土中，一时示现下生出家、降魔成道、转大法轮，乃至入于涅槃。一切种种佛事，皆以一念心中，一时示现一切众生之前。所现一切色身相，皆具八十微妙种好、三十二大人相。其所示现自在大乐，广大同法界，究竟如虚空，具足无量大悲、无量光明、无量相好、无量庄严。非天而示同于天，非人而示同于人，脱离六道而示现身形于六道，虽在一切法外，而不舍一切法，常行于六道之中。现无量神通身轮、无量辩才口轮、无量智慧意轮，说无量善巧权实法门，而能转魔界入佛界，转佛界入魔界；转一切见入佛见，转一切佛见入一见；转佛性入众生性，转众生性入佛性。

其地本有光明，能鉴照之智光与所鉴照之智光，光光相照；能明照之空慧与所明照之空慧，慧慧相照；智光明焰与空慧明焰，焰焰相续。更具有四无畏、四无量心、十种智力、十八不共法，证解脱入涅槃，皆无为无相，一道清净。

此地菩萨，得佛无畏及佛涅槃清净，而复兴慈悲示现卑劣行，以六道一切众生，作父母报恩想，作弟兄扶持想，以种种方便为其说法，尽一切劫必使其俱得道果。又于一切国土中示现一切身形，令一切众生各各相视如父如母，亦令一切天魔外道相视如父如母。

菩萨住此地中,从无明不觉生死轮际起,至究竟本觉金刚轮际止,其间所修、所行、所证等一切法,皆能以一念心中得以显现,又复能转入无量无边众生界中,令其解脱生死,得究竟道果。如是无量佛法不能尽说,此处仅是略说,只如以毛头拈海水之一滴而已。

解读:

此地菩萨,断一种不欲行障,即所知障中俱生法执一分利乐有情事中不欲勤行所起,并断二种愚执,一者陀罗尼愚,二者辨才自在愚。菩萨于此地,得十种无碍智用现前,能转清净大法之轮,是以善用其慧,故名"善慧地"。

第十 体性入佛界地

若佛子,菩提萨埵,入佛界体性地[①]。其大慧空空复空空复空,如虚空性平等智[②],有如来性[③],十功德品具足[④]。

空同一相,体性无为,神虚体一,法同法性,故名如来。

应顺四谛二谛[⑤],尽生死轮际,法养法身无二,是名应供[⑥]。

遍覆一切世界中,一切事,正智、圣解脱智,知一切法有无,一切众生根故,是正遍知。

明明修行,佛果时足故,是明行足。

善逝三世佛法⑦，法同先佛法，佛去时善善，来时善善，是名善善⑧。

是人行是上德，入世间中教化众生，使众生解脱一切结缚，故名世间解脱。

是人一切法上，入佛威神，形仪如佛，大士行处⑨，为世间解脱⑩。

调顺一切众生，名为丈夫。

于天人中，教化一切众生，咨受法言故，是天人师。

妙本无二，佛性玄觉，常常大满，一切众生礼拜故、尊敬故，是佛世尊。

一切世人，咨受奉教故，是佛地。是地中一切圣人之所入处，故名佛界地。

尔时，坐宝莲华上，一切与授记欢喜，法身手摩其顶。同见、同学菩萨，异口同音，赞叹无二。又有百千亿世界中，一切佛，一切菩萨，一时云集，请转不可说法轮，虚空藏化导法门。

是地有不可说奇妙法门品，奇妙三明、三昧门⑪，陀罗尼门，非下地凡夫心识所知，惟佛佛无量身、口、心意，可尽其源。

如《光音天品》中说十无畏⑫，与佛道同。

注释：

①佛界体性地：佛界，一指诸佛的境界，为"十界"之一；二

指佛的国土。此处为前意。此地菩萨所证一切理智行愿等诸功德，与十方诸佛所证境界等无差别，故名"入佛界地"。又，菩萨证入十地时，修行功满，唯务教化利益众生，大慈如云，普能阴覆，故又名"法云地"。

②平等智：亦名"平等性智"，瑜伽行派所谓的"四智"之一，或密教所说的"五智"之一。瑜伽行派唯识说中有"转识得智"的说法，谓在无漏圣位时，前五识、第六识、第七末那识、第八阿赖耶识分别转为成所作智、妙观察智、平等性智和大圆境智。密教则于上述四智再加上"法界体性智"，是为"五智"。平等性智，指一种了知一切事相及自他有情悉皆平等，并以大慈悲心等恒与相应的智慧。菩萨证得妙观察智后，可更加明照得见第七末那识的俱生我执，故在知无我并实践无我的圣位时，此执逐步消除，第七识转变成不见我他彼此差别的平等性智。菩萨于见道位时仅能一分证得平等性智，唯在佛果位时方可全分证得。

③如来性：即"佛性"或"觉性"，指佛的本性，或指众生成佛的可能性。

④十功德品：此处指菩萨证入第十地，即得十功德号圆满具足。释迦牟尼佛或诸佛通常有十大名号，即如来、应供、正遍知、明行足、善逝、世间解、无上士、调御丈夫、天人师、世尊，此十个名号，分别对应证入佛果时所具足的智慧功德。

⑤四谛：又云"四圣谛"、"四真谛"，指苦、集、灭、道四种正确无误之真理。四谛说是原始佛教最基础的理论之一，乃释迦牟尼佛最初所说法。一、苦谛，指关于三界众生生死轮回种种

苦恼的真谛。三界众生,生命中遭受无量众苦,总有三苦、八苦。三苦,即苦苦、坏苦、行苦。八苦,即生、老、病、死、爱别离、怨憎会、求不得和五阴炽盛苦。众生外有寒热饥渴等逼恼之身苦,内有烦恼之心苦,所有诸苦皆归于苦谛。二、集谛:集,招集之义。贪、嗔等烦恼及诸恶之业,能招集三界六趣之苦报,故名集谛。三、灭谛,即涅槃,指灭尽诸惑业而离生死之苦的寂灭解脱境界。四、道谛,即能通于涅槃达到寂灭解脱的方法和手段。原始佛教认为道谛是指八正道,后期佛教认为依一切佛法修行,都能达到寂灭解脱。四谛是佛教的基本教义,是大小乘各宗共修之法,但其于四谛的理解上却有所差别。如天台宗智颛大师,别立浅深不同的四种四谛,即生灭四谛、无生四谛、无量四谛、无作四谛,此四谛分别与其判教中藏、通、别、圆四教相配合。谛,即真实不虚之理。

⑥应供:音译"阿罗汉"、"阿罗诃",为佛的十种称号之一,又作"应真"、"应",指断尽一切烦恼,智慧功德圆满,应受一切人天以种种香、花、璎珞、幢幡、伎乐等供养。

⑦善逝:音译作"修伽陀"、"苏揭多"等,佛的十种称号之一,又作"善去"、"善解"等,指如实去往涅槃彼岸,不再退没于生死苦海之义。

⑧善善:《大正藏》本为"是名善逝"。

⑨大士行处:大士,其义有二。一为佛的尊称之一,与"无上士"同义,谓如来之智慧功德于人中最胜,无有过之者,故称"无上士"。二为菩萨之美称,菩萨为自利利他、大愿大行之人,故名"大士"。行处,即所行之处。

⑩为世间解脱:《大正藏》本为"……为世间解脱,名无上士。"

⑪三明: 又作"三达"、"三证法",指菩萨修习达于无学位,愚暗尽除,得三事通达无碍的智慧。一为"宿世智证明",又名"宿世明",指了知我及众生宿世种种生死相状;二为"生智证明",又名"天眼明",指了知自己及众生未来种种生死相状;三为"漏尽智证明",又名"漏尽明",指了知如实证得四谛之理,解脱有漏之心,灭除一切烦恼等智慧。

⑫十无畏: 即十种无畏,又作"十无所畏",指大乘佛法十回向中法界无量回向位的菩萨所具有的十种无所畏。一、闻持无畏,谓菩萨于一切疑难悉能解答,断疑解惑。二、辩才无畏,谓菩萨得无碍辩才,能答辩一切问难。三、二空无畏,谓菩萨通达人法二空,离诸邪见而得无畏。四、威仪无缺无畏,谓菩萨得佛之威仪,广说微妙法而无畏。五、三业无过无畏,谓菩萨三业清净,故心得无畏。六、外护无畏,谓菩萨常得诸善神侍卫,于众魔无所畏。七、正念无畏,谓菩萨住于正念,受持正法,无忘失之畏。八、方便无畏,谓菩萨依大悲心示现生死,但无少许贪著,常入诸三昧正定,故于烦恼无惑乱之畏。九、一切智心无畏,谓菩萨住一切智而无堕二乘之畏。十、具行无畏,谓菩萨依大愿广度众生,无断菩萨愿行之畏。

译文:

佛弟子,大乘菩萨,证入佛界体性地(亦称法云地)。此地菩萨依其广大智慧,则前面第八地中空空复空空慧门,亦复为空,得如虚空性等遍法界般的平等性智,证如来体性(佛性),圆满具足佛的十种功德号。

一、如来,真空之智与实相之理本来无二,法身体性本自无为,报身化身之神机虚灵周遍,法、报、化三身实为一体,一切诸法皆同法性,故名"如来"。

二、应供,应顺四谛及真俗二谛之法,尽无始生死轮际至究竟金刚轮际,滋养法身,法养之智与法身之理无二,则恒受第一法供养乐,是名"应供"。

三、正遍知,此地菩萨能普覆一切世界之中,一切世间出世间等事尽能遍知,以其具足根本智、圣解脱智(差别智),亦能了知一切染净诸法若有若无及一切圣凡种种根性差别,是名"正遍知"。

四、明行足,发明本来具足之无上智慧,实践六度万行,一切智慧功德,证得佛果时一时圆满具足,是名"明行足"。

五、善逝,此地菩萨善入三世佛法,示现受生出世、出家修行、成道说法、化度众生乃至入于涅槃。虽应化无方而其仪则轨式皆同先佛法身无二,或缘毕示入涅槃而去,或应缘示生成道而来,无不契理契机,皆善而又善,是名"善善"。

六、世间解脱,此地人能行诸佛上上之德,现身入于世间中,广设教化利益众生,使诸众生解脱一切结习业系等束缚,是名"世间解脱"。

七、无上士,此地菩萨能于一切法上,入佛威神,形仪如佛,是以大士所行之处,一切世中解脱之智慧功德无有能过之者,故名"无上士"。

八、调御丈夫，此地菩萨善能调顺一切法界众生之身口意，使其远离十恶，令得道果，故名"调御丈夫"。

九、天人师，此地菩萨能于天上人间中广设教化，一切众生得以咨问听受佛法，深解获益，故名为"天人师"。

十、佛世尊，妙用与本体无一无二，佛性本体与玄觉妙用究竟满足，能得一切众生礼拜、尊敬，是名"佛世尊"。

此地菩萨十功德具足充满，一切世出世贤圣人等咨受法旨，依教奉行，是名佛地。此地亦是一切圣人所证入处，故名"佛界地"。

尔时，此菩萨坐宝莲华上，卢舍那佛及千华上的诸千释迦千百亿释迦皆与此菩萨授记，说即当成佛、劫国庄严等事，并欢喜踊跃，用法身清净光明网相光手摩其顶，劝转法轮。是时同见同学诸菩萨，异口同音称扬赞叹。又有百千万亿佛刹之中一切诸佛一切诸菩萨，俱皆一时云集，祈请此菩萨转不可说不可说广大法轮，及虚空藏无穷无尽化导法门。

此法云地更有不可说奇妙广大法门，奇妙三明智慧法门，奇妙三昧正定法门，奇妙总持陀罗尼法门，非下地菩萨及发心凡夫心识所能知解，唯佛与佛以无量身、口、意三轮可尽识其源。

此处所说，如大部内《光音天品》中所说十无畏，正与此入佛界地之道相同。

解读：

此地菩萨，断一种未得自在，即所知障中俱生法执一分法味自在所起，并断二种愚执，一者现大神通愚，二者微细秘密愚。菩萨于此地，法身圆满，性智清净，空有两忘，极证中道之理，故智慧云弥满法界，行大法雨，充足一切枯槁众生，故名"法云地"。

尔时，卢舍那佛为此大众，略开百千恒河沙不可说法门中心地①，如毛头许②。是过去一切佛已说，未来佛当说，现在佛今说。三世菩萨已学、当学、今学③。我已百劫修行是心地，号吾为卢舍那。汝诸佛子，转我所说，与一切众生开心地道。

时，莲华台藏世界，赫赫天光师子座上，卢舍那佛放光。光告千华上佛，持我心地法门品而去，复转为千百亿释迦及一切众生，次第说我上心地法门品。汝等受持读诵，一心而行。

尔时，千华上佛，千百亿释迦，从莲华藏世界赫赫师子座起，各各辞退，举身放不可思议光，光光皆化无量佛。一时以无量青、黄、赤、白华，供养卢舍那佛。受持上所说心地法门品竟。

各各从此莲华藏世界而没，没已，入体性虚空华光三昧④，还本源世界阎浮提菩提树下。从体性虚空华光三昧出，出已，方坐金刚千光王座，及妙光堂，说十世界法门海⑤。复从座起，至帝释宫⑥，说十住⑦。复从座起，至焰天中⑧，说十行⑨。复从座起，至第四天中⑩，说十回向⑪。复从座起，至化乐天⑫，说十禅定⑬。复从座起，至他化天⑭，说十地。复至一禅中⑮，说十金刚⑯。复至二禅中，说十忍⑰。复至三禅中，说十愿⑱。复至四禅中，摩醯首罗天王宫，说我本源莲华藏世界，卢舍那佛所说心地法门品。其余千百亿释迦，亦复如是，无二无别。

如《贤劫品》中说。

注释:

①百千恒河沙：恒河沙，恒河中的沙子，其数众多，佛教经论中常以恒河沙喻数量巨大而不可计数。恒河，又作"恒迦河"、"恒伽河"、"殑（jìng）伽河"，印度三大河流之一，发源于西藏冈底斯山脉，在喜马拉雅山顶四二〇〇公尺高处。恒河也为南亚最长的一条河流，全长二千五百八十公里，流域面积九十点五万平方公里，流经印度和孟加拉国，注入印度洋。恒河两岸孕育了古印度的文明和宗教，故恒河被喻为印度文明的母亲河。

②毛头许：即如一毛粘大海水之一滴。以一毛头所粘之水与大海中水对比，喻数量极少或微不足道。

③三世菩萨：与佛相类似，菩萨也有三世之分，即过去世菩萨、现在世菩萨、未来世菩萨。

④体性虚空华光三昧：即"入本体法性三昧定"，指因彻证本来如虚空之体性，则行华智光任运自现，用不离体，照不离寂，理行无二，是谓"体性虚空华光三昧"。

⑤十世界法门海：即"华藏庄严十世界海"。法门，即大乘佛法中十信法门，指菩萨修行的五十二阶位中最初十位应修之十种心，略称"十心"。即：信心、念心、精进心、定心、慧心、戒心、回向心、护法心、舍心、愿心。大乘佛法之十信、十住、十行、十回向等，诸经论说法略有差别，如《梵网经》中只言十发趣心，即舍心、戒心、忍心、进心、定心、慧心、愿心、护心、喜心、顶心，其中许多内容归于"十信"，但也有部分归入"十住"。百千法门无一不从信源功德海中流出，大乘佛法修习者莫不从信门而入。

⑥帝释宫：即帝释天的宫殿。帝释天，音译称"释提桓因"、"释迦提婆"，又作"天帝释"、"天主"等，本为印度教之神，归入佛教后，称为"帝释天"。帝释天原为摩伽陀国的婆罗门，由于修布施等福德，遂生忉利天，且成为忉利天主。忉利天居于须弥山顶，含有三十三天宫，帝释天住在中央的善见城（又作"喜见城"）统领一切，周围环绕着三十二天宫，分别由三十二位辅臣镇守。忉利天是极度享受欲乐的地方，享受与娱乐为该处天众的常务，然寿命将尽则五衰相现，且与居住在须弥山北大海底的阿修罗众是世仇，战争不断。帝释天为佛教重要护法，喜欢向佛陀请示佛法。

⑦十住：又称"十地住"、"十法住"、"十解"，菩萨修行五十二阶位中第十一至第二十阶位，属于住位，称为"十住"。即：初发心住、治地住、修行住、生贵住、方便具足住、正心住、不退住、童真住、法王子住、灌顶住。

⑧焰天：亦称"夜摩天"，"欲界六天"（四天王众天、忉利

天、夜摩天、兜率天、化乐天、他化自在天）之第三天。夜摩天光明赫奕，无昼夜之分，此中众生时时刻刻受不可思议之欢乐。与三十三天（亦称忉利天）常与阿修罗诤斗不同，夜摩天远离诤斗，能够持戒且教他持戒。

⑨十行：菩萨修行五十二阶位中第二十一至第三十位所修之十种利他行，又作"十行心"。即：欢喜行、饶益行、无嗔恨行、无尽行、离痴乱行、善现行、无著行、尊重行、善法行、真实行。

⑩第四天：即"兜率天"，又作"都率天"、"兜率陀天"等，乃欲界六天之第四天。此天有内外两院，兜率内院为即将成佛者（即补处菩萨）所居处，现今佛教中弥勒菩萨之净土；外院属欲界天，为天众所居住，享受欲乐。兜率天人的寿命约四千岁，其一昼夜相当于人间的四百年，即其寿命约人间五亿七千六百万年。

⑪十回向：即菩萨修行五十二阶位中从第三十一位到第四十位，因其有以大悲心救护一切众生之意，故作"十回向心"，即：救护一切众生离众生相回向、不坏回向、等一切佛回向、至一切处回向、无尽功德藏回向、随顺平等善根回向、随顺等观一切众生回向、如相回向、无缚无著解脱回向、法界无量回向。

⑫化乐天：音译作"尼摩罗天"，又作"化自在天"、"化自乐天"、"乐变化天"等，为欲界六天中第五天，以能自化五尘而自娱乐，故称"化自乐天"。此天中人以人间八百岁为一日夜，寿长八千岁，身长八由旬，身具常光，男女互相熟视或相向而笑即成交媾，其子自男女膝上化生，初出生即大如人间十二岁孩童。

⑬十禅定：即"十禅定门"。《菩萨善戒经》之《菩萨地禅

品第十四》中，说寂静禅有十种，即：一、世法寂静净禅；二、出世法寂静净禅；三、方便寂静净禅；四、根本寂静净禅；五、上寂静净禅；六、入寂静净禅；七、住寂静净禅；八、起寂静净禅；九、自在寂静净禅；十、烦恼智慧二障寂静净禅。又如《华严经》十定品中对十禅定作了详细阐述。

⑭他化天：即"他化自在天"，又作"他化乐天"、"他化自转天"、"化应声天"，欲界六天之第六天。此天假他所化之乐事以成己乐，故称"他化自在天"。此天为欲界之主，与色界之主摩醯首罗天，皆为娆害正法之魔王，乃四魔中之天魔，有"第六天魔王"之称。此天中人，初生时即大如人间十岁的孩童，色貌圆满，衣服自备，寿量一万六千岁，身高十六由旬，衣长三十二由旬，广十六由旬，然体重仅半铢，食用自然食，男女互视即成淫，意欲求子时，应念即化生。

⑮一禅：即"一禅天"，又名"初禅天"，佛教四禅天之一。禅定，又名"静虑"，有四个层次，即初禅、二禅、三禅、四禅，亦名离生喜乐地、定生喜乐地、离喜妙乐地、舍念清净地。依修禅定并证得四层禅定中相应境界，可以感生对应色界中四层天界，即初禅天、一禅天、二禅天、三禅天、四禅天。各层天中众生的相状、福报等各有特征。

⑯十金刚：亦名"十金刚心"，指菩萨的十种如金刚宝石般坚固的心愿，即觉了法性、化度众生、庄严世界、善根回向、奉侍大师、实证诸法、广行忍辱、长时修行、自行满足、令他愿满。

⑰十忍：指菩萨断无明之惑而证得诸法本来寂然时，所得到的十种安住心，即：音声忍、顺忍、无生忍、如幻忍、如焰忍、

如梦忍、如响忍、如影忍、如化忍、如空忍。

⑱十愿：指修习大乘佛法的菩萨应该发起的十种广大行愿，依《华严经·普贤行愿品》中所说，十愿是指：一者敬礼诸佛，二者称赞如来，三者广修供养，四者忏悔业障，五者随喜功德，六者请转法轮，七者请佛住世，八者常随佛学，九者恒顺众生，十者普皆回向。

译文：

尔时，卢舍那佛为此世界大众略说了三十心、十地等心地法门，于佛法中百千恒河沙数的、不可说不可说无量法门中心地品而言，仅如毛头许而已。此心地法门品，为过去佛已经宣说，未来佛应当宣说，现在佛正在宣说。是过去菩萨已经修学，未来菩萨应当修学，现在菩萨正在修学。我也已经历百劫之久修习此心地法门品，故号为卢舍那。诸位佛子，请将我所宣说之心地法门转授一切痴迷众生，令一切众生开悟心地之道。

尔时，莲华台藏世界赫赫天光师子座上，卢舍那佛放出无量智光，以此光普告千万莲华上诸佛：你们受持我所授的心地法门品而去，请复转相授给千百亿释迦佛及一切众生，次第宣说我上述之心地法门品。你们应当受持、读诵，用心专一，精进力行。

此时，千万莲华上诸佛，千百亿释迦，皆从莲华台藏世界赫赫天光师子座上起身告退，各各身发不可思议光，光中又皆化现无量诸佛，一时皆以青、黄、赤、白诸色莲华供养卢舍那佛。至此，得法、谢法、受持心地法门品完毕。

　　随后，千佛亿佛无量诸佛，各各从此舍那本佛依报庄严莲华藏世界隐没，隐没后，入于体性虚空华光三昧，还本源世界阎浮提菩提树下。诸佛从体性虚空华光三昧中出定，出定后，方正坐金刚千光王座，于妙光堂前，说十世界法门海，即十信法门。然后从金刚千光王座起，至帝释天的宫殿，宣说十住法门。又从座起，至欲界第三天之夜摩天，宣说十行法门。复从座起，至欲界第四天之兜率天，宣说十回向法门。又从座起，至欲界第五天之化乐天，宣说十禅定。再从座起，至欲界第六天之他化自在天，宣说十地法门。复至初禅天宣说十金刚。又至二禅天说十忍。又至三禅天说十愿。再至四禅天中摩醯首罗天宫，说我之本源莲华台藏世界卢舍那佛所说的《心地法门品》。其余千百亿释迦佛，亦复如此，出定、十处说法，咸与千释迦无二无别。

　　此处只是略言其义，大部《贤劫品》中广说之。

解读:

　　本段为上卷结语，对菩萨心地法门作了总结，特别提出了传统大乘佛法修行阶第中的十信、十住、十行、十回向、十地等内容。名称虽异，内容归类不同，但其中大乘佛法主旨却无有二。

卷　下

梵网经菩萨戒序①

　　诸佛子等，合掌至心听，我今欲说诸佛大戒序。众集默然听，自知有罪当忏悔，忏悔即安乐②，不忏悔罪益深。无罪者默然，默然故，当知众清净。

　　诸大德、优婆塞、优婆夷等谛听③，佛灭度后于像法中④，应当尊敬波罗提木叉⑤，波罗提木叉者即是此戒。持此戒时如暗遇明，如贫得宝，如病得差，如囚系出狱，如远行者得归。

　　当知此则是众等大师，若佛住世无异此也。怖心难生，善心难发。故经云：勿轻小罪以为无殃，水滴虽微渐盈大器。刹那造罪殃堕无间，一失人身万劫不复。壮色不停犹如奔马，人命无常过于山水，今日虽存明亦难保。众等各各一心勤修精进，慎勿懈怠懒惰睡眠纵意。夜即摄心存念三宝，莫以空过徒设疲劳后代深悔。众等各各一心谨依此戒，如法修行应当学。

　　注释：

　　①梵网经菩萨戒序：此序选自《大正藏》本，金陵刻经处版本中没有此序。

②忏悔：佛教忏悔，指于佛、菩萨、师长、大众等面前告白道歉，以期达到灭除罪业之目的。依佛教忏悔的性质和方式，有二种忏悔、三种忏悔、五种忏悔等多种分类。如三种忏悔，一为作法忏悔，即依戒律中种种仪式，如迎请佛菩萨、诵经咒、自白罪名、立誓不犯、明证教理等，如法如理而行忏悔。二为取相忏悔，即观想佛菩萨的种种相好庄严以达到灭除罪业。三为无生忏悔，即观实相之理，念罪体无生之忏悔。忏，即请求他人原谅自己的罪过。悔，为追悔、悔过之义，即追悔过去之罪过。

③优婆塞、优婆夷：优婆塞，又名"清信士"、"近事男"等，指崇信佛教，归依佛、法、僧三宝，受持五戒的在家男子。优婆夷，又名"清信女"、"近事女"等，指崇信佛教，归依三宝，受持五戒的在家女子。佛教教团，共有四众弟子，即比丘、比丘尼、优婆塞、优婆夷，其中出家男众名为"比丘"，出家女众名为"比丘尼"。

④像法：指释迦牟尼佛灭度一段时间后，所行与正法相似的佛法。佛陀入灭后，依佛法流传的情况，分为正法、像法、末法三个时期。正法时期，教法住世，学人依教奉行且多能证果。像法时期，虽有教法存世，学人也基本能行持，然而却很少能有证果者。末法时期，仅存教法而缺乏行持，佛教衰微，虽有剃除须发、身著袈裟之人，然而却毁破禁戒，所作所为多是为了名闻利养。末法之后，即进入教、行、证均无的法灭时代。正法、像法、末法三个时期的时间长短，有多种说法，有说正法五百年、像法一千年、末法一万年；有说正法、像法各一千年，之后为末法时期一万年；也有说三者各有五千年。

⑤波罗提木叉：即"戒律"，梵语的音译，又作"波罗提毗木叉"、"般罗底木叉"等，意译为"随顺解脱"、"处处解脱"、"别解脱"、"最胜"、"无等学"等，指佛教修行者防止身、口、意造作诸恶，远离诸烦恼惑业而得生命解脱所受持的戒律。

译文：

诸位佛弟子，请合掌恭敬专心听讲，我现在要宣说诸佛大乘戒之序。在位听众当默然静听，自己思忖如有罪则当忏悔，忏悔后则得身心安乐，不忏悔则罪业愈发加重。无罪者则默然寂静，由于默然寂静，则知大家身心清净。

诸位高僧大德、优婆塞、优婆夷等请仔细听，释迦牟尼佛灭度后的像法时代中，应当尊敬波罗提木叉，波罗提木叉就是此大乘菩萨戒。受持大乘菩萨戒，犹如身处黑暗而幸遇光明，如处境贫穷而得到珠宝，如身患疾病而得遇良医，如身陷囚笼而得以释放，如远行在外而得以回家。

诸佛子当知，你们当以此大乘菩萨戒为师，如此则与诸佛住世无异。害怕心难生，善心难发。所以佛经中说：不要轻视小罪，以为小罪不会导致灾祸；水滴虽然微小，若渐渐积累也能充满大的容器。刹那间所造作的罪业，其灾祸可能是堕落无间地狱。一旦失去人身，可能会万劫不复。世界万物运动不停犹如骏马奔驰，人命无常超过高山之水瞬息变换，今日虽存而明日难保。你们得各各一心勤修佛法，精进用功，慎勿懈怠懒惰，更勿耽于睡眠，放纵心意。夜晚摄护心意，念想三宝，不要因为空耗时光、徒留身心疲劳而深深懊恼悔恨。大众应各各一心谨依此戒，发心如法修行，视其为应当所学、本分家事。

解读：

《佛遗教经》中说："汝等比丘，于我灭后，当尊重珍敬波罗提木叉，如暗遇明，贫人得宝，当知此则是汝等大师。"又说："戒是正顺解脱之本，故名波罗提木叉。依因此戒，得出诸禅定及灭苦智慧。"佛陀制戒，有着和合僧众和证悟菩提的两大本怀，戒律的守持直接关系到佛教解脱的能否实现，故《华严经》中说："戒为无上菩提本。"佛教四众守持戒律，是正法住世的重在标志，与佛陀在世无异。至于守持戒律的精神，则"勿轻小罪以为无殃，水滴虽微渐盈大器"，正如中国古人所说"莫以善小而不为，莫以恶小而为之"。

菩萨心地品之下

尔时，释迦牟尼佛，从初现莲华藏世界，东方来入天宫中，说《魔受化经》已①。下生南阎浮提迦夷罗国②，母名摩耶③，父字白净④，吾名悉达⑤。七岁出家⑥，三十成道⑦，号吾为释迦牟尼佛。于寂灭道场⑧，坐金刚华光王座，乃至摩醯首罗天王宫，其中次第十住处所说。

时，佛观诸大梵天王，网罗幢因，为说无量世界，犹如网孔。一一世界，各各不同，别异无量，佛教门亦复如是。吾今来此世界八千返⑨，为此娑婆世界⑩，坐金刚华光王座，乃至摩醯首罗天王宫，为是中一切大众，略开心地法门竟。

复从天王宫，下至阎浮提菩提树下，为此地上一切众生，凡夫、痴暗之人，说我本卢舍那佛心地中，初发心中，常所诵一戒⑪，光明金刚宝戒⑫。是一切佛本源，一切菩萨本源，佛性种子。一切众生皆有佛性，一切意、识、色、心⑬，是情是心⑭，皆入佛性戒中⑮。当当常有因故⑯，当当常住法身。

如是十波罗提木叉，出于世界，是法戒，是三世一切众生顶戴受持。吾今当为此大众，重说十无尽藏戒品。是一切众生戒本源自性清净^⑰。

注释：

①《魔受化经》：此经内容不详，按文中所讲，当为释迦牟尼佛未降生前，于摩醯首罗天王宫中降伏诸魔时所说。《大正藏》卷十九中有《释迦牟尼佛成道在菩提树降魔赞》一文，但所说也是佛陀于此世界成道之事。《魔受化经》所说是释迦牟尼下生此世界前之事，当代有人将此经归于佛教密部经典，其内容应当如同大日、金刚顶等经。

②南阎浮提：南阎浮提为须弥山四大洲之南洲，故又称"南阎浮洲"、"南赡部洲"。阎浮提，即盛产阎浮树之国土。阎浮提原本指印度之地，后则泛指人间世界。阎浮，树之名。提，洲之意。迦夷罗国：又名"迦夷罗卫国"、"迦维罗阅国"等，意译为"黄沙城"、"妙德城"，古代印度的一个小邦国，位于现今尼泊尔境内的泰来地区。此国为释迦族的国家，释迦牟尼佛的父亲净饭王所治之境，为释迦牟尼佛降生之地。

③摩耶：即摩耶夫人，释迦牟尼佛之生母，迦夷罗卫国邻国天臂城主的女儿，净饭王之妃。依时俗，摩耶夫人临产前返回娘家待产，途中于其父天臂城之别宫蓝毗尼园中休息时生下释尊，七天后逝世，佛陀由其姨母摩诃波阇波提（意译为大爱道）抚育成人。据传摩耶夫人死后生于忉利天，释尊曾升至忉利天为其母说法。

④白净：亦称为"白净王"、"真净王"、"净饭王"，音译为"首图驮那"、"输头檀那"，迦夷罗国国王，佛陀之生父，其子难

陀、孙罗睺罗皆为佛陀之弟子。净饭王晚年孤寂,亦虔诚皈依佛陀,七十六岁(一说九十七岁)逝世。

⑤悉达:即"悉达多",又译作"萨婆悉达多"、"悉多"等,其意为一切义成、财吉、验事等,是佛陀为太子时的名字。据传释尊出生时,善占相的阿私陀仙人知晓此王子宿世种种善根功德,能成就一切善事,预言王子若在家必为转轮圣王,若出家则成就无上正觉,故起名悉达多,蕴含上述意义。

⑥七岁出家:即出家修道七年。对于佛陀出家的年龄,有说是十九岁,有说是二十九岁。在早期佛教经典中,佛陀自说是二十九岁出家,三十五岁成道,故求道时间为七年。

⑦三十成道:即三十岁时悟道。一般说佛陀二十九岁出家,经过七年广修当时流行道法,修成四禅八定,历种种苦行,以至形体枯瘦、身心疲惫,也未能悟道。后放弃苦行,接受牧羊女的乳糜供养恢复体力,跏趺坐于毕钵罗(菩提树)下,静思宇宙人生真谛,经过四十九天,于三十五岁那年的十二月初八破晓,夜睹天上明星而豁然开朗,了悟无上大道。此处讲三十成道,当是虚指,指三十几岁成道。

⑧寂灭道场:又作"阿兰若法菩提场",为释尊开悟成道之处,即位于中印度摩揭陀国伽耶城南菩提树下之金刚座。寂灭,"涅槃"之意译,指了脱生死进入寂静无为的境地。佛陀说法,无非为了引导一众生远离迷惑而入寂灭境界,故其说法场所也称为"寂灭道场"。

⑨八千返:释迦牟尼佛实际上早已成佛,因为宿世因缘,也是因为其无量大慈悲心,故不断往来于娑婆世界,示现出生、出

家、成道、转法轮等,广度无量众生,皆令离苦得乐,得入究竟涅槃。八千返也只是虚指,实际上是无量无数次。

⑩娑婆世界:为三恶五趣杂会之地,其中众生堪能忍受十恶三毒及诸烦恼而不肯出离,故又名"堪忍世界",或称"忍土"。娑婆世界,原指吾人所住之阎浮提,即须弥山南方之南赡部洲,后指释迦佛所教化之三千大千世界的总名,释尊为娑婆世界众生的本师。娑婆,又作"沙诃"、"娑诃楼陀",堪忍之义,又译作"忍土"。

⑪一戒,即第一最上微妙之戒。

⑫光明金刚宝戒:即上述一戒,此戒如金刚宝石一样坚固不坏,且锐利无比,能断一切烦恼,能破一切愚痴,能显一切智慧光明,故名"光明金刚宝戒",也就是下面要讲的大乘菩萨戒。

⑬意、识、色、心:意,即第七末那识,此识能恒审思量,故名为意。识,即第六识,此识善能分别,起惑造业,故名为识。色,即五根六尘。心,即第八阿赖耶识,此识能统收前七种识,故说集起名心。

⑭是情是心:指一切有感情、有意识的众生,也特指人类。无论是有情而根钝者,还是有心而根利者,只要能够受戒,则皆可入戒。

⑮佛性戒:即佛性戒体。戒体,本指因受持佛教戒律而产生的防非止恶的精神能力,后泛指一切佛法修持所产生的防非止恶的精神能力。因产生戒体的方式不同,戒体有不同名称。由受持戒律而产生,称为无作戒体;由修禅定而产生,称为定共戒体;由修智慧而产生,称为定共戒体。由体悟佛性而产生,是

谓佛性戒体。

⑯当当：即此时此地的意思。

⑰自性清净：佛教认为，众生自己的本性，也即佛性，本来清净，无有染污，无有烦恼，是名自性清净。后天烦恼，则皆因妄想执著而有污染，虽有污染，然其本性却无有染着。

译文：

那个时候，释迦牟尼佛从初现身的莲华藏世界，由东方而来，进入摩醯首罗天王宫中，于此天伏魔，宣说《魔受化经》。说此经已，下生南阎浮提迦夷罗国，为此国国主净饭王太子，母亲叫摩耶，父亲叫白净，太子叫悉达。悉达后来出家，七年修道，三十多岁成道，号为释迦牟尼佛。世尊既成道已，则于阿兰若法菩提场中坐金刚华光王座，转大法轮，广度众生。或于鹿野苑转四谛轮，或于菩提场演大华严，乃至到达摩醯首罗天王宫，于其中间次第而有十住处所，皆广演妙法。

佛陀于大梵天王宫说法时，见其宫殿中网罗重重，每一网幢都有无量孔，孔孔各有不同，故以此为喻，宣说无量世界种种差别，犹如网孔一般各各不同。一一世界各各不同，其中差别殊异无量无际，无量佛教法门，亦复如是。我以广大慈悲之心，来此娑婆世界已经八千多次，于此世界坐金刚华光王座，乃至摩醯首罗天宫，为此世界一切众生，简略开示此《心地法门品》。

然后，释迦牟尼佛再次从大梵天王宫，下至阎浮提菩提树下，为此大地上的一切众生，凡夫、痴暗之人，宣说我本师卢舍那佛心地中，最初发心时，心中所常诵的第一最上微妙之戒，即光明金刚宝戒。此戒，是一切诸佛果海之本源，一切诸菩萨因地之本源，一切众生本有佛性种子。一切众生皆有佛性，一切意（第七识）、识（第六识）、色（五根六尘）、心（第八阿赖耶识），一切有感情、有心识的众生，皆可证入此佛性戒体中。此时此地以常得佛性戒体之因，此时此地则证入常住法身之正果。

如是十解脱戒，出于世间出世间之中，是三世诸佛修行成佛的正法戒，是三世一切众生所当顶戴受持。我今当为现前大众，重重开演，从一戒而开十戒，从十戒而开四十八戒，乃至无穷无尽戒品。一切众生戒体的本源，是众生本自具足的清净佛性。

解读：

因为会犯戒，所以要守持戒律；因为受戒守戒而有戒体，因有戒体，所以能够守持戒律。所以，戒体与守戒是即体即用的关系。守戒是为了不犯戒，禅定智慧有所成就，持戒能力自然提高。大乘佛教特别注重开启无上智慧，照现本具佛性。佛性显现，自心清净，则自然不会犯戒，也无戒律存在的必要了。所以说，佛性戒，是为无相戒，是最上乘戒。

我今卢舍那，方坐莲华台，周匝千华上，复现千释迦。

一华百亿国，一国一释迦，各坐菩提树，一时成佛道。

如是千百亿，卢舍那本身。千百亿释迦，各接微尘众，

俱来至我所，听我诵佛戒，甘露门即开①。是时千百亿，

还至本道场。各坐菩提树，诵我本师戒，十重四十八②。

戒如明日月，亦如璎珞珠③。微尘菩萨众，由是成正觉④。

是卢舍那诵，我亦如是诵。汝新学菩萨⑤，顶戴受持戒。

受持是戒已，转授诸众生。谛听我正诵，佛法中戒藏，

波罗提木叉。大众心谛信，汝是当成佛，我是已成佛。

常作如是信，戒品已具足。一切有心者，皆应摄佛戒。

众生受佛戒，即入诸佛位。位同大觉已⑥，真是诸佛子。

大众皆恭敬，至心听我诵。

注释：

①甘露门即开：甘露门，即如来之教法。甘露，为"涅槃"之譬喻，持戒者，能得涅槃常乐我净，为通向大涅槃城之门户，故

说"甘露门即开"。《长阿含经》卷一中说:"吾愍汝等,今当开演甘露法门。"

②十重四十八:即大乘菩萨十重四十八轻戒。

③璎珞珠:多指大乘菩萨身上的饰物,由金丝线将珠玉与贵重金属珠串连而成。此处指持戒庄严者,戒体清净,无有瑕疵,如璎珞珠般光洁。

④正觉:又名"正解"、"等觉"、"等正觉"、"正等正觉"等,为"无上正等正觉三藐三菩提"的略称,指尽断无明惑,证悟一切诸法实相的真正觉悟。

⑤新学菩萨:指新发心修习大乘教法者,相当于大乘佛法五十二阶位中的十信位,仍然处于凡夫位。

⑥大觉:指佛的觉悟。释尊觉悟宇宙人生实相后,不仅自身得以解脱,更发大慈悲心,转大法轮,欲令一切众生皆得离苦得乐,而且觉行圆满,故名大觉。凡夫无觉悟,声闻有觉悟而不大,大乘菩萨自觉觉他,但觉事未满,唯佛觉行圆满,故独称为"大觉"。

译文:

现在我卢舍那佛,方正坐在莲华台上,周围有千华环绕,每一华上有一释迦佛,共现千释迦佛。

每一叶花上有百亿佛国净土,每一个国土上有一位释迦佛。各各坐于菩提树下,同时成就无上佛道。

如此千百亿释迦佛,皆以卢舍那佛为本源。这些千百亿释迦,各各接引无量微尘数的众生,俱来到这莲华藏世界,听我卢舍那佛诵金刚佛性宝戒。佛性宝戒犹如甘露，滋润心田，断惑证真，共趋涅槃城。

这时，千百亿释迦佛，又各返回本自道场。重新端坐在菩提树下，持诵我卢舍那佛本师所说之戒，所谓十重四十八轻戒。此等诸戒戒体犹如光明日月，亦如璎珞珠之洁净无瑕。无量微尘数的大乘菩萨，皆由受持此佛性戒而得证无上正等正觉。

此佛性戒是卢舍那佛所诵，我等也应当这样诵。你们这些新发心修学大乘佛法的菩萨们，应当尊重受持此戒。

你们自己受持此佛性戒后，还必须将此戒转授一切众生。

请大家仔细恭听，我将演说佛法中的戒律宝藏，即波罗提木叉。你们若能谛信此戒为成佛正因，且能依法受持，未来决定成佛无疑，且我也因受持如是心地戒品而得成佛。

如果能够恒常地这样信受奉持，则戒体成就，一切戒相具足。所以说，一切发心修习大乘佛法者，皆当摄受佛性戒。

一切众生既能受持佛性戒，即已经具备佛知佛见，步入求证佛果之阶位。也即真正步上求证无上正等正觉之阶位，这才是真正的佛弟子。

大家请恭敬地听讲，我下面将要宣讲此金刚佛性宝戒。

尔时，释迦牟尼佛，初坐菩提树下，成无上觉[①]。初结菩萨波罗提木叉，孝顺父母、师、僧、三宝[②]。孝顺，至道之法。孝名为戒[③]，亦名制止。

佛即口放无量光明。是时，百万亿大众、诸菩萨、十八梵天、六欲天子、十六大国王[④]，合掌至心，听佛诵一切诸佛大乘戒。

佛告诸菩萨言，我今半月半月自诵诸佛法戒⑤，汝等一切发心菩萨亦诵，乃至十发趣、十长养、十金刚、十地，诸菩萨亦诵。是故戒光从口出。有缘、非无因，故光。光非青黄赤白黑，非色非心，非有非无，非因果法。是诸佛之本源，行菩萨道之根本，是大众诸佛子之根本。是故大众诸佛子，应受持，应读诵，应善学。

诸佛子谛听，若受佛戒者，国王、王子、百官、宰相、比丘、比丘尼、十八梵天、六欲天子、庶民、黄门、淫男、淫女、奴婢、八部鬼神、金刚神、畜生⑥，乃至变化人⑦，但解法师语，尽受得戒，皆名第一清净者⑧。

佛告诸佛子言，有十重波罗提木叉，若受菩萨戒，不诵此戒者，非菩萨，非佛种子。我亦如是诵，一切菩萨已学，一切菩萨当学，一切菩萨今学。

我已略说菩萨波罗提木叉相貌，应当学，敬心奉持。

注释：

①无上觉：即"无上正等正觉"的略称。指佛所证悟的智慧，为最上而无有超过者。觉，音译"菩提"，指证得佛智妙理，证入涅槃境界。

②孝顺：指爱敬天下之人、顺天下人之心的美好德行。孝，指尽心奉养父母。顺，指顺从父母的意志。

③孝名为戒：孝顺所在，即戒体具足，戒行圆满。佛教孝顺，是为大孝顺，孝顺父母、孝顺师长、孝顺同学、孝顺三宝，故能通于戒。例如，观一切众生皆曾是我父母，故不杀、不盗。孝顺本属于中国传统文化精神，与印度文化中的戒律思想差异较大，以孝为戒，反映了《梵网经》中浓厚的中国文化价值色彩。

④十八梵天：指色界的十八天，即初禅天中的梵众天、梵辅天、大梵天三天；二禅天中的少光天、无量光天、光音天三天；三禅天中的少净天、无量净天、遍净天三天；四禅天中的无云天、福生天、广果天、无想天、无烦天、无热天、善见天、善现天、色究竟天共九天。总共十八天，名"十八梵天"。六欲天子：即欲界六天之主。六欲天，即欲界四天王天、忉利天、夜摩天、兜率天、化乐天、他化自在天。十六大国王：即古印度当时的十六大国之国王。

⑤半月半月自诵诸佛法戒：佛陀已经成佛，尚于每月的白半月、黑半月各自诵一次诸佛法戒，况初发心菩萨，更须经常持诵诸佛法戒。此处诵戒，即诵十重四十八轻戒。半月半月，即白半月和黑半月。每月初一日至十五日为"白半月"，十六日至三十日为"黑半月"，若逢月小，则至二十九日。

⑥黄门：指男根损坏的阉人。八部鬼神：又称"天龙八部"，包括：一天众、二龙众、三夜叉、四乾达婆、五阿修罗、六迦楼罗、七紧那罗、八摩呼罗迦。大乘佛教经典中叙述佛陀讲法时，常有天龙八部参与听法，或护持佛法。八部中以天人和龙为首，故称天龙八部。一、天众，指生活在欲界、色界、无色界等各层天中的天人。天人生活优胜，寿命长久，但在临终前却会有

天人五衰现象，即：衣裳垢腻、头上花萎、身体臭秽、腋下汗出、不乐本座。天众包括天王，如帝释天王、大梵天王等，民间常称天王为神。二、龙众，即龙，跟我国传说中的龙王或龙类似，不过没有脚，主要生活在水中，其职责是施云布雨，即从天海中取水而洒下人间。古印度人认为水中生物以龙的力气最大，因此非常尊敬龙，也尊称德行崇高的人为"龙象"。三、夜叉，指在地上、在虚空、在天界等各处的诸多鬼神，其首领有夜叉八大将、十六大夜叉将等。夜叉本义是指能吃鬼的神，又有敏捷、勇健、轻灵、秘密等义。佛经中的很多夜叉受佛陀教化转为护法善神，察看人间善恶，护持善人。四、乾达婆，又称"香神"，是一种不吃酒肉、只寻香气作为滋养的神，是服侍帝释天的专管奏乐演唱的乐神之一，能凌空作乐，身上散发着浓烈的香气。五、阿修罗，意译为"非天"，居住在须弥山以北的大海下，纵横八万由旬，有多处阿修罗王宫。也有说阿修罗中极弱者住在人间山地中，即今西方山中有大深窟，多为阿修罗宫。阿修罗众，男的极丑陋，而女的极美丽。阿修罗与帝释天为世仇，常年恶战不断，一般是阿修罗一方失败。阿修罗王性子暴躁，执拗而善妒，疑心又重，在听佛说法时，总疑心佛偏袒帝释，故意少说了一样。释迦牟尼说法，说"四念处"，阿修罗王也说法，说"五念处"。六、迦楼罗，居住在四大洲大树上的金翅鸟神，此鸟鸣声悲苦，以龙为食，据说日食一条龙及五百条小龙。命终时毒发自焚，肉身烧去后只余一纯青琉璃色心。七、紧那罗，即"歌神"，其形状和人一样，但头上生一只角，所以称为"人非人"，善于歌舞，是帝释的乐神之一。八、摩呼罗迦，是大蟒神，人身而蛇头。金刚神：又名"金刚手"、"金刚力士"等,指执金刚杵护持佛法之神祇,韦陀菩萨为其首领。或谓帝释天之大力士,常随帝释天护持佛法。现今佛教寺院韦陀殿中常供奉四大金刚及韦陀菩萨。

⑦变化人:即变化之人,指经由神通力而变化显现之人。例如,佛、菩萨为度化各类众生,常随机变化为各种人形。

⑧第一清净者:远离种种恶行之过失,远离诸烦恼之垢染,是名"清净"。一般常说身、语、意三种清净。第一清净,指能解如来实义,持戒清净,戒体光洁,戒行圆满,身心完全清净。

译文:

那个时候,释迦牟尼佛,当初坐在菩提树下,夜睹明星而悟道,成就无上正等正觉。初转法轮时便结集开演大乘菩萨戒,着重宣讲孝顺之道,即孝顺父母、孝顺师长、孝顺同学、孝顺三宝。孝顺,乃成就无上佛果至道的要法。孝顺所在,是名戒行具足,亦可名制止诸恶。

佛说至此,口中即放无量光明。这时,百万亿大众、诸菩萨、十八梵天、六欲界天天子、十六大国王等,皆合掌诚心,恭听佛陀宣说成就一切诸佛的大乘菩萨戒。

释迦佛告诉诸菩萨,我虽已成佛,但仍于每月上半月和下半月各诵一次成就诸佛的大乘菩萨戒以自省,你等一切初发心菩萨更应该时常持诵此戒,乃至十发趣、十长养、十金刚、十地等,你等诸菩萨也应当时常持诵。只有这样,才能口出无量戒光。诸佛口出无量戒光,是有缘由的,不是没有原因的,皆由诸佛自诵大乘菩萨戒,诸菩萨亦诵此戒,所以心地戒光咸从诸佛口中流出。此心地戒光，非属青、黄、赤、白、黑等色尘之光，非色法非心法，非有非无，非因果法。此光是诸佛所证无上菩提无余涅槃之本源法，是践行大乘菩萨道的根本法，亦是诸现前大众新发心诸佛子的根本法。因此，诸佛弟子应当领受持守，应当阅读讽诵，应当善加学习。

诸位佛弟子请仔细听，若能受持大乘菩萨戒者，不论是国王、王子、百官、宰相、比丘、比丘尼、十八梵天、六欲天子、庶民，还是黄门、淫男、淫女、奴婢、八部鬼神、金刚神、畜生，乃至变化人等，但能解得法师说戒法语者，尽能得受大乘菩萨戒体，皆名得第一清净。

释迦佛告诉诸佛弟子，有十重戒，如果受持大乘菩萨戒的人，不受持读诵此十重戒，现在失却菩萨之位，将来失却成佛之种。我现在也在读诵此十重戒，且过去一切菩萨已诵，未来菩萨当诵，现在菩萨正在诵，你们这些新学佛子亦应当时常读诵受持。

我已经略说大乘菩萨戒种种戒相，你们应当时时勤学，以恭敬心至诚奉持。

十重戒

重戒，亦称"波罗夷戒"，若有违犯，会造极重罪业，感招三恶道苦报，现身丧失发菩提心及修行成佛之因，并会被逐出僧团，丧失佛教徒的资格。《梵网经》中称重戒有十种，即：第一、杀戒，第二、盗戒，第三、淫戒，第四、妄语戒，第五、酤酒戒，第六、说四众过戒，第七、自赞毁他戒，第八、悭惜加毁戒，第九、嗔心不受悔戒，第十、谤三宝戒。

大乘菩萨重戒，各菩萨戒类经典中说法不一，《菩萨璎珞本业经》中说有十不可悔戒：杀戒、盗戒、淫戒、妄语戒、说四众过戒、酤酒戒、自赞毁他戒、悭戒、嗔戒、谤三宝戒。《善戒经》中说有八重戒：杀戒、盗戒、淫戒、妄语戒、自赞毁他戒、贪悭不施戒、嗔恨不息戒、谤菩萨藏戒。《优婆塞经》中说有六重戒：杀戒、盗戒、大妄语戒、邪淫戒、说四众过戒、酤酒戒。

第一　杀戒

佛言：佛子，若自杀①，教人杀，方便杀②，赞叹杀③，见作随喜④，乃至咒杀⑤，杀因、杀缘、杀法、杀业⑥，乃至一切有命者，不得故杀。

是菩萨，应起常住慈悲心、孝顺心⑦，方便救护一切众生。而反恣心快意杀生者，是菩萨波罗夷罪⑧。

注释：

①自杀：指自己动手杀害有情众生之生命，包括自毁己命。佛教虽然视人生为苦、空、无常，但也认为人身难得，瑕满人生更是稀有，所以反对任何戕害他命及己命的做法，主张利用此身勤修佛法，一期生命即得证入佛果。此属身心造杀业。

②方便杀：即以自己的谋划主张、物力财力等为行杀业者提供方便，使其能够完成杀害生命的行为。此属意地造杀业。

③赞叹杀：即以言语等鼓励他人杀害生命，此属心口造杀业。

④见作随喜：指自己不去杀害生命，然而见到其他人杀害生命的行为，内心生起欢喜。佛教主张慈悲对待一切众生，即使是因犯重罪而受国法的人，也应该生起怜悯之情，不应该有痛恨该杀之念。见作随喜属意造杀业。

⑤咒杀：指以咒术杀人。宗教中，特别是原始宗教、民间宗教中，有许多巫术、咒语等，通过某些特定的仪式、方法，念动咒语，可以远距离害人性命。此属心口造杀业。

⑥杀因、杀缘、杀法、杀业：杀因，谓众生无始以来贪、嗔、痴等无明种子中，有杀等习气，会一念现行而生起杀的动机。杀缘，谓能引起杀心甚至引起杀生行为的种种外缘，如宿世怨家聚会、打杀场所、斗杀视频画面等。杀法，指刀、杖、网、毒药、恶咒等杀害众生的方法。杀业，即杀生的行为及其产生的后续业力，由此业力而得恶报。小乘佛教注重杀生的后果，被杀者性命未断，则未成杀业，性命一断，杀业已成。大乘佛教除强调不可犯杀生的行为外，更强调起心动念，杀念一动，即造杀业。当然，杀

念的强弱、杀生行为是否开始、杀生行为的后果等,都会产生强弱不同的业力,其果报也不相同。

⑦孝顺心:大乘佛法修习者,观一切众生都是未来之佛,一切男子都曾是我父,一切女子都曾是我母,故应该有孝顺心。应当救护一切众生,使其得安乐,永离刀砧等苦。

⑧波罗夷罪:指极恶极重之罪,又名"弃罪",犯此罪者,永弃佛门之外,不得入于清净众中,共同说戒羯磨等事,一切僧事,不得参预。亦云"堕罪",谓犯此戒者,即堕落于三恶道,永受众苦。

译文:

释迦佛说:作为佛弟子,亲自动手杀害有情生命(包括自杀),教唆鼓励他人杀害生命,为他人杀害生命提供种种方便,赞叹他人杀害生命,见他人杀害生命而心生欢喜,乃至于以邪恶咒术杀害有情生命,此等种种杀生行为皆不可以做。由无始无明而起的杀生之念、引发杀心促成杀生的种种外缘、杀生的各种器具方法、杀生的种种行为,一一皆当远离禁止。乃至于对一切有生命的众生,皆不可以故意杀害。

因此,大乘菩萨,应该发起并时常住于慈悲心和孝顺心之中,尽一切方便保护、救济一切众生。如果反而放纵身心,快意于杀害众生生命者,则犯波罗夷罪,永弃佛门之外,永堕三恶道中。

解读:

小乘佛教戒律中的五戒,以淫戒为首戒。大乘佛教戒律中的五戒，以杀戒为第一，反映了大乘佛教特别强调悲天悯人的大乘菩萨情怀。大乘菩萨发愿教化利益一切众生，以慈为本。一切众生皆贪生畏死，若杀害其命，便失慈悲心，且令众生衔苦而怨怨相报，不得出离生死苦海，故修习大乘佛法者当以杀戒为先。况杀心不除，尘不可出，纵有许多智慧禅定现前，终必落神道。小乘佛教中的杀戒，其主要对象是人，杀人戒为大杀戒，杀畜生戒为小杀戒，虽同为犯杀戒，但犯小杀戒罪业相对轻一点。大乘佛教视一切众生平等，一切众生都有佛性，一切众生都是未来佛，一切众生都曾是我等父母，故将犯杀戒所得波罗夷罪涵盖一切众生。

第二 盗戒

若佛子，自盗①，教人盗②，方便盗③，咒盗④，盗因、盗缘、盗法、盗业⑤，乃至鬼神有主物，劫贼物⑥，一切财物，一针一草，不得故盗。

而菩萨应生佛性孝顺心、慈悲心，常助一切人生福生乐。而反更盗人财物者，是菩萨波罗夷罪。

注释：

①自盗：自己亲手窃取他人的财物。盗，对于一切有主之物，不经过物主同意而取得，名之为"盗"。

②教人盗：教唆他人去偷盗或为我去劫取，乃至为我偷税等，都属教人盗。

③方便盗：为他人偷盗行为提供方便，或借人物而不还，或

代人保管财物而后来据为己有,都是"方便盗"。

④咒盗:以自己所学咒术,起咒取物,或以咒术遣鬼神盗取等,虽自己未曾出面,亦名为"盗",是谓"咒盗"。

⑤盗因:谓由无始以来熏习所成的贪婪种子而起一念盗心,是为"盗因"。盗缘:指引起偷盗之心的种种外缘。如种种珍贵宝物,或自己特别喜爱的东西,现在自己面前,诱发自己去偷盗。盗法:谓助成盗取行为的种种方法。如巧设种种的计谋,尝试种种的方法,盗人财物。盗业:指盗窃行为。盗窃行为既成,则生偷盗业力,于未来当感招恶果,如会为畜为奴,世世偿还苦报。

⑥劫贼物:劫盗所得之物,在劫贼看来仍然为己所有,也不应不告而取。也就是说,不论财物来源,只要不告而取,即名为"盗"。

译文:

作为佛弟子,自己亲自偷盗他人财物,教唆、指使他人行盗,为他人偷盗提供方便或因方便而自取,用咒术或以咒术遣使鬼神盗取他人财物,此等偷盗行为皆不可做。由本有贪婪种子而起的一念盗心、引发盗心促成偷盗的种种外缘、偷盗的种种方法、偷盗的种种行为,都得远离禁止。乃至供养鬼神的祭品,盗贼劫盗所得之物,一针一线,一草一木,都不得故意盗取。

大乘菩萨应当由本有佛性中生起孝顺心、慈悲心,时常帮助一切众生,使其幸福、快乐。若不如此,而反盗窃他人财物者,则犯波罗夷罪。

解读：

偷盗行为必有所感之果，偷人财物，必于未来偿还，或为奴为婢，或无偿供人役使，或无偿供人财物。偷盗之果，又会下世贫穷下贱，或堕鬼道、地狱受诸痛苦。偷盗财物之事不可为，偷盗财物之心不可有，甚至偷心学法都不可。学法当至诚恭敬，请师授法，不认师不敬师而旁听得法，是谓"盗法"。盗法，则自损德行，损害功德。偷心不除，尘不可出，纵有许多智慧禅定现前，也必落邪道，终不会得无上智慧，也不得生命解脱。即使是机心学佛，也难以真正得见佛性。无上智慧，本自佛性，决不是机心思虑而得。

第三　淫戒

若佛子，自淫，教人淫①，乃至一切女人，不得故淫②。淫因、淫缘、淫法、淫业③，乃至畜生女，诸天鬼神女，及非道行淫④。

而菩萨应生孝顺心，救度一切众生，净法与人⑤。而反更起一切人淫，不择畜生，乃至母女姊妹六亲行淫。无慈悲心者，是菩萨波罗夷罪。

注释：

①教人淫：即唆使他人或教导他人行淫欲之事，或以种种方便，如淫语、淫秽图画视频等挑起他人的淫欲心。自淫其罪尚小，教人行淫其罪则大。

②故淫：即在自主意识支配下主动行淫，或在自主意识清醒

时意淫。若于梦中熟睡不知,若被迷失本心,或为怨家所逼不得不为,因皆不属起心动念,所知所感唯苦无乐,则不犯。

③淫因:指阿赖耶识中无始以来所熏习的贪淫习气,而于当下生起一念淫心,名为"淫因"。一念淫心起,或由外缘激发,或无缘而起,心中突然产生淫念,并会相续不断,若再遇外缘,其势不可收。淫缘:指引起淫心、助长淫心、甚至引起淫欲行为的种种外缘。如男女聚会场所、色情场所、淫秽语言、淫秽图画视频等。淫法:指行淫的种种方法,各种性交技巧等。淫业:指淫欲行为。佛教于淫欲行为有严格规定,如有淫欲念头、享受淫欲之乐、性器官接触几分等等。如果不是被暴力所逼,只要性器官接触少许,无论是否起心动念,即成"淫业"。

④非道行淫:广义讲,在家人除夫妻之外,凡与一切男女、鬼神、畜生而行淫,皆为非道行淫。狭义讲,指非处非时行淫。虽是夫妻,亦须避于口道、大便道等"非处"行淫。若妻子已得孕,或遇佛菩萨纪念日、每月六斋日、父母生日、亲属荐亡之日及大雷雨等特殊天气日等,亦皆不得行淫。于出家人而言,一切淫事、淫心皆当断绝。

⑤净法:清净梵行之法。

译文:

对于佛弟子而言,不得自己行淫,不得唆使、教导他人行淫,乃至一切女子,都不得故意与之行淫。无始以来淫欲习气而起一念淫心、引起或助长淫心的种种外缘、行淫的种种方法、各种淫欲行为,都得断除远离。不得与畜生女、诸天鬼神女等行淫,亦不得非道非时非地行淫。

菩萨应该生起孝顺心,救度一切众生,且将清净之法传与他人,令其断淫离欲。若不如此,而反更与一切人行淫,不择畜生,乃至母女姊妹六亲行淫,已经失却了慈悲心,犯下了菩萨波罗夷罪。

解读:

淫为万恶之首,出家人,当断一切淫欲行为及一切淫欲之心,在家学佛之人,亦不得非道非时非地行淫。就修行而言,淫根不断,永不得出生死轮回。淫心不除,纵有许多智慧禅定现前,亦犹如蒸沙成饭,虽热度很高而终不能得成,亦终不能免落魔道。不断淫根,了生脱死,证悟佛智,必不能得。然就现实而言,强压淫心,特别是在家佛子,有夫妻而又强忍淫欲行为,或虽有淫事而多有悔心,反而伤害身心。或虽少淫欲行为,然意淫愈强。在家佛子,倒不如正常生活,克尽夫道妻道,优化夫妻生活,反而易至身心和顺。除夫妻生活之外,断除一切邪淫,尽量不起一切淫念。一念淫心起,当下即空,长期修炼,即能炼精化气,滋养身心。若经常生起淫念,甚至意淫,即生浊精,不能化气,又不能泄去,只会阻碍生命流动,障碍生机,或至死气沉沉,或更加烦躁,或身心疾病。在家佛子,修行至一定阶段,当如出家人一般,断除淫欲,方能成就。当然,佛教中有许多断除淫欲之法,如修白骨观、不净观等。亦可直达空性,以空性见观照起心动念,当下即空,渐次断除淫心。

第四　妄语戒

若佛子，自妄语①，教人妄语②，方便妄语③，妄语因、妄语缘、妄语法、妄语业④，乃至不见言见，见言不见⑤，身心妄语。

而菩萨常生正语、正见⑥，亦生一切众生正语、正见。而反更起一切众生邪语、邪见、邪业者⑦，是菩萨波罗夷罪。

注释：

①自妄语：自己有意欺诳他人，或为贪图名利，或为自我表现。妄语，即虚诳不实之语。妄语有小妄语与大妄语之分。小妄语，指说不实之辞，犯波罗提罪，须向众僧忏悔。大妄语，谓未证圣果而称得证，未得圣法而称已得，此为波罗夷罪，要被逐出僧团，其恶业果报是堕入无间地狱。

②教人妄语：指使或引导他人说不真实之语，或扬己功德，或说我是圣人等。

③方便妄语：指以种种善巧方便，引导暗示他人相信自己已经证得佛道，说自己得到人天供养等，其内在动机无非名闻利养。

④妄语因：指阿赖耶识中无始以来的诳贪种子，虚妄习气，因此习气而会生起诳惑他人之心。妄语缘：指引起或助长妄语心的种种外缘。如可欺之人现前，交往华而不实的朋友，不正当利益现前，皆可助成妄语。妄语法：指说妄语并尽量使人相信的

种种方法。妄语业：说妄语且有人相信，妄语业即成。大乘佛教认为，即使是起心动念上不真实，也犯妄语戒，只不过相对于妄语行为较轻而已。

⑤不见言见，见言不见：不见言见，即不曾见他人行善作恶，以顺人意而言曾见，或不曾见佛而言见佛。见言不见，即实见他人行善，以嫉妒心而言未见其善；或见他人作恶，以包庇心而言未见其恶。

⑥正语：又作"正言"、"谛语"，八正道之一，指远离欺诳语、离间语、粗俗语、华而不实语、诅咒语等一切虚妄不实的语言。正见：八正道之一，指如实了知世间、出世间的因果，明白一切诸法实相的见解。

⑦邪语：即欺诳语、离间语、粗俗语、华而不实语、诅咒语等一切不正当的语言。邪见：即不明了世间、出世间因果，不识诸法实相的见解，如佛教中所说的身见、边见、邪见、见取见、戒禁取见等五不正见。邪业：指由贪、嗔、痴而起的种种不正当的身业，如杀生、不与取、邪淫等。

译文：

佛弟子，自说妄语，指使或引导他人说妄语，以种种方便暗示他人相信不实之情的方便妄语，一切此等妄语皆不可以说。由无始诳贪习气而生诳惑他人之心、引起或助长妄语的种种外缘、种种妄语方法、一切妄语行为等，皆当断除远离。乃至不曾见说见，见说未见，一切身心妄语，都得禁止。

菩萨恒说正语，持正见，亦令一切众生说正语，持正见。

若不如此，而反使一切众生说邪语，持邪见，行邪业，是犯菩萨波罗夷罪。

解读：

妄语之果报，将来会有拔舌犁耕等苦。大妄语者，会堕无间地狱，受苦惨烈不尽。然妄语戒，看似简易，实则极难守持。说妄语欺诳他人财物，说未证言证大妄语，欺诳他人供养，此等有形粗相戒尚易于持守。然于平时无意中自我表现而说妄语，为自己处境方便而说妄语，对他人无当下明显损害，亦无明显名利之心，甚至难以发现或不愿发现自己言语中的不实之处，此等妄语确实难以尽除，非智慧者不能尽于微细。

第五　酤酒戒①

若佛子，自酤酒，教人酤酒，酤酒因、酤酒缘、酤酒法、酤酒业②，一切酒不得酤③，是酒起罪因缘。

而菩萨应生一切众生明达之慧④。而反更生一切众生颠倒之心者⑤，是菩萨波罗夷罪。

注释：

①酤（gū）酒戒：又作"沽酒戒"，指禁止酿酒卖人，或为利益而以酒贩卖与人。酒能令人昏沉，生颠倒心，起造诸恶，故应戒之。因此，大乘佛教修行者，不得参预造酒、卖酒等事。

②酤酒因：指由无始无明中的贪欲种子而起的一念酤酒以求取高度利润之心。酤酒缘：指成就酤酒之心的种种外缘，如

酤酒的高额利润，米、面、葡萄等酿酒物及酿酒工人、买卖店铺等。酤酒法：指种种酿酒的工艺方法。酤酒业：即酤酒的行为。有酤酒之心，有酤酒之助缘，又有酤酒之法，则完成酤酒的行为，进而感招酤酒的业力，于当下或未来致使痴呆无知等果报。

③一切酒不得酤：米、麦等酒不可造，甘蔗、葡萄、杨梅、枣子等物所酿造的酒也不可以去做。一切酒俱不可造，因为一切酒皆可成为一切罪业的缘起。

④明达：智慧光明通达，于诸事理无不通达。明，即宿世、天眼、漏尽三明。达，即通达过去、现在、未来三世之智。

⑤颠倒：指违背常理、正理的知见或行为。如以无常为常，以苦为乐，进而产生种种烦恼。一般来说，颠倒有想颠倒、见颠倒、心颠倒三种。

译文：

佛弟子，不可自己造酒卖酒，亦不可指使他人造酒卖酒，一切造酒卖酒之事都不可以做。由无始无明中的贪欲种子而生起的酤酒之心、引发酤酒的种种外缘、酤酒的种种工艺方法、酤酒的种种行为产业等，都得断除远离。一切酒都不可酿造，不得买卖，因为酒能生起一切罪业因缘。

菩萨应当开启一切众生光明通达的智慧，若不如此，反而酿酒、卖酒，使一切众生生起种种颠倒之心，是则犯菩萨波罗夷罪。

解读：

酒能使人失却心智，起造种种恶业，故佛教五戒中有酒戒。

但酒戒是指不能喝酒,酤酒是指不能造酒卖酒。大乘菩萨开启众生智慧,为人授五戒时必说饮酒戒,自己当然不能再行酤酒之事。况酤酒之事,有未来痴聋无知之果报。当代药酒,因为医治身体之需,故于饮用上有所开许。大乘菩萨仍然应该严格要求自己,尽量不要接近一切酒业之事。

第六　说四众过戒

若佛子,口自说出家、在家菩萨、比丘、比丘尼罪过,教人说罪过,罪过因、罪过缘、罪过法、罪过业[①]。

而菩萨闻外道、恶人,及二乘恶人[②],说佛法中非法非律[③],常生慈心,教化是恶人辈,令生大乘善信。而菩萨反更自说佛法中罪过者[④],是菩萨波罗夷罪。

注释:

①罪过因:即阿赖耶识中贪、嗔、痴三毒染心习气而生起的一念心。正是内心的恶口习气为因,见到外面种种是非之人或事,因缘聚合,则会说是非之事,并会生起嗔心,从而种下种种罪业。罪过缘:指促成恶口的种种外缘,如处于是是非非之事中,与是非多的人交往,经常面对不平之事,或不平,或正义,或傲慢,总是不免让自己口说是非。罪过法:即种种说别人过失的方法,如直说,如暗示,如打骂等。罪过业:言语出口,无论有无人听,无论听者是否明白,即成罪业。

②二乘恶人:此处指小乘人中的恶人。乘,即运载之意,指运载众生度生死海。佛教将佛陀所说之教法分为大、小二乘。

佛为声闻、缘觉所说之法称为"小乘"，佛为菩萨所说成佛之法称为"大乘"。小乘注重自利自度，大乘强调自度度他。在佛教历史发展过程中，大乘虽然是在小乘的基础上发展而来，而许多小乘中的人认为大乘非佛说，甚至有人不断攻击大乘佛法，所以说二乘中的恶人。当代佛教，已经逐步淡化大小乘的区别，通常以南传佛教、北传佛教、藏传佛教以示区分，相互之间基本上能相互尊重。即使有高低之见，也以权教、实教言之。

③佛法中非法非律：指说大乘佛法非佛陀亲自所说，不是真正佛法；大乘戒律非佛陀亲自所制。

④菩萨：此处指在家菩萨、出家菩萨。

译文：

佛弟子，不可自己口说出家菩萨、在家菩萨、比丘、比丘尼的罪过，亦不可指使他人说彼罪过。由本有恶口习气而生一念说人过失之心，引发说人过失的种种外缘、种种说人过失的方法、种种说人过失的行为，都得断除远离。

大乘菩萨听见外道、恶人、小乘中的恶人，说大乘佛法非佛法，说大乘戒律非佛制，尚能时常生起慈悲心，教化此等外道、恶人、小乘人，使其舍邪归正，生起大乘善信之心。如果不是这样，菩萨反而自说佛法中种种罪过，是则犯菩萨波罗夷罪。

解读：

说人过失，可以算是众生根深蒂固的习气。缘于俱生以来的我慢之心，缘于内心深处强烈的嗔恨之心及不平之气，缘于价值感缺失而导致的争强好胜心,也会缘于曾受创伤的自然反应,一见对方不合己意,一见对方胜过自己,一遇对方冲击自己,自发生起恶心恶口,说人过失,抬高自己,释放自己心中怨气。其结果是更种恶业,更招苦报。佛教中常说,"若说人不好,自己苦未了"。说人过失时,对方的是非对错只是外缘,关键还是自己心中的怨苦要释放。但是,以说人过失的方式释放,种子起现行,现行又生种子,更进一步种下苦因。如此不断说,不断种,生命越来越受束缚,也越痛苦。真正佛法修持者,应该想到,"一念是非心,自己苦已起",当下警觉,当念即空,或念佛,或念咒,务必使其不起,消恶口习气。如此则自然体会到心净则土净之理,内心见一切人皆是佛,一切事皆无不善。识人做事虽有对有错、有善有恶、有赞有骂,然内心则无一物可挂,善恶平等,对错无二。

第七　自赞毁他戒

　　若佛子,口自赞毁他①,亦教人自赞毁他②,毁他因、毁他缘、毁他法、毁他业③。而菩萨应代一切众生受加毁辱,恶事自向己,好事与他人。若自扬己德,隐他人好事,令他人受毁者,是菩萨波罗夷罪。

注释:

　　①自赞:即自我夸赞,自我标榜,自扬德行功劳。于佛教修行中,自赞能行六度,能得诸佛加持,能得高僧等赏识,皆名"自赞"。毁他:即揭人短处,说人过失,毁人德行。

②教人自赞毁他：指教人赞我有德，并毁他人无德。毁他因：以阿赖耶识中贪、慢等无明种子而生起一念赞毁之心。正是由于此赞毁习气作为内因，才会遇外缘而生起赞毁之心。毁他缘：指促发赞毁之心的种种外缘。如同事同行竞争、事业追求等。毁他法：指诋毁他人德行、家庭、事业的种种方法。

③毁他业：指诋毁他人德行、家庭、事业的种种行为。

译文：

佛弟子，不可以自己赞颂自己且毁谤他人，也不可指使他人赞扬自己且毁谤他人。由贪、慢等无明习气所生一念毁他之心、促成毁他之心的种种外缘、诋毁他人的种种方法、诋毁他人的种种行为，都得断除远离。

菩萨应该为一切众生代受所加的诋毁污辱，恶事由自己承担，好事归于大众。如果自己宣扬自己的德行，隐藏他人做的好事，则犯菩萨波罗夷罪。

解读：

自赞毁他，皆由无始无明中俱生我执、我慢之因，触种种外缘，或价值感缺失，或自卑心理，或阴暗心理，因缘聚会，则生自赞毁他之心。由自赞毁他行为而造罪业，福报功德受损，更增苦果。真修心人，一念自赞毁他心起，即自警觉，反省内观，不随情绪走，照见自己人格中的不足之处，人格渐次完善，苦消业忘。

第八　悭惜加毁戒

若佛子，自悭①，教人悭②，悭因、悭缘、悭法、悭业③。

而菩萨见一切贫穷人来乞者④，随前人所须，一切给与。而菩萨以恶心、嗔心，乃至不施一钱一针一草；有求法者，不为说一句、一偈、一微尘许法。而反更骂辱者，是菩萨波罗夷罪。

注释：

①自悭（qiān）：自己吝惜财法，不惠施与人。悭，又作"悭贪心"，为"六蔽心"之一，指心为悭吝贪念所惑而不行布施，或虽行布施亦不能以好物与人。

②教人悭：即教导他人吝啬自私，不愿施舍财物与人。教人吝啬，于己本无利益，不过为了遮掩自己的悭贪之心。既然大家都一样，我虽吝啬但问心无愧。

③悭因：无始以来的无明种子，即悭吝习气，由此习气而能生起一念悭吝之心。悭缘：指引起悭吝之心的种种外缘。如自己贫穷、外来求财法的人与自己不相契合等。悭法：即种种善巧遮护财法的方法。对方如一再向自己求取，则必用种种方法以回绝，或不予施舍，或略小舍。悭业：即悭吝的种种行为。本应给人财物，却克斤少两。即使有所施舍，也是以次充好，废物处理而已。

④贫穷人：指贫于财物之人，或指缺少佛法之人。

译文：

佛弟子，自身不可吝啬，亦不可教导他人吝啬，由无始悭吝习气而生起的一念悭吝之心、引发悭吝心的种种外缘、种种悭吝的方法、种种悭吝的行为，皆当断除远离。

菩萨见一切贫穷者来乞讨，皆应随其所求，一切给与。若菩萨因厌恶心、嗔恨心，对乞求财物者，不施与一针一线、一草一木；对求请佛法者，不说一句、一偈，乃至不说一微尘许佛法，反而辱骂前来乞求者，则犯菩萨波罗夷罪。

解读：

悭吝之心，本缘于众生心中之俱生我执，极难根除。然我执不破，必不能证入无我。破悭吝财物之心尚觉容易，要破对佛法境界的执著，更属微细艰难。放下并不是放弃，在基本生活无忧的情况下，放下对财物的执著，行布施之道，并精进佛法，提高自己的觉照心，照破内心深处的悭吝心，渐破我执，得入无我。

第九　嗔心不受悔戒

若佛子，自嗔，教人嗔①，嗔因、嗔缘、嗔法、嗔业②。而菩萨应生一切众生中善根无诤之事③，常生慈悲心、孝顺心。而反更于一切众生中，乃至于非众生中，以恶口骂辱，加以手打，及以刀杖，意犹不息；前人求悔，善言忏谢，犹嗔不解者，是菩萨波罗夷罪。

注释：

①教人嗔（chēn）：即激起他人的嗔恨心。至于教人生起嗔恨心的原因，不外三种：一为故意引他人嗔恨生气，以雪自己对其恨意。二为激起他人的嗔恨心，使其失去正确的判断，自己好从中取利。三为挑起其他人的嗔恨心，使其两相嗔害，自己则于其中取乐。

②嗔因：阿赖耶识中由无始无明熏习所成的嗔恚种子，由彼种子而现起一念嗔心。嗔缘：指引发嗔心的种种外缘，如自己不喜欢的人、事、环境等。嗔法：指种种使他人受辱而生起嗔恨心的方法。嗔业：种种嗔恨的行为。有嗔因，有嗔缘，因缘聚会，则生嗔恨心，再由种种施行嗔恨的方法设计，从而有嗔恨行为的发生。

③善根：又作"善本"、"德本"，即产生诸善法之根本。无贪、无嗔、无痴三者为善根之体，合称为"三善根"。此处指无贪、无嗔、无痴。

译文：

佛弟子，不可自己生起嗔恨心，亦不可激发他人的嗔恨心，本有嗔恚种子所起的一念嗔心、引起嗔心的种种外缘、种种发泄嗔恨的方法、种种施行嗔恨的行为，皆当断除远离。

菩萨应该增长一切众生无贪、无嗔、无痴之善根，教以无讼诤之事，又常生起慈悲心、孝顺心。若不能这样，反而对一切众生，乃至对一切非众生等，恶口辱骂，加以手打，施以杖击，如此嗔心意犹不息。所嗔之人，前来悔过，善言道歉，嗔恨之心犹不能解,是则犯菩萨波罗夷罪。

解读:

所谓一念嗔心起,烧八千功德林。心中嗔恨,如含毒在心。贪、嗔、痴三毒,以嗔心为最毒。嗔心,障菩提心,障菩提愿,一切障碍,无过于嗔。痛恨生气等为粗大嗔心,不满为细小嗔心。心中一念不满,无论所不满对象是对是错,是善是恶,皆是自身微细嗔心已经发动,应当立即觉察,当即放下空掉,切勿令其发酵增长成大烦恼。除嗔之法,莫过于长养慈悲心,清除内心种种界限执著,所谓天下万象许峥嵘,不求万物与我同。

第十　谤三宝戒

若佛子,自谤三宝①,教人谤三宝,谤因、谤缘、谤法、谤业②。

而菩萨见外道及以恶人,一言谤佛音声,如三百矛刺心③,况口自谤。不生信心、孝顺心,而反更助恶人、邪见人谤者,是菩萨波罗夷罪。

注释:

①自谤三宝:即自己毁谤佛、法、僧三宝。学佛者自己未具佛法正见,未能理解深奥佛法,或见外道典籍,或闻外道人所言,或顺有权有势者之意,即自口出毁谤三宝之语。

②谤因:即阿赖耶识中无始无明熏习而成的好邪论议习气,依此习气而现在生起一念毁谤之心,好邪论议,欲兴毁谤。谤

缘：指引发或助长毁谤之心的种种外缘。如见种种不如己之事、遇种种好毁谤论议之人等。谤法：指种种毁谤之方法。如巧词毁谤、著作邪书、惑乱人心等。谤业：指种种毁谤行为。谤因、谤缘和合，又有种种毁谤方法，因而造作种种毁谤之事，又有人领受理解，则成三恶道谤业苦果。依大乘佛教，有毁谤行为，口说心动，即使无有受众理解，亦成罪业。

③矛：即刀、剑。

译文：

佛弟子，不可自己毁谤佛、法、僧三宝，亦不可指使他人毁谤佛、法、僧三宝。本有好邪论议习气所起一念毁谤心、引起或助长毁谤心的种种外缘、种种毁谤三宝的方法、种种毁谤三宝的行为，皆当断除远离。

菩萨听到外道及一切恶人，以一言半句毁谤三宝之声，就犹如三百矛剑刺心，何况自己毁谤三宝。菩萨见三宝不生正信之心，不生孝顺心，反而帮助恶人、邪见人等毁谤三宝，是犯菩萨波罗夷罪。

解读：

非但毁谤佛、法、僧三宝，会遭无量罪报。即使是毁谤一般人等，也造罪业。现代民主社会，各社会团体互相监督，佛教团体也受社会大众监督，出家僧人，不事产业，受人供养，为社会大众道德楷模，当然更受社会大众监督。任何社会团体和个人，如果不受他人批评监督，则必然走向腐败。因此，佛教团体和出家僧众应该虚心接受社会批评监督,不应动辄以"下无间地狱"以回绝社会监督。然而,毁谤并非批评监督,而是恶意损伤。善意批评,恶意讥谤,唯发言者当下一念,不可不察。

　　善学诸仁者①,是菩萨十波罗提木叉,应当学,于中不应一一犯如微尘许,何况具足犯十戒。若有犯者,不得现身发菩提心,亦失国王位、转轮王位②,亦失比丘位、比丘尼位③,亦失十发趣、十长养、十金刚、十地。佛性常住妙果,一切皆失。堕三恶道中,二劫、三劫,不闻父母三宝名字④。以是不应一一犯。

　　汝等一切诸菩萨,今学,当学,已学,如是十戒,应当学,敬心奉持。《八万威仪品》当广明。

注释:

　　①善学诸仁者:是释尊对在座的善持戒诸位菩萨的赞美之词。善学,即对于上述十重戒善能学习,且善能守持。仁者,指此等善持戒人等,具足慈悲孝顺之德,故称"仁者"。

　　②转轮王:又作"遮迦越罗"、"转轮圣王"、"转轮圣帝"等,此王身具三十二好相,即位时,由天感得轮宝,转其轮宝而降伏四方,故曰"转轮王"。在增劫,当人寿增至二万岁以上时,则有转轮王出世;在灭劫时,当人寿自无量岁减至八万岁时乃有转轮王出世。转轮王分四种,金轮王统领四大洲,银轮王统领东西南三大洲,铜轮王统领东南二大洲,铁轮王仅统领南阎浮提一洲。转轮王为佛教政治理想中的统治者。依佛典所载,转轮王

成就七宝，具足四德，以正法治理其国。

③比丘位、比丘尼位：依佛教戒法规定，只有受持了具足戒，即比丘戒二百五十戒，比丘尼戒三百四十八戒，才是正式取得了比丘、比丘尼资格。比丘、比丘尼受戒之后，必须严守戒律，于一切境界中精勤修持，择善离恶。若犯十重戒，则戒体破失，也不再是真正的比丘、比丘尼。

④不闻父母三宝名字：地狱三途罪障深重，不似人间受生有福报。地狱中众生没有父母，饿鬼是化生亦无父母，畜生有父母然长大后不识父母，所以说不闻父母名字。闻父母名字的福报都没有，更不说能有福报听闻佛、法、僧三宝的名字。

译文：

各位善持戒仁者，此菩萨十波罗提木叉，你们应当认真学习，一一戒都应该严谨守持，纵然微尘许都不能犯，更不用说具足犯十戒了。如果有所犯戒，则背觉合尘，染污梵行，即不得现身发起菩提心，在国王失国王位，在转轮王失转轮王位，在比丘失比丘位，在比丘尼失比丘尼位，所修十发趣心、十长养心、十金刚心、十地之功德位亦失去。因地既失，佛性常住妙觉果位等，一切皆失。如此则堕于地狱、饿鬼、畜生三恶道之中，历经二劫、三劫之久，听不到父母名字，更何况能闻佛、法、僧三宝之名。所以，此十重戒，一一不可违犯。

你等一切三世诸菩萨，现今正在修学大乘菩萨戒者，未来当学大乘菩萨戒者，过去已经修学大乘菩萨者，于此十重戒，应当重点修学，敬心奉持。十重戒，此处仅是略说，在大部《八万威仪品》中当有详细而又广泛的说明。

解读：

此节总结了十重戒。十重戒规定了大乘菩萨严格禁止的十种行为，若有所犯，则得波罗夷罪，即造下极重罪业，将感召三恶道苦报。现身发菩提心，修习十发趣心、十长养心、十金刚心、十地等，皆无有可能，连佛教徒的资格亦丧失。

四十八轻戒

　　轻戒，指相对于重戒，犯行轻微的戒条。轻戒之名称，诸经所说不同，《菩萨地持经》《优婆塞五戒威仪经》称为"突吉罗"，《瑜伽师地论》翻为"恶作"，《优婆塞戒经》《菩萨善戒经》称为"失意罪"，《梵网经》称为"轻垢"。诸经所说轻戒之数量，也不相同，《菩萨地持经》说四十二种，《瑜伽师地论》说四十四种，《菩萨善戒经》说五十种，《优婆塞戒经》于六重禁之外另列二十五种，《菩萨璎珞本业经》中说有八万威仪。《梵网经》认为轻戒有四十八种，若有所违犯，会导致轻垢罪，玷污净行。犯轻戒所招罪业，虽相对于犯重戒者轻一点，但仍然是十分重的，不但会感招恶报，而且直接影响戒体的清净及修行的进步。因为犯轻戒罪相对轻一点，若有所犯，不必像犯十重罪者那样必须在佛菩萨形像前，日夜六时诵经礼佛，至诚忏悔，直至得见好相方才灭罪。犯轻戒者，只须于首座或后堂师父面前，或面对其他的修行僧（一人至三人），禀陈事实，忏悔己过，罪业便得消灭。

　　四十八轻戒之内容，不仅包括抑恶之止持，而且包括扬善之作持。做恶事是犯戒，但有善事不去做，也为犯戒。虽去做善事，若择人择事而做，或为了名利去做，或做善事不彻底，同样为犯戒。甚至不发菩提心，不珍惜自己生命，不如法修习大乘，不如法给人授戒，自己修为不高而给人讲法授戒，皆为犯戒。四十八轻戒,充分体现了大乘菩萨"上求佛道、下化众生"的广大愿心。

佛告诸菩萨言,已说十波罗提木叉竟,四十八轻今当说①。

注释:

①四十八轻:即"四十八轻罪戒",为防止犯相对较轻罪业而制定的戒律。

译文:

佛对众菩萨说,十重戒已说完,下面当说四十八轻戒。

第一 不敬师友戒

若佛子,欲受国王位时,受转轮王位时,百官受位时,应先受菩萨戒。一切鬼神救护王身,百官之身,诸佛欢喜。既得戒已,生孝顺心、恭敬心,见上座、和尚、阿阇黎、大德、同学、同见、同行者①,应起承迎,礼拜问讯。而菩萨反生憍心、慢心、痴心、嗔心,不起承迎礼拜,一一不如法供养。以自卖身、国城、男女、七宝、百物而供给之,若不尔者,犯轻垢罪②。

注释:

①上座:音译"悉他薛罗"、"悉提那",又称"长老"、"上腊"、"尚座"、"首座"、"上首"。此词有多义,一是指僧众中出

家年数（法腊）较多的人；二指众所推敬的高僧大德；三指统督寺内僧众，办理寺务的年长德高的僧人。和尚：又作"和上"、"和阇"、"和社"等，意译为"亲教师"、"力生"、"近诵"、"依学"、"大众之师"。原指德高望重的高僧，后世常作为弟子对师父的尊称，世俗则用以通称出家的男众。阿阇（shé）黎：指能为人轨范者，主要教授威仪，示人轨式。其类有多种，如出家阿阇黎、受戒阿阇黎、教授阿阇黎、受经阿阇黎、依止阿阇黎等。大德：音译"婆坛陀"，为对佛菩萨或高僧的敬称。比丘中的长老，亦称"大德"。此外，统领僧尼的僧官，亦称"大德"。同学：指共同学习大乘佛法的人。同见：指对大乘佛法及大乘菩萨戒有共同认知的人。同行：指有着共同心愿，相互尊重，相互切磋，共同进步的人。

②轻垢罪：音译为"突吉罗"，即"轻罪"。相对于重罪（波罗夷罪）而言，虽然也污黩清净之行，但罪业相对轻一点，故称"轻垢罪"。此罪比前十重罪略减一等，并非指罪业轻细。

译文：

佛弟子，将要承受国王位、转轮王位时，以及文武百官受位时，都应当首先受菩萨戒。这样，就会有一切鬼神护持保佑王身、百官之身，一切诸佛亦会欢喜赞叹。国王百官等既已纳受了菩萨戒，就应当生起孝顺心、恭敬心，见了上座、和尚、轨范师、大德、同学、同见、同行等，应当起身恭敬迎接，礼拜问讯。菩萨若不如此，反而生骄心、慢心、痴心、嗔心，不起身承迎礼拜，亦不一一依法供养，或不以卖己身、国城、奴婢、七宝、百物等而供养他们，果若如此者，犯轻垢罪。

解读：

佛法之道，本为师道。学佛者虽然归依佛、法、僧三宝，但真正能得跟随学习佛法者，是自己的依止师。尊师才能重道，才能与师心心相应，才能以心传心。当然，尊师，并不是整日匍匐老师脚下，而是以平等心敬重老师，自卑心强，敬畏心太重，都难以与师心心相应。

第二　饮酒戒

若佛子，故饮酒①，而酒生过失无量②。若自身手过酒器，与人饮酒者，五百世无手③，何况自饮。

亦不得教一切人饮及一切众生饮酒④，况自饮酒。一切酒不得饮⑤，若故自饮，教人饮者，犯轻垢罪。

注释：

①故饮酒：即主动故意饮酒。对于饮酒，佛教律书中也有开许，即对于重病之人，医生指示以酒引药，则不犯饮酒戒。无故而饮，或借病而饮，是为"故饮"。

②酒生过失无量：指饮酒能使人神志昏迷，从而无惭无愧，打人、骂人、迷心乱性，丧失菩萨威仪，甚至犯下无边罪业。据《四分律》卷一中载，佛陀弟子须提那因饮酒而犯杀、盗、淫、妄四罪，佛陀制戒之缘就是因为须提那因饮酒而毁坏梵行事件。佛教律书中说，饮酒之人，会得堕烧煮地狱中五个五百世之

果报。

③五百世无手：指劝人饮酒，会招感五百世无手之果报，如堕生鳝、蚯蚓类。

④一切众生：这里指除人以外的一切众生，如鬼神、畜生等。

⑤一切酒：酒有两类，一为谷酒，指用各种粮食酿造而成的酒；二指木酒，指用植物根、茎、叶、花、果等酿造而成的酒，此种酒同样有酒色、酒香、酒味，饮之也同样能醉人。所以说，无论是白酒，还是各种有色酒，皆不能饮。

译文：

佛弟子，不可故意饮酒，因为饮酒会导致无量过失。如果自身以手拿酒具，过酒与人饮者，会得五百世无手之果报，何况自己饮酒了。

发心修习大乘佛法者，不可教导一切人饮酒，亦不得教使除人以外的一切鬼神、畜生等众生饮酒，一切酒都不能饮。如果自己故意饮酒，教导他人饮酒，犯轻垢罪。

解读：

佛教戒律分性戒和遮戒。性戒，如五戒中的杀、盗、淫、妄四戒，世人无论是否受戒，只要有所犯，即得罪业，若为受戒佛子，再加上犯戒罪业。遮戒，如饮酒戒，世人没有受此戒者，饮酒本身并无罪业，若因饮酒而犯其他性戒，则有罪业。受饮酒戒者，饮酒则得犯戒罪业。然而，大乘佛法对于戒律要求更严，明确规定饮酒戒为一切大乘佛子所应受持,犯戒果报亦十分严重。

第三　食肉戒

　　若佛子,故食肉,一切众生肉不得食①。夫食肉者,断大慈悲佛性种子②,一切众生见而舍去,是故一切菩萨不得食一切众生肉。食肉得无量罪,若故食者,犯轻垢罪。

注释:

　　①一切众生肉不得食:佛教认为,一切众生皆有灵觉之气,俱有贪生畏死之心,皆有恩爱情识之念,世人为一己之口腹之欲而食众生之肉,实为邪见欲念覆心,无有慈悲,且种下与众生相互缠缚沉沦六道的果报,互换地位,相互啖食。

　　②断大慈悲佛性种子:一为断自己佛性种子,菩萨发大菩提心、慈悲心而愿令一切众生皆离苦得乐,慈悲心为成佛之正因,现今无慈心食众生肉,则断自己成佛因种。二为断众生佛性种子,众生从无始以来轮回六道,皆有贪生畏死之性,今见欲食其身肉,心生恐怖,见而舍去,失去得受教化之缘,是谓断众生成佛因种。佛性种子,指众生之本有佛性。

译文:

　　佛弟子,不可故意吃肉,一切众生的肉都不可以吃。如果吃肉,则难以生起大慈悲心,也会断佛性种子,一切众生见到都会远离而去，所以一切菩萨不得食一切众生的肉。须知食肉会得无量罪业，若明知而故意食肉者，犯轻垢罪。

解读：

原始佛教对食肉并没有绝对禁止，因为当时佛教僧众托钵乞食，食无所择，乞得什么即吃什么。上古印度婆罗门教经典《摩奴法典》中有严禁食肉、食五辛等说，佛教兴起后，对于其中严格的戒律反而持较中庸的态度。释尊没有绝对禁止僧众吃肉，虽然开许僧众可以吃三净肉（不自杀、不为己杀、不闻杀），但也没有赞同僧众吃肉，僧众可由自己的修行需要和修行状态自己决定是否食肉。为一己之贪欲而食肉当然不可以，否则种下与众生互相缠缚之果报，不能发起大慈悲心，难以得证无上菩提。若无其他食物可食，或为素食而至自己及他人生起许多烦恼，则可开许。食肉、食素，偏执一边，皆为执著。中国汉传佛教，自梁武帝提倡不食肉以来，僧众持不食肉戒。大乘菩萨戒中有食肉戒，体现了大乘菩萨怜悯救度一切众生的大慈大悲精神，修习大乘者，当持不食肉戒。

第四 食五辛戒

若佛子，不得食五辛①：大蒜、革葱、慈葱、兰葱、兴渠②。是五种，一切食中不得食③。若故食者，犯轻垢罪。

注释：

①五辛：指五种有辛味的蔬菜，又作"五荤"。此五辛之物，

熟食者令人发起淫欲之心,生吃者会增加人的嗔恨心。人若食此五辛,十方天仙嫌其臭秽而咸皆远离,诸饿鬼等则舐其唇吻,大力魔王现作佛身为其说法,是人命终为魔眷属,永堕无间地狱。关于五辛有诸多异说,现在则认为一切有辛味的蔬菜都不可以吃。

②兴渠:产于西域的一种植物,根白,其味如蒜。

③一切食中不得食:既不能单独食,也不能以佐料夹杂在一切食物中吃。若为患病者所确实需要,则不在此例。

译文:

佛弟子,不得食五种辛物:大蒜、革葱、慈葱、兰葱、兴渠。此五种辛物,既不可单食,亦不可以配料夹杂在一切食物中吃。若明知而故食者,犯轻垢罪。

解读:

此五种辛物,熟食会生淫欲心,生吃会增嗔恨心,且身发异味,身心皆不得清净,故大乘佛子,当远离而不食。但于公共交际场合,亦应尽量方便别人,不过分强调自己需要而使自己及他人生起无边烦恼。

第五　不教悔罪戒

若佛子,见一切众生犯八戒、五戒、十戒、毁禁、七逆、八难①,一切犯戒罪,应教忏悔。而菩萨不教忏悔,同住,同僧利养,而共布萨②,同一众住说戒,而不举其罪，不教悔过者，犯轻垢罪。

注释：

①八戒：亦名"八关斋戒"、"八支斋"。即：一不杀生戒，二不偷盗戒，三不淫戒，四不妄语戒，五不饮酒戒，六不涂饰鬘歌舞观听戒，七不坐高大华丽床戒，八不非时食戒。"八关斋戒"指优婆塞（在家学佛且受五戒之男众）、优婆夷（在家学佛且受五戒之女众）于一日一夜中学习出家所守之戒。五戒：即不杀生戒、不偷盗戒、不邪淫戒、不妄语戒、不饮酒戒。此五戒为优婆塞、优婆夷所守，故又称"优婆塞戒"、"优婆夷戒"。十戒：此为沙弥（未满二十岁之男出家众）、沙弥尼（未满二十岁之女出家众）所守之戒，分别称为"沙弥戒"、"沙弥尼戒"。内容是：不杀生、不偷盗、不淫、不妄语、不饮酒、不涂饰香鬘、不坐高广大床、不非时食、不蓄金银宝、不歌舞观听。毁禁：比丘二百五十戒、比丘尼三百四十八戒，名为"禁戒"。如若受而不持，持而不诵，甚至越其所制，是名"毁禁"。毁，即破坏、违犯之义。禁，即止灭，指如来所制戒律。七逆：指七种忤逆罪，即：一出佛身血（伤害佛陀），二杀父，三杀母，四杀和尚，五杀阿阇梨，六破羯磨转法轮僧（即破坏教团的团结），七杀圣人（阿罗汉）。八难：又作"八难处"、"八无暇"、"八不闲"、"八恶"等，指不得遇佛、无法听闻佛法的八种障难处。即：一、地狱，恶业所惑，受苦无间，不闻佛法。二、畜生，常受鞭打，互相吞啖，受苦无穷。三、饿鬼，不闻浆水，伺求粪秽，受苦无量。四、长寿天，即色界第四禅中之无想天，其心想不行，障于见闻佛法。五、边

地,亦名"胜处",人寿千岁,贪着享乐而不受教化,圣人不出,不得见佛闻法。六、盲聋喑哑,业障深重,诸根不具,虽值佛出世,亦不能见佛闻法。七、世智辩聪,虽然聪明灵利,但总耽习外道经书,不信出世正法。八、佛前佛后,业重缘薄,总出生于两佛中间,不得见佛闻法。

②布萨:又名"长养"、"说戒",指同住比丘众或比丘尼众每半月集会一处,或齐集布萨堂(即说"戒堂"),请精熟律法之比丘宣说戒律,众等反省过去半月内之行为是否合乎戒法,若有犯戒者,则于众前忏悔。

译文:

大乘佛弟子,若见一切众生犯八戒、五戒、十戒,犯比丘二百五十戒、比丘尼三百四十八戒,乃至犯七逆罪,将来必落八难不得见佛闻法,如此犯一切禁戒罪,应当教导其忏悔。若菩萨见他人犯戒,不教导其忏悔,自己仍与他同住,同僧利养,而共同参加布萨时,面对同一住处僧众说戒而不举其过,是为不教导人忏悔过错,犯轻垢罪。

第六　不供给请法戒

若佛子,见大乘法师、大乘同学、同见、同行①,来入僧坊、舍宅、城邑②,若百里、千里来者,即起迎来送去,礼拜供养。日日三时供养③,日食三两金,百味饮食,床座医药,供事法师,一切所须,尽给与之。

常请法师三时说法,日日三时礼拜,不生嗔心、患恼之心④。为法灭身⑤，请法不懈。若不尔者，犯轻垢罪。

注释：

①大乘法师：具大乘佛法正信智解，发大菩提心，趋大乘佛果，智悲双运、自利利他之法师，是名"大乘法师"。

②入僧坊：此处指约见参学出家菩萨。僧坊，又作"僧房"，即僧尼所住之坊舍。僧坊，也特指专门的戒律道场，其制度与其他寺院有很大差异。舍宅：即一般的民居，此处指约见参学在家菩萨。城邑：即城市。此处指约见参学喜闻佛法的国王、官宦等。城大名"都"，城小名"邑"。

③日日三时：印度分一昼夜为六时，即昼三时、夜三时。昼三时，指晨朝、日中、日没三个时间段。晨朝为上午八时左右，日中为正午十二时左右，日没为下午四时左右。夜三时指初夜、中夜、后夜。

④不生嗔心：指对师友的规矩要求、严辞教训及尊高地位，不生嗔恨之心。患恼：指对供养繁费的身受难忍之恼。

⑤为法灭身：真为求法者，尚不惜自家身命，何况外财。如释迦牟尼佛在因地修行中，为求大法，身为床座，布发掩泥，半指燃灯，种种苦行，皆是为法灭身的榜样。

译文：

佛弟子，如果见有弘扬大乘佛法的法师、学习大乘佛法的同学、对大乘佛法有共同认知的同见者、修持大乘佛法的同行，来到寺院、舍宅、城邑，无论远近，若百里来若千里来，出家菩萨、在家菩萨、国王等，都应立即起身迎来送去，礼拜恭敬，供养不辍。日日早、中、晚三时供养，每日所食费用三两金，尽力准备百味饮食，敷设舒适床座，更广备医药，以供养侍奉法师。法师大德所需一切，尽力给予满足。

常请法师三时说法，日日三时礼拜，虽然法师教训严厉，供养辛苦繁费，但不生嗔恨、患恼之心。菩萨为求法尚不惜自家身命，于请法当然不能懈怠。若不如此，犯轻垢罪。

解读：

供养请法，大乘佛子所当为之。博学多闻，确有益处。但是，自己若不具正信，不解正见，听闻种种知见，只能乱己心绪，徒劳无益。所以，请法，当亲近明眼法师。若不识真正善知识，以戒观之，总不至相差太远。

第七　懈怠不听法戒

若佛子，一切处①，有讲法毗尼经律②，大宅舍中有讲法处，是新学菩萨，应持经律卷，至法师所听受咨问。若山林树下，僧地房中，一切说法处，悉至听受。若不至彼听受咨问者，犯轻垢罪。

注释：

①一切处：亦名"遍处"，指不论何处。此处指凡有讲法之处。

②毗（pí）尼：又作"毗奈耶"、"毗尼"，律藏之梵名。意译"善

治"，又言"调伏"，谓能调伏身、口、意三业，能治贪、嗔、痴等恶。

译文：

佛弟子，一切之处，凡有演说圣法毗尼经律之处，甚至于大宅舍中有讲法之处，你们这些新发心修习大乘佛法的菩萨，都应该手持经律宝卷，前往法师处听讲咨询请问。无论是在山林树下，还是在寺院僧舍，乃至一切有法师说法之处，都应该前往听法。如果不前往此等讲法处听讲咨询请问，犯轻垢罪。

解读：

凡有讲法之处，必见新发心修学大乘佛法者的身影。初学之人，确实应当广学博闻，但切不可以知识当智慧，徒增傲慢，障己障人。真正求法者，更需要理清修学次第，不然的话，以佛的境界寻求依止师，恐怕一生也求师不得。

第八 背大向小戒

若佛子，心背大乘常住经律①，言非佛说，而受持二乘声闻、外道恶见、一切禁戒邪见经律者②，犯轻垢罪。

注释：

①常住：指恒常安住于过去、现在、未来三世，不生、不灭、不变易。此处是指对佛法真理性的形容之词。

②声闻：音译"舍罗婆迦"，意译为"弟子"，指听闻佛陀声教而得证悟的出家弟子，归于小乘。外道恶见：指外道的种种邪

见恶见。

译文:

佛弟子,如果有人在内心背离大乘经律,言大乘非佛说,且又受持小乘声闻之法、外道恶见,以及一切禁戒、邪见经律者,犯轻垢罪。

解读:

大乘佛法修持者,虽不废世间外典,但于自己本家之大乘佛法知见必须确立,方不为所转。否则,虽自称大乘,而所言所行皆是外道邪法。例如,佛教讲无常,讲因果法,可许多佛教徒经常忙于算命排八卦。大乘佛法讲诸法性空,讲中道智慧,可许多佛教徒整日追求神识往生,所言无非福报功德,于无我、空性等,不落一辞,何谈大乘。

第九　不看病戒

若佛子,见一切疾病人,常应供养,如佛无异。八福田中①,看病福田,第一福田。若父母、师僧、弟子病,诸根不具②,百种病苦恼,皆供养令差③。

而菩萨以嗔恨心不看,乃至僧房中④,城邑、旷野、山林、道路中⑤,见病不救济者,犯轻垢罪。

注释:

①八福田:佛、圣人、和尚、阿阇梨、僧、父、母、病人,如果

有人能对此八种人恭敬供养,慈愍惠施,则能生无量福德,犹如农人于田中耕种能得收成,是名"八福田"。其中佛、圣人、僧三种为"敬田";和尚、阿阇黎、父、母四种为"恩田";救济病人为"病田",又称"悲田"。

②诸根不具:即诸根不全,指眼、耳、鼻、舌、身五根有所残缺,如眼盲、耳聋、腿跛、口哑等。根,喻人体的器官、机能。

③供养令差:指尽心尽力供养,直至疾病痊愈为止。

④僧房:即僧众经常居住的房舍。此处指师僧弟子等养病之处。

⑤城邑:即城市。此处指父母等养病之处。旷野、山林、道路:指众生可能得病躺下的种种处所。

译文:

佛弟子,遇一切身患疾病之人,都应该主动供养救助,犹如供养诸佛一样。在能培植福德的八福田中,看护救助病人福田,是第一福田。如果见到父母、师僧、弟子等生病,或者见到身体残障而生活不能自理之人,乃至见到身受百种疾病折磨而极度痛苦烦恼之人,皆当尽心尽力供养救助,直至其疾病痊愈为止。如果菩萨因为嗔恨心而对诸多患病之人视而不见,乃至在僧房、城邑、旷野、山林、道路中,遇见病患之人而不施以救济,犯轻垢罪。

解读:

勿以善小而不为,点滴之事,点点之慈悲心,可以成线、成面,积大功德大福报。然而,必须以无我之心而行一切布施,则功德无量。若有我布施,为名而为,为利而为,为功德而为,则是小功小德,亦是有漏功德,事倍功半而已。

第十　不畜杀具戒

若佛子,不得畜一切刀杖、弓箭、矛斧、斗战之具①,及恶罗网杀生之器②,一切不得畜。而菩萨乃至杀父母,尚不加报,况杀一切众生?不得畜杀众生具,若故畜者,犯轻垢罪。

如是十戒应当学,敬心奉持,下《六度品》中广明。

注释:

①斗战之具:即战斗武器。杀具有二种,一为战斗武器,二为猎取杀害诸物的工具。两者皆会激起杀心,残害生命,损伤慈悲心。

②罗网:指猎杀动物的器具,如渔网、走兽网、飞鸟网等。

译文:

佛弟子,不得收藏一切刀、杖、弓箭、长矛、斧等战斗武器,以及罗网、陷阱等杀生器具,一切杀生工具都不得收藏。菩萨乃至对杀害自己父母的仇人,尚不加以报复,更何况杀害一切无故众生?因此,不得收藏杀害众生的工具,若明知而故意收藏者,犯轻垢罪。

如是十戒,应当学,应当敬心奉持,在下《六度品》中有更加详细的说明。

解读：

杀生器具，即使是文物，观之也会使人联想到杀戮，于滋养慈悲心不利，大乘佛法修持者尽量远离。

第十一 国使戒

佛言：佛子，不得为利养、恶心故，通国使命①。军阵合会②，兴师相伐，杀无量众生。而菩萨尚不得入军中往来，况故作国贼③。若故作者，犯轻垢罪。

注释：

①通国使命：指身为国使，传达外交、作战等事至彼此双方，或下战书申明作战时间地点，或入军传言立期交战，皆令多人命断。故国使之职，为注重大慈悲心的大乘菩萨戒所不许。

②军阵合会：古代军制，二千五百人为师，约万二千人为军。师旅成列为阵，合其战，会其兵，是谓"军阵合会"。

③国贼：民为国家的根本，残害民众即是害国，故称"国贼"。

译文：

佛说：佛弟子，不得因为名闻利养、嗔恶心等而接受在两国间传递情报的使命。军阵对垒，兴师相互攻伐，会残杀无量众生。菩萨连往来于军中都不允许，更何况故意作残杀民众生命的国贼。若明知而故意做者,犯轻垢罪。

解读:

俗语说:慈不掌兵,义不守财。军旅之事,有太多的杀伐之气,确实非滋养慈悲心的大乘佛子所为。

第十二 贩卖戒

若佛子,故贩卖良人、奴婢、六畜①,市易棺材板木盛死之具②,尚不应自作,况教人作。若故自作,教人作者,犯轻垢罪。

注释:

①良人:良善人家的子女。六畜:即牛、马、猪、羊、鸡、犬六种畜生。

②市易棺材板木盛死之具:如果从事棺材等盛死之具的经营活动,心念在无意间会希望多人死亡,此是恶念。故大乘佛子不可从事此等行业。板木,即棺材,一般指棺外之椁。

译文:

佛弟子,对于故意贩卖良善人家的子女、奴婢、六畜等事,以及在市场上从事棺材板木等盛死之具的经营活动,菩萨尚且不应自己去做,而况教人去做。若故意自己去做,或教人去做,犯轻垢罪。

解读:

大乘佛子,以大慈悲心应观一切众生犹如父母、子女,当然不应该从事贩卖人畜之事,徒使他人受分离之苦。至于经营棺材板木等盛死之具,心念必然无意间期盼人死,如此恶念,大乘佛子不应起,如此行业,大乘佛子亦当远离。

第十三 谤毁戒

若佛子,以恶心故①,无事谤他良人、善人、法师、师僧、国王、贵人②,言犯七逆十重③。父母兄弟六亲中,应生孝顺心、慈悲心。而反更加于逆害,堕不如意处者,犯轻垢罪。

注释:

①恶心:指忌、贪、嗔等心。谤毁之事,虽出于口,但依心意而起。

②无事:指所谤毁之人,并无贪、嗔、痴烦恼等三根恶事。另外,即使耳有妄闻,以口妄言,悉名为"谤",亦称为"无事"。

③七逆:即第五不教悔罪戒中所注的七种忤逆罪。十重:即本经的十重戒。

译文:

佛弟子,若因忌、贪、嗔等恶心,无事毁谤温良人、善柔人、法师、师僧、国王、贵人等,即是犯了七逆、十重戒罪。对于父母、兄弟六亲等人,菩萨应时常生起孝顺心、慈悲心。如果不是这样,反而施加以违逆伤害之心,使他们堕于不如意的境地,犯轻垢罪。

解读：

无根讪说他人,为谤;坏他人名德,为毁。谤毁他人,实因自己内在有忌、贪、嗔等恶心,既伤己德,又坏人德行,更有恶报,大乘佛子,断不可为。即使他人有真实恶事短处,大乘佛子亦当以怜悯宽容之心对待,而况于无根之事。谤毁之事不可为,即使是忌、贪、嗔等起心动念,大乘佛子亦当得断。

第十四　放火焚烧戒

若佛子,以恶心故,放大火烧山林旷野,四月乃至九月放火①。若烧他人家屋宅、城邑、僧房、田木,及鬼神、官物,一切有主物,不得故烧。若故烧者,犯轻垢罪。

注释：

①四月乃至九月放火:四月至九月,正是大自然中万物生长、禽兽鼠蚁鸟虫繁殖的时节,草木茂盛,虫蛾遍地,此时如果烧山,必然杀害生命无数。佛教僧众于此时期结夏安居,以免外出踏伤无数生命及植物之幼芽。

译文：

佛弟子,如果因为自己内在的恶心,放大火焚烧山林旷野,尤其是在万物生长、禽兽鼠蚁鸟虫繁殖的四月至九月间放火烧山,是绝对不可以的。焚烧他人家屋住宅、城邑村落、寺庙僧房、林间田木,以及一切鬼神官物等,都为圣戒所禁止。一切有主之物,都不得故意焚烧。若故意烧者,犯轻垢罪。

解读:

此世界中,非仅有人类,其他有生命之众生,或大或小,或有形或无形,或愚或智,无量无边。大乘佛子,以大慈悲心故,唯恐伤害众生,当然不能随意焚烧山林、房舍等处。佛律开许腊月放火,也必率众持咒绕山告报,令虫等远避,然后方可纵火。

第十五　僻教戒

若佛子,自佛弟子,及外道、恶人、六亲①,一切善知识②,应一一教受持大乘经律,教解义理,使发菩提心。十发趣心、十长养心、十金刚心,于三十心中,一一解其次第法用。而菩萨以恶心、嗔心,横教二乘声闻经律、外道邪见论等③,犯轻垢罪。

注释:

①恶人:即不善之人,指身、口、意行恶之人,尤指于佛教正理不能信受甚至毁谤之人。佛教经论中说不善之人有五种恶性,即:谤真行伪、谤正行邪、谤是行非、谤实行虚、谤善行恶。六亲:指父、母、兄、弟、妻、子等六种亲属。

②善知识：又作"善友"、"亲友"、"胜友"等，指正直而有德行、能教导他人行正道之人。佛教中谓善知识有三种，即：一、外护，指从外护持，使修道之人能安稳修道。二、同行，即相互策励，共同进步。三、教授，指善巧说法，教化他人。此处指自己相知相识的好友中，有大乘根性之人。

③横教：指不依病症下药，而是违背机缘倒逆说法。

译文：

佛弟子，对自家佛弟子，以及外道、恶人、六亲眷属，一切具大乘根性的善知识，都应当一一教导他们，使其受持大乘佛教经律，教导他们理解经中义理，并令他们发起大菩提心。应教导他们次第修习十发趣心、十长养心、十金刚心，于这三十心修习中，一一了解其次第功德法用。如果菩萨因为恶心、嗔心，不教其大乘佛法，而是横教小乘声闻经律，甚至宣教外道邪见之论，犯轻垢罪。

解读：

僻者，偏也。僻教，即不以大乘佛法教人，而常以世间外典、恶人邪见等教导佛子，令其失却大乘根性，陷入断、常之坑，实为断人慧命。如此做者，造堕落无间地狱之罪业。

第十六　为利倒说戒

若佛子，应好心先学大乘威仪经律①，广开解义味②。

　　见后新学菩萨，有从百里千里来求大乘经律，应如法为说一切苦行③，若烧身、烧臂、烧指。若不烧身、臂、指供养诸佛，非出家菩萨④。乃至饿虎、狼、狮子、一切饿鬼，悉应舍身肉手足而供养之。

　　然后一一次第为说正法，使心开意解。而菩萨为利养故，为名闻故，应答不答，倒说经律文字⑤，无前无后⑥，谤三宝说者，犯轻垢罪。

注释：

　　①大乘威仪：佛教非常重视僧众行、走、坐、卧之庄严，所以有三千威仪、八千律仪之说，涵盖了生活的方方面面。威仪，指举止善合规矩，语默动作不失方正，见之能使人生起崇仰畏敬之心的仪容。

　　②广开解义味：即广开一切义理，深察精微之玄妙。

　　③说一切苦行：上古印度宗教修行，有种种苦行方法，如自饿法、投渊赴火、自坠高岩、常翘一脚、五热炙身等，又有常卧于灰土、棘刺、树叶、恶草、牛粪等之上，更有受持牛戒、狗鸡雉戒、以灰涂身、长发为相等诸多苦行法，其种种惨痛苦行，总体上是为了灭却今世之苦，以期来世生于天界享福。释尊出家后，遍学当时修道之法，也曾精修苦行，日食一麻一麦，至身形枯瘦，但觉其并非圣道，纵受天果，未脱轮回，故最终舍弃苦行。佛教经典中述及释尊前世本生修行，也曾讲到种种苦行，如抉眼与人、割肉喂鹰、投身饲虎、捐髓脑等。佛教修行，基本上提倡中道，但也有僧人践行苦行。大乘佛法，提倡发大菩提心，主张难

忍能忍，故有行一切苦行之说。苦行，指断除肉体欲望，堪忍种种难忍能忍的行为。

④非出家菩萨：即不是真正的出家菩萨。依上文之义，若不烧身、烧臂、烧指，则我、法、空三执未破，所以不名为真正出家菩萨。

⑤倒说经律：指不先说诸种苦行持，坚其志愿，即说一切法皆空，使人轻视有相戒法，导致学人失却正信修行，故称"倒说"。

⑥无前无后：教以大乘，又不说苦行，是为"无前"；又倒说经律内容，而令义无所归，是为"无后"。回前作后，回后作前，又会令众生混淆大乘佛法修习次第。

译文：

佛弟子，应当发心首先学习大乘威仪类经律，并广泛而深入地理解体会其义理和宗旨。

若遇见后来新学菩萨，有从百里而来，有从千里而来，前来求学大乘经律，应该依法为其演说一切苦行，如烧身、烧臂、烧指等。如果不能烧身、臂、指等供养诸佛，则不是真正的出家菩萨。真正的大乘菩萨，于饿虎、饿狼、狮子、一切饿鬼等众，悉应能够舍弃自身上肉、手足等去供养。

说完苦行后，然后再按一一次第为他们宣说正法，使其心开意解。如果菩萨为了利养，为了名闻，该答的不答，颠倒次第宣说佛教经律内容，无前无后，如此在说法中毁谤三宝者，犯轻垢罪。

解读：

大乘佛子，发心为人天师表，当然必须具足三千威仪，八千功德，世人见之，则有威可畏，有仪可仰。佛门中有说，宁可执有如须弥山，不可执空如一芥子。佛教修行，从有相入手，较为妥当。一入手即授以空性法门，除非大根器者，则会导入狂禅，非一切戒法，修行不成，地狱有份，不可不戒。当代修行，虽然不必烧身、烧臂、烧指，也不会投身饲虎，但仍应当相对坚持苦行，粗衣淡饭，早起晚睡，参禅打坐，念佛不辍，是为真修行。若只图生活舒适，悠闲度日，以何回馈众生供养。

第十七　恃势乞求戒

若佛子，自为饮食、钱财、利养、名誉故，亲近国王、王子、大臣、百官，恃作形势①，乞索打拍牵挽，横取钱财。

一切求利，名为恶求②。多求③，教他人求，都无慈愍心。无孝顺心者，犯轻垢罪。

注释：

①恃作形势：即依仗国王、大臣等有力之势，以压迫无权无势无力之人。

②恶求：即恶法求，不合理之求。

③多求：即贪求。

译文:

佛弟子,为了自己追求饮食、钱财、利养、名誉的缘故,去亲近国王、王子、大臣、百官等,并依仗此等豪贵势力去压迫他人,乞索饮食钱财。乞索不得,便行打拍牵挽,横逼强取,如此一一皆不可为。

像这样的一切求利行为,皆名为恶求。自己贪求,教导他人去求,都是无慈愍心的表现。大乘菩萨应该观一切众生如己父母,一切师长皆应奉侍供养,如今反而以势乞求,使其穷苦怨恨,是为无孝顺心,犯轻垢罪。

解读:

大乘菩萨发心利益一切众生,当然不可持势而与人争利,反而应该帮助一切众生,广行财布施,广行法布施,令一切众生身心皆得安乐。

第十八　无解作师戒

若佛子,应学十二部经①,诵戒,日日六时持菩萨戒②,解其义理佛性之性。

而菩萨不解一句一偈,及戒律因缘,诈言能解者,即为自欺诳,亦欺诳他人。一一不解,一切法不知,而为他人作师授戒者,犯轻垢罪。

注释:

①十二部经:指释尊所说一切法,依其叙述形式与内容分

成十二种类,是名"十二部经"。又作"十二分教"、"十二分圣教"、"十二分经",即:契经、应颂、记别、讽颂、自说、因缘、譬喻、本事、本生、方广、希法、论议。此十二部经,大小乘共通。

②日日六时:指昼夜六时。依印度文化,一昼夜分为六等分,即晨朝、日中、日暮为昼三时,初夜、中夜、后夜为夜三时,合为六时。

译文:

佛弟子,应当广为学习佛教十二部经典,经常诵咏戒律,日日六时守持大乘菩萨戒,深解其中义理,体悟佛性之性。

如果菩萨于十二部经中不解其中一句一偈之义,不知守持菩萨心地戒之义趣,反而诈言能解,即为自我欺诳,亦是欺诳他人。若于一一义理不能理解,于一切法不能体悟,而为他人作师授戒者,犯轻垢罪。

解读:

人之大患,在好为人师。自身戒体不清净,戒行不具足,戒相不显,如何能为人师?如何能为人授戒?授戒受戒,重在戒体传承。若无清净戒体,授戒受戒亦是徒具形式而已。授戒师,受戒者,皆当重视。

第十九　两舌戒①

若佛子,以恶心故②,见持戒比丘,手捉香炉,行菩萨行,而斗遘两头③,谤欺贤人,无恶不造者,犯轻垢罪。

注释：

①两舌：即于两者之间搬弄是非，挑拨离间，破坏彼此之间和谐的行为。两舌为十恶业（杀生、偷盗、邪淫、妄语、绮语、两舌、恶口、贪欲、嗔、痴）之一，因其会破坏佛教僧团的团结，所以列之为戒。

②恶心：如嫉忌心、障碍心等。见他人持戒精严，自感有愧，然不思进取，反而心生嫉忌，毁谤他人，以求自心平衡，徒招拨舌地狱果报而已。

③斗遘（gòu）两头：即于两边说是说非，引两边诤斗。斗，即交兴恶。遘，即引是非。两头，即两边。

译文：

佛弟子，因为存有恶心的缘故，遇见持戒比丘，手持香炉，虔诚地践行大乘菩萨道，不思随喜精进，反而于两边制造是非，令其诤斗不断，如是毁谤贤人，无恶不造者，犯轻垢罪。

解读：

见贤思齐是人之美德。见贤反妒，也为人之常性。见贤圣之人，见圣德之事，特别是与自己名利相关之人和事，心生嫉忌，言起毁谤，造无穷罪业，招拨舌地狱果报，大乘佛子，不可不谨慎。

第二十　不行放救戒

若佛子，以慈心故，行放生业①。应作是念：一切男子是我父，一切女人是我母，我生生无不从之受生，故六道众生皆是我父母，而杀而食者，即杀我父母，亦杀我故身。一切地水是我先身，一切火风是我本体，故当行放生业。

生生受生，常住之法，教人放生。若见世人杀畜生时，应方便救护，解其苦难。常教化讲说菩萨戒，救度众生。若父母兄弟死亡之日，应请法师讲菩萨戒经律，福资亡者②，得见诸佛，生人天上。若不尔者，犯轻垢罪。

如是十戒，应当学，敬心奉持。《灭罪品》中，广明一一戒相。

注释：

①放生：即释放羁禁之生物，也指释放即将被杀之生物。不杀生居佛教戒律之首，但不杀生仅是止持，从作持而言，放生为最大的功德。在历史上，以及在当代社会，放生是重要且影响很大的佛教活动。

②福资亡者：佛教认为，父母等亲人死亡之后，最好能在七七四十九天以内，亦可在其死亡祭日，敬请法师诵经讲经，有大福报大功德，能够超度亡者，令其脱离三恶道，得生天上人间。

译文：

佛弟子，应当发起大慈悲心，常行放生之事。应该经常这样想：一切男子皆是我父亲，一切女子皆是我母亲，我生生世世无不依其而得出生，所以说六道众生都是我父母，如果杀而食之，就是杀我父母，就是杀我故身。一切地水是我原来之身，一切风火是我本来之体，所以应当常行放生之事。

于生生受生之中常行放生，并作为常住不变之法，教人放生。若见世人将要宰杀畜生时，应尽一切方便施行救护，令其解脱苦难。亦应时常施设教化，讲说大乘菩萨戒，救度一切众生。若遇父母、兄弟死亡之日，应请法师宣讲菩萨戒类经律，以此福报功德，资助救拔亡者，使其得见诸佛，出离三恶道，得生天上人间。如果不这样做，犯轻垢罪。

上述十戒，应当修学，敬心奉持。在《灭罪品》中，对于其中戒相一一作了广泛而详细说明。

解读：

大乘佛子，因为发大慈悲心而常行放生。因常行放生，又反养自身慈悲心。然放生之事，也当有教理和智慧支撑，方不会本末倒置，事与愿违。

第二十一　嗔打报仇戒

佛言：佛子，不得以嗔报嗔，以打报打。若杀父母兄弟六亲，不得加报。若国主为他人杀者，亦不得加报。杀生报生，不顺孝道。尚不畜奴婢打拍骂辱，日日起三业①，口罪无量，况故作七逆之罪。

而出家菩萨，无慈心报仇，乃至六亲中，故作报者，犯轻垢罪。

注释:

①三业: 即身、口、意三业。业,又称"业力",音译"羯磨",义译"造作",既指人之身、口、意三者的种种行为,也指由此行为而产生的影响未来的内在力量。此业力由行为的性质而有善、恶、无记三性之分,以善恶之业为因,可招感来生苦乐之果。

译文:

佛说:作为佛弟子,不得以嗔报嗔,以打报打。即使是父母兄弟等六亲眷属被杀害,也不得寻仇报复。如果国王被他人杀害,亦不得报仇。以杀害生命为手段报复生命,是为不顺孝道。尚不得畜养奴婢打拍骂辱,天天造作身、口、意三业,即使是只造口业,其罪过已是无量,更何况故意造作七逆罪了。

出家菩萨,如果没有慈悲心,存报仇之心,乃至为了六亲眷属,故意做报仇之事,犯轻垢罪。

解读:

杀亲之仇,要能放下,何事不能放下。但并不是人人有杀亲之仇,若能于他人之轻视污蔑放下,已经难能可贵了。所以要发大菩提心,有了大愿心、大菩提心,基本上不会"小人常戚戚"了。

第二十二 憍慢不请法戒①

若佛子,初始出家,未有所解,而自恃聪明有智,或

恃高贵年宿,或恃大姓、高门、大解、大富、饶财七宝②,
以此憍慢,而不咨受先学法师经律。其法师者,或小
姓、年少、卑门、贫穷下贱、诸根不具,而实有德,一切
经律尽解。而新学菩萨,不得观法师种姓,而不来谘受
法师第一义谛者,犯轻垢罪。

注释:

①憍(jiāo)慢:傲慢。憍,同"骄",骄傲,骄矜。

②大姓:古代印度将整个社会分成婆罗门、刹帝利、吠舍和
首陀罗四个阶层,亦称"四种姓"。婆罗门为从事祭祀的僧侣,
刹帝利是以部落首领为首的武士集团,包括国王、大臣等,这两
个种姓为社会的上层大姓。吠舍为社会中的普通劳动者,包括
农民、牧民、手工业者和商人等。首陀罗,包括贫民、雇工和奴
隶,为社会最低种姓。后两者为社会的小姓。高门:指名门望
族。大解:指大学问家。

译文:

作为佛弟子,如果刚开始出家,对大乘佛法还未有深入了
解,不可以自恃聪明才智,或自恃出身高贵、年长德硕,或自恃自
己是大姓、高门、大学问家、资产大富、饶财七宝,以此生起大
骄慢心,而不向先学法师虚心咨询受教经律之理。先学法师,
或种姓低下,或青春年少,或出身寒门,或贫穷下贱,或身体残
疾,但确实德行具足,且能正确理解一切经律,新学菩萨不得
因为法师种姓低下,而不前往法师处咨询受教大乘第一义谛,

如果这样做，犯轻垢罪。

解读：

求师访道，当求明师。但名师好见，明师难求。若能放下身段，不以貌取人，不以出身、地位、财富等取人，注重德行、学问，又自己广积福德资粮，必能得遇自己依止上师。

第二十三　憍慢僻说戒①

若佛子，佛灭度后，欲以好心受菩萨戒时，于佛菩萨形像前，自誓受戒②。当七日佛前忏悔，得见好相③，便得戒。

若不得好相时，应二七、三七，乃至一年，要得好相。得好相已，便得佛菩萨形像前受戒。若不得好相，虽佛像前受戒，不得戒。

若现前先受菩萨戒法师前受戒时，不须要见好相。何以故？是法师，师师相授，故不须好相。是以法师前受戒时，即得戒，以生至重心故，便得戒。

若千里内无能授戒师，得佛菩萨形像前自誓受戒，而要见好相。

若法师自倚解经律、大乘学戒，与国王、太子、百官，以为善友。而新学菩萨来问，若经义律义，轻心、恶心、慢心，不一一好答问者，犯轻垢罪。

注释:

①僻说:因为憍慢心,对于求法者,答非所问,或不如法而答。僻,即有所偏见。

②自誓受戒:指没有请三师七证,也没正式授戒仪式,由自誓而得受戒。佛教有特定的授戒仪式,称"三坛授戒"。初坛授沙弥、沙弥尼戒,二坛授比丘、比丘尼戒,三坛授出家菩萨戒。出家者经过三坛大戒,始被公认为合格的大乘出家人。在授戒仪式上,主事者为十师和尚,其中,得戒和尚一人、羯磨阿阇黎一人、教授阿阇黎一人,是为"三师和尚",另有尊证阿阇黎七人,总称"三师七证"。大乘菩萨戒,可由出家众按一定仪式正式授戒,也可以在佛菩萨或其画像面前自誓受戒。

③得见好相:指由自誓受戒而感应到佛来摩顶,见光明、莲花等种种神奇异相。

译文:

佛弟子,佛陀灭度之后,如果有人好心想要受持菩萨戒时,应当在佛菩萨形像前,自誓受戒。当于七日,在佛菩萨形像前忏悔,如果得见佛来摩顶,见光明、莲花等好相时,便得纳受戒体,受戒成功。

如果没有得见种种好相,当于十四日、二十一日,乃至一年时间,继续于佛菩萨像前忏悔,直至见到好相为止。如果没有得见种种好相,虽然于佛菩萨形像面前自誓受戒,也没有得到戒体,没有受戒成功。

如果现前有先行受过菩萨戒的法师,于此法师面前秉受菩萨戒时,则不须得见好相。为什么呢?因为受持菩萨戒的法师,其大乘菩萨戒戒体,师师相授,代代相传,所以说不须见到好相。因此,在先受大乘菩萨戒的法师面前受戒时,即可纳受戒体。因为生起至诚至重之心,便得纳受戒体。

如果千里以内没有授大乘菩萨戒的法师,可以自己在佛菩萨形像前自誓受戒,但一定要得见好相。

如果法师自恃能够精解经律,了知大乘学戒,又自恃与国王、太子、百官等为好友,而当新学菩萨前来请教时,于诸经义律义,法师因为有轻视心、憎恶心、骄慢心,不认真一一如法答问者,犯轻垢罪。

解读:

自誓受戒,谈何容易!况今日有正式传戒之法师,言自誓受戒,非慢即狂了。

第二十四　不习学佛戒

若佛子,有佛经律大乘法,正见、正性、正法身[①],而不能勤学修习。而舍七宝[②],反学邪见、二乘、外道俗典、阿毗昙、杂论、一切书记[③],是断佛性,障道因缘,非行菩萨道者。若故作者,犯轻垢罪。

注释:

①正性:即"圣性",唯识家称生无漏智而断烦恼之性为"圣性",俱舍家以离烦恼为"正性"。正法身:即佛的法身,指佛

所说的正法、佛所得的无漏法及佛的自性真如。

②七宝：即佛宝、经宝、律宝、大乘法宝、正见宝、正性宝、正法身宝。

③俗典：即世俗人所著的典籍，如哲学、政治学、文学等等。阿毘(pí)昙：又称"阿毗达磨"，通常指部派佛教三藏中的论藏，意思是指在探究之后所得到的理论体系。杂论：凡论有论无，小乘外道以及世俗经典杂糅所成之论，是名"杂论"。书记：即诗词歌赋、医药卜占、阴阳术数、神话传记之类。

译文：

作为佛弟子，面对佛教经律大乘佛法，正见、正性、正法身等第一义谛，不能够勤学修习。舍弃佛宝、经宝、律宝、法宝、正见、正性、正法身这七宝，反而去学习邪见、小乘经论、外道俗典、阿毘昙、杂论、一切书记等，是为断佛性种子，是障碍修道的因缘，并非是在践行菩萨道。如果故意这样做，犯轻垢罪。

解读：

佛陀虽然开许大乘佛子阅读研究世俗外道经典，若于自家佛教义理不明，实修实证全无，不下力苦学勤修，整日沉浸于世俗论著，是谓本末倒置。佛法为无上智慧，于其中略有领悟，观世俗聪明才智，犹如高屋建瓴。

第二十五　不善知众戒

若佛子，佛灭度后，为说法主①，为行法主②，为僧房主③，为教化主④，坐禅主⑤，行来主⑥，应生慈心，善和斗诤，善守三宝物，莫无度用，如自己有。

而反乱众斗诤，恣心用三宝物者，犯轻垢罪。

注释：

①说法主：即讲经说法之师，指于佛陀所说三藏教法，善能主持宣讲。

②行法主：指主持清规戒律、检点僧众威仪之僧。

③僧房主：即当家师，善于主持寺院大小事务。

④教化主：指以佛法教化众生，启人智慧，教人培种善根福田。

⑤坐禅主：即禅堂内的"维那师"，善能主持修习禅定，能分别了知正定邪定，并于魔境现前等事能方便制伏。

⑥行来主：即"知客师"，善能主持远近宾客送往迎来等事，合乎礼节而不致疏慢。

译文：

作为佛弟子，在佛陀灭度后，不论是为说法主、行法主、僧房主、教化主，还是作为坐禅主、行来主，都应时常生起慈悲心，善于调和斗讼之事，善于守护三宝财物，使用三宝财物应有节度，如用己物一样节俭。如果不能这样，反而扰乱僧众，使其诤讼不断，并恣心挥霍三宝财物者，犯轻垢罪。

解读：

僧团内部，各处其位，各司其职，各遵戒律，且行羯磨、布萨等法，不仅内部和谐，而且可以为人天师表，为世俗社会提供范式。

第二十六　独受利养戒

若佛子，先在僧坊中住，若见客菩萨比丘，来入僧坊、舍宅、城邑，若国王宅舍中，乃至夏坐安居处，及大会中①，先住僧应迎来送去，饮食供养，房舍卧具、绳床木床，事事给与。若无物，应卖自身，及男女身，应割自身肉卖，供给所需，客僧所需都就该尽量予以满足。

若有檀越来请众僧②，客僧有利养分，僧坊主应次第差客僧受请。而先住僧独受请，而不差客僧者，僧坊主得无量罪。畜生无异，非沙门，非释种姓，犯轻垢罪。

注释：

①大会：即各种大法会，如讲经大法会、传戒大法会、水陆大法会等。

②檀（tán）越：梵文的音译，即"施主"，指布施之主人，常施与僧众衣服食物，或出资兴建庙宇、举办法会等。《增一阿含经》卷二十四中说，施主惠施有五种功德，即：一、名闻四远，众人叹誉。二、若至众中，不怀惭愧，亦无所畏。三、受众人敬仰，见者欢悦。四、命终之后，生天上或人中，为天所敬，或为人中尊贵。五、智慧远出众人之上，现身漏尽不经后世。

译文：

作为佛弟子，先在僧坊中入住，如果见到客菩萨比丘，来到寺庙、舍宅、城邑、国王宅舍，乃至夏坐安居之处，以及种种大法会中，先住僧应该迎来送往，供应饮食、房舍、卧具、绳床、木床等，事事皆尽力供给。若无财物，应当卖己身、奴婢，乃至割己身上肉去卖，供给客僧所需，客僧所需都应该尽量予以满足。

若有施主来请僧供养，不论是普请还是限请，客僧也应当得到供养，僧坊主应当次第请客僧受请。如果只有先住僧独自受请，而不安排客僧去受请者，僧坊主则犯无量罪。这样做，则与禽兽无异，非出家人，非释迦弟子，犯轻垢罪。

解读：

僧众之间相互尊重，相互帮助，才能有僧团的和谐，才能有正法的久住。

第二十七　受别请戒

若佛子，一切不得受别请、利养入己[1]，而此利养属十方僧[2]。而别受请，即是取十方僧物入己。八福田中，诸佛、圣人、一一师僧、父母、病人物，自己用故，犯轻垢罪。

注释：

①别请：指在家人于僧众之中特别指定某位僧人接受供养。如果于僧众中特别指定请四人以上，称为"别请众食"。接受在

家人的施食供养,必须以僧之腊次次第赴请方为正规,故别请为
戒律所禁止。

②十方僧:或称"四方僧",即所有僧众。

译文:

作为佛弟子,不得接受施主特别指定的一切供养,并将利
养归为己有,因为利养是属于十方僧众所有。如果接受施主的
特别指定供养,即是夺取十方僧物归为己有。众生培植八福田
之物,即供养诸佛、圣人(罗汉僧)、和尚、阿阇黎、僧、父、母、
病人之物,如果自己取用,犯轻垢罪。

解读:

"施主一粒米,大如须弥山",寺院之物,皆来自十方供养,
若自取自用者,只有"披毛戴角还"。

第二十八　别请僧戒

若佛子,有出家菩萨、在家菩萨,及一切檀越,请
僧福田求愿之时,应入僧坊问知事人①,今欲请僧求
愿。知事报言,次第请者,即得十方贤圣僧。

而世人别请五百罗汉、菩萨僧,不如僧次一凡夫
僧。若别请僧者,是外道法,七佛无别请法②,不顺孝
道。若故别请僧者,犯轻垢罪。

注释:

①知事人:又称"维那"、"都维那"、"悦众"等,乃寺院中掌管诸僧杂事与庶务之职称,基本上由顺应诸僧愿望、严持戒律、心存公正之贤者担任。

②七佛:毗婆尸佛、尸弃佛、毗舍浮佛,是过去庄严劫中已成正觉的三位佛。拘留孙佛、拘那含牟尼佛、迦叶佛、释迦牟尼佛,是现在贤劫中今成正觉的四位佛。

译文:

作为佛弟子,如果有出家菩萨、在家菩萨,以及一切施主,前来请僧供养、培植福田、发心求愿之时,应先入僧坊中告知事人,今欲请僧求愿。知事应该回答说,若以平等心次第请僧供养者,即可请得十方一切贤圣僧。

然而世人常以分别心而别请五百罗汉、菩萨僧,如是作者,不如于众僧中依次第请一凡夫僧。如果特别指定请僧,是外道之法,七佛中无有别请之法,如此请者是为不顺孝道。如果故意别请僧者,犯轻垢罪。

解读:

佛法修持,常言无分别心。若对法师判高判低,分别对待,一念慢心所动,获无量罪。倒不如平等尊重,次第供养,则获福无量。

第二十九　邪命自活戒

若佛子,以恶心故,为利养贩卖男女色,自手作食①，自磨自舂②，占相男女③，解梦吉凶④，是男是女，咒术工巧⑤，调鹰方法，和合百种毒药，千种毒药，蛇毒、生金银毒、蛊毒，都无慈愍心，无孝顺心。若故作者，犯轻垢罪。

注释：

①自手作食：指自己动手做食。依佛教戒律，出家人，当以乞食为生活，乞檀越一餐之供，清净自活，以资色身，又可为施主积福。自己做食，不合佛制。

②舂（chōng）：用杵臼捣去谷物的皮壳。金陵刻经处本中为"春"，此处根据《大正藏》本改。

③占，金陵刻经处本中为"古"，此处根据《大正藏》本改。

④解梦吉凶：即根据人们梦中的人、事等作出是吉是凶的解析。

⑤咒术工巧：此等皆是世人所为。咒，以驱神遣将，摄人魂魄。术，为幻术，以幻惑人。工，为精工。巧，为巧匠。

译文：

佛弟子，因为内在恶心，为求利养而贩卖男色女色，自己动手做食，磨谷舂米，为男女占相合婚，依梦境解判凶吉，占卜孕妇生男生女，以咒驱遣鬼神，以幻术迷惑世人，以精工巧匠制造种种奇物，以及调教鹰犬之法，配制百种毒药、千种毒药，提取蛇毒、生金银毒、蛊毒，是谓邪命自活，都是没有慈愍心的表现，也没有孝顺心，如此做者，犯轻垢罪。

解读：

佛弟子，当选择正命之法，远离咒术、占卜等五种邪恶之谋生方法，方便清净身、口、意三业。一般人难以脱离环境影响，修行者最好选择清净而又有闲时之职业，方便修行。

第三十　不敬好时戒

若佛子，以恶心故，自身谤三宝，诈现亲附。口便说空，行在有中。为白衣通致男女^①，交会淫色，作诸缚着^②。于六斋日^③，年三长斋月^④，作杀生、劫盗、破斋犯戒者，犯轻垢罪。

如是十戒，应当学，敬心奉持。《制戒品》中广明。

注释：

①白衣：原意为白色之衣，转称穿白衣者，指在家人。印度人一般皆以鲜白的衣服为贵，僧侣以外者皆喜穿白色衣服，故佛教称在家人为"白衣"，相对于此，出家人则称为"缁衣"、"染衣"。

②作诸缚着：男以女为色，女以男为色，相互生起贪欲渴爱之心，不能自拔，互为缠缚，不能解脱。

③六斋日：谓每月清净持戒之六日，即初八、十四、十五、二十三、二十九、三十（月小是二十八、二十九）。僧众每月于此六日须集会一处，布萨说戒。在家二众于此六日受持一日一夜八关斋戒，功德无量。又此六日，天神巡狩人间考察善恶，又为恶鬼伺人之日，故诸事须谨慎。

④三长斋月：又作"三长月"、"三斋月"等,指于阴历正月、五月、九月三个月长期持斋。过午不食,称为"斋"。又有在家居士,仅此三月不吃荤腥,是谓"吃花斋"。

译文：

佛弟子,由于恶心所致,自身毁谤三宝,而又诈现亲附三宝,骗取世人信任尊敬。口中总说一切皆空,所行却是一切贪欲等事。为世间男女牵线搭桥,助成淫事,使其相互缠缚系着,无有解脱。又于每月六斋日,每年三长斋月,作杀害生命、抢劫盗窃、破斋犯戒等事。如此做者,犯轻垢罪。

如此十戒,应当学,应当敬心奉持。在《制戒品》中有广泛而详细的说明。

解读：

佛法修持,当知行合一。若为名闻利养,谈空说有,贩卖佛法,获无量罪业。若有心财富,可依正道求取。既入佛门,事事当须放下,破执扫相,方为正行。

第三十一　不行救赎戒

佛言：佛子,佛灭度后,于恶世中,若见外道、一切恶人、劫贼,卖佛菩萨父母形像①,及卖经律,贩卖比丘、比丘尼,亦卖发心菩萨道人。或为官使,与一切人作奴婢者。而菩萨见是事已,应生慈悲心,方便救护,处处教化,取物赎佛菩萨形像,及比丘、比丘尼、一切经律。若不赎者,犯轻垢罪。

注释:

①佛菩萨父母形像:佛为大慈父,菩萨为大悲母,生身父母与人生命,佛菩萨续人慧命,故说佛菩萨父母。形像,即佛之形像,广含菩萨、罗汉、明王、诸天等像。佛教中作为礼拜的佛像有雕像、画像两种,也有专称雕塑像为"佛像",画像则称"图像"。印度古代人认为雕画佛像是冒渎神圣的事情,所以仅止于以法轮、菩提树、佛足迹等标记象征佛。其后,随着大乘佛教的兴起,佛像雕刻绘画开始盛行,诸大乘经论中也有了许多关于造像因缘及其功德的记载。

译文:

佛说:作为佛弟子,在佛陀灭度之后,于五浊恶世之中,如果见到外道、一切恶人、劫贼等,贩卖佛菩萨父母塑像、画像,以及贩卖佛教经律,贩卖比丘、比丘尼,乃至贩卖发心修习大乘菩萨道的菩萨。或将他们卖到官府中作为官的遣使,或是卖与世人作奴婢。而菩萨见到此等之事,应该生起慈悲心,以种种方便尽力救护,或处处教导感化一切众生,令其出资取物,赎买佛菩萨形像,及比丘、比丘尼、一切经律。如果遇此等事不行救赎,犯轻垢罪。

解读:

一份恭敬,则得一分福报。若遇佛菩萨像等被贩卖、遭破坏,佛弟子,必当尽力维护、救赎,以显真正皈依三宝之德行。

第三十二　损害众生戒

若佛子,不得畜刀杖弓箭,贩卖轻秤小斗[①]。因官形势,取人财物,害心系缚,破坏成功。长养猫狸猪狗[②]。若故养者,犯轻垢罪。

注释:

①轻秤小斗:指做买卖奸滑习钻。轻秤,克斤少两。小斗,小斗出大斗入。

②猫狸:以捕鼠为生,养之,是谓间接杀生。猪狗:世人常以食用,养之,是谓助杀。

译文:

佛弟子,不得收藏刀、杖、弓箭,不可在贩卖中使用轻秤小斗,克斤少两。不可依恃官府势力,巧取豪夺他人财物,害心系缚众生身体,破坏他人接近成功之事。不得饲养猫、狸、猪、狗等,此是养生害生,间接伤害众生性命。如果明知故养者,犯轻垢罪。

解读:

斗杀器具,收藏观赏,心中必常联想到杀戮,损害自己的慈悲心。饲养猫、狸、猪、狗等,不但会结来生缠缚之缘,还是间接杀生。如此等事,大乘佛子所不为。

第三十三　邪业觉观戒

若佛子，以恶心故，观一切男女等斗，军阵兵将劫贼等斗。亦不得听吹呗、鼓角、琴、瑟、筝、笛、箜篌[①]，歌叫妓乐之声。不得樗捕、围棋、波罗塞戏、弹棋、陆博、拍毬、掷石投壶、牵道八道行城[②]。爪镜、蓍草、杨枝、钵盂、髑髅[③]，而作卜筮。不得作盗贼使命。一一不得作。若故作者，犯轻垢罪。

注释：

①箜篌（kōng hóu）：一种古代乐器。世传此乐器为西域所出，非华夏固有。箜篌分为竖箜篌、卧箜篌、凤首箜篌等，其中竖箜篌体曲面长，通常为二十三弦，置于怀中两手齐奏；卧箜篌则为七弦，形如琵琶。

②樗（chū）捕：即赌博。波罗塞戏：出自印度，模拟兵战的一种游戏。谓二人各执二十余小玉，乘象或马于道路，以争得要路以为胜，类似我国的象棋。弹棋：汉朝时的妆奁游戏，常为宫人仕女所玩。掷石投壶：即于远处掷石投入壶中的一种游戏。牵道八道行城：一种出自天竺的棋类游戏，纵横各有八路，以棋子行之，如行城的法式。

③爪镜：西域巫术，谓以药涂指上，念动咒语，有光明出，如镜照人，断人吉凶。蓍（shī）草：多年生宿根草本，被认为是鬼神最爱植物之一，中国古人取其茎截取以为筮，用以卜卦，以断凶吉。杨枝：即樟柳神，谓巫师以咒祭樟柳树成神，附人耳边，报

人祸福。钵盂(bō yú)：一种巫术，谓以水注入盂中，以刀搅动，并念动咒语，等水定后，可于其中观察，以断人是非、吉凶等事。髑髅(dú lóu)：人之头骨，取自新尸首，以邪咒邪术祭之，能在人耳边通报祸福等事。

译文：

佛弟子，不可因为恶心所使，兴趣盎然地观看男女放荡斗闹之事，两军对阵兵将相杀、盗贼劫掠斗杀之事。亦不得沉醉于听螺呗、鼓角、琴、瑟、筝、笛、箜篌，以及歌叫妓乐之声。亦不得沉湎于赌博、围棋、波罗塞戏、弹棋、陆博、拍毬、掷石投壶、牵道八道行城。不得以爪镜、蓍草、杨枝、钵盂、髑髅等法，行种种卜筮，断人吉凶祸福。不可作盗贼使者，通风报信。上述种种，一一皆不得去做。若明知而故意去做者，犯轻垢罪。

解读：

佛法核心是因缘法，因果不爽，有因必有果，有果必有因。众生畏果，菩萨畏因。既得其果，无能改之。将来之果，在于当下之因。与其算命打卦，不如于当下广积福田。况此等事，本为佛戒所禁，大乘佛子如若为之，是谓以身谤法，获罪无量。

第三十四　暂念小乘戒①

若佛子，护持禁戒②，行住坐卧，日夜六时，读诵是戒。犹如金刚。如带持浮囊③，欲渡大海。如草系比丘④。

常生大乘善信，自知我是未成之佛，诸佛是已成之佛。发菩提心，念念不去心，若起一念二乘外道心者，犯轻垢罪。

注释：

①蹔（zàn）：同"暂"。

②禁戒：指佛为防止弟子们身、口、意之过错而制定的戒律。也指非长时期所持之戒，是应于短期内发愿修法所制之戒。

③浮囊：佛教经论中常出现的用于渡河的工具，此处喻戒，谓持戒能防非止恶，使人渡生死海。

④草系比丘：严持戒律比丘的代称，出自佛教中典故。据称佛陀在世时，有一比丘被贼人以带根的活生草捆住，比丘怕伤害生草，故静等不动，偶遇一国王经过，方得解脱。

译文：

佛弟子，应该严格护持戒律，于行住坐卧、日夜六时之中，读诵戒律。犹如金刚一样戒心坚固，视佛戒如带持浮囊，能渡生死苦海。亦如草系比丘一般，持律精严。

诸佛弟子，应常生起大乘善信，相信自己是未来之佛，诸佛是已成之佛。大乘佛子，应当发大菩提心，念念不离大乘心，若起一念小乘、外道心者，犯轻垢罪。

解读：

戒为无上菩提之本，持戒犹如带持浮囊，能令人渡生死苦海。大乘佛子，发大菩提心，即以大心愿守持戒律，而不是自视大心而轻视有相细微戒律，所谓从大处着眼，从细节做起。

第三十五　不发愿戒

若佛子，常应发一切愿。孝顺父母、师僧；愿得好师，同学、善知识，常教我大乘经律；十发趣，十长养，十金刚，十地，使我开解，如法修行，坚持佛戒。宁舍身命，念念不去心。若一切菩萨不发是愿者，犯轻垢罪。

译文：

佛弟子，应当时常发起一切广大愿心。永远孝顺父母，孝顺师僧。愿得明眼大德为师，愿得大乘佛法同学，愿遇大善知识，常能教授我大乘经律；十发趣，十长养，十金刚，十地等，可以使我心开意解，并能如法修行，坚持佛戒。大乘佛子，宁可舍弃生命，念念都不应离开如此心愿。如果一切菩萨不发如此广大心愿，犯轻垢罪。

解读：

此处所说，为十大愿心，即：一愿孝顺父母，二愿求好师，三愿求同学，四愿求大法，五愿求十发趣，六愿求十长养，七愿求十金刚，八愿求十地，九愿求开解佛乘，十愿坚持佛戒。如此十愿，总摄一切广大愿心。父母有生育之恩，师僧有教诲之德，同学有互助情义，常行感恩，成就内德。功德福报具足，则学佛持戒无难。

第三十六　不发誓戒

若佛子，发是十大愿已，持佛禁戒，作是愿言：

宁以此身，投炽然猛火、大坑刀山，终不毁犯三世诸佛经律，与一切女人作不净行。

复作是愿，宁以热铁罗网千重，周匝缠身，终不以此破戒之身，受于信心檀越一切衣服。

复作是愿，宁以此口吞热铁丸，及大流猛火，经百千劫，终不以此破戒之口，食于信心檀越百味饮食。

复作是愿，宁以此身卧大流猛火，罗网热铁地上，终不以此破戒之身，受于信心檀越百种床座。

复作是愿，宁以此身受三百锋刺身[①]，经一劫二劫，终不以此破戒之身，受于信心檀越百味医药。

复作是愿，宁以此身投热铁镬，经百千劫，终不以此破戒之身，受于信心檀越千种房舍、屋宅、园林、田地。

复作是愿，宁以铁锤打碎此身，从头至足，令如微尘，终不以此破戒之身，受于信心檀越恭敬礼拜。

复作是愿，宁以百千热铁刀锋，挑其两目，终不以此破戒之心，视他好色。

复作是愿，宁以百千铁锥，劙刺耳根[②]，经一劫二劫，终不以此破戒之心，听好音声。

复作是愿，宁以百千刃刀割去其鼻，终不以此破戒之心，贪嗅诸香。

复作是愿，宁以百千刃刀割断其舌，终不以此破戒之心，食人百味净食。

复作是愿，宁以利斧斩斫其身[3]，终不以此破戒之心，贪着好触。

复作是愿，愿一切众生成佛。

菩萨若不发是愿者，犯轻垢罪。

注释：

①锋（móu）：剑锋。

②劖（chán）：刺，砭刺。

③斫（zhuó）：用刀斧砍或削。

译文：

大乘佛弟子，发上述十大愿后，守持诸佛禁戒，又发如下誓愿：

宁愿以自身，投入炽燃猛火中，受焦烂苦；或投入大坑刀山中，受陷坠、割截苦，终不毁坏、违犯三世诸佛经律，与一切女人作不净行。

又发是愿，遇寒冷时，宁愿以炽热铁罗网千重，周匝缠绕己身，终不以此破戒之身，接受信心施主的一切衣服供养。

又发是愿，饥饿时，宁愿以此口吞食热铁之丸；饥渴时，宁愿以此口饮大流猛火，受焦肠烂肺之苦，历经百千劫，终不以此破戒之身，食于信心施主的百味饮食供养。

又发是愿，疲倦时，宁愿以此身卧在大流猛火、罗网热铁地上，终不以此破戒之身，接受信心施主的百种床座供养。

又发是愿，患病时，宁愿以此身受三百矛刺，经历一劫、二劫，终不以此破戒之身，接受信心施主的百味医药供养。

又发是愿，居止时，宁愿以此身投入热铁笼中，经历百劫、千劫，终不以此破戒之身，接受信心施主的房舍、屋宅、园林、田地等供养。

又发是愿，自尊自重时，宁愿用铁锤打碎此身，从头到脚，碎如微尘，终不以此破戒之身，接受信心施主的恭敬、礼拜。

又发是愿，当眼外观时，宁愿用百千炽热铁刀铁矛，挑其双眼，终不以此破戒之心，观看美丽之物。

又发是愿，当耳闻声时，宁愿以百千铁锥，刺破耳根，历经一劫、二劫，终不以此破戒之心，听其好声音。

又发是愿，当鼻闻香时，宁愿以百千刃刀，割去其鼻，终不以此破戒之心，贪嗅种种好香。

又发是愿，饮食时，宁愿以百千刃刀，割断其舌，终不以此破戒之心，食人百味净食。

又发是愿，身触外境时，宁愿以利斧斩破其身，终不以此破戒之心，贪着好的身体感触。

又发是愿，愿一切众生，悉皆成佛。

菩萨若不发此十三誓愿，犯轻垢罪。

解读：

此等心愿誓词，句句铿锵有力；信心与诚心，皇天可表。大菩提心,必配广大愿心,心行合一,是谓真修行。

第三十七　冒难游行戒①

若佛子,常应二时头陀②。冬夏坐禅,结夏安居③。常用杨枝、澡豆、三衣、瓶、钵、坐具、锡杖、香炉、滤水囊、手巾、刀子、火燧、镊子、绳床、经、律、佛像、菩萨形像④。

而菩萨行头陀时,及游方时,行来百里千里,此十八种物常随其身。头陀者,从正月十五日至三月十五日,八月十五日至十月十五日,是二时中,此十八种物,常随其身,如鸟二翼。

若布萨日,新学菩萨,半月半月布萨,诵十重四十八轻。若诵戒时,于诸佛菩萨形像前诵。一人布萨,即一人诵。若二及三人,至百千人,亦一人诵。诵者高座,听者下座,各各披九条、七条、五条袈裟⑤。结夏安居,一一如法。

若头陀时,莫入难处⑥。若国难恶王,土地高下,草木深邃,狮子虎狼,水、火、风,劫贼道路,毒蛇,一切难处,悉不得入。若头陀行道,乃至夏坐安居,是诸难处,亦不得入。若故入者,犯轻垢罪。

注释:

①冒难游行戒:初学菩萨,虽然发大愿心,然道力未充,不

能一切无碍,凡会遇难之处,不可轻游,故戒之,是谓"冒难游行戒"。游行,又作"飞锡"、"游方",指遍行各地参学闻法。禅宗称为"行脚",一般游行参学的僧侣,称为"行脚僧"。

②头陀:亦称"抖擞"、"修治"、"弃除"等,苦行之一,指以极严格手段破除对衣、食、住等的贪着,修炼身心,抖去客尘烦恼,证无上正道。头陀有十二种苦行:一、阿兰若处住(荒野僻静处),二、常行乞食,三、次第乞食,四、日中一食,五、节量食,六、中食后不饮果浆,七、穿粪扫衣,八、只有三衣,九、冢间住,十、树下止宿,十一、露地坐,十二、但坐不卧。

③结夏安居:佛教修行制度之一,又作"夏安居"、"雨安居"、"坐夏"、"结制安居"等。印度夏季雨期达三月之久,此三个月间,出家人禁止外出,并聚居一处以致力修行,称为"结夏安居"。如果雨季期间外出,恐踩杀地面之虫类及草树之新芽,招引世讥,故聚集修行,避免外出。

④杨枝:即杨柳枝,或其他树枝,刷牙用。三衣:依佛教戒律规定,出家人可以拥有的三种衣服:一、僧伽梨,即"大衣"、"重衣"、"入聚落衣"等,为上街托钵或奉召入王宫时所穿之衣,由九至二十五条布片缝制而成,又称"九条衣"。二、郁多罗僧,即"上衣"、"入众衣",为礼拜、听讲、布萨时所穿之衣,由七条布片缝制而成,故又称"七条衣"。三、安陀会,即"内衣"、"作务衣"、"五条衣",为做日常劳务时或就寝时所穿之衣。钵:又作"钵盂",用瓦或铁制成,为僧尼所常持器具之一,一般做为化缘乞食的容器。坐具:又作"敷具"、"坐卧具"等,指坐卧时敷于地上或卧具上的长方形布,也可指坐垫。坐具可以防御地上

植物、虫类以保护身体,也可避免三衣及寝具受污损。锡杖:又作"声杖"、"鸣杖"、"金锡"等,比丘十八物之一。比丘行于道路时,原用于驱赶毒蛇、害虫等,或乞食之时,振动锡杖,使人远闻即知。锡杖于后世则成为法器之一。滤水囊:喝水时,担心水中有虫,故先要过滤,然后才喝,免得杀害微小生命。刀子:用以剃除须发。头陀行,严格要求,头发略长,即必须剃除。火燧:用以取火的工具。镊子:比丘十八物之一,用于拔取鼻毛或刺等物。古时头陀赤足而行,若有刺伤足,用此拔之。

⑤九条、七条、五条袈裟:即出家人的"三衣"。

⑥莫入难处:即不要进入各种有危险、特别困苦之处。若入于难处,身体易受伤害。此身虽然虚幻,而念佛、参禅全赖此色身。

译文:

作为佛弟子,常应在春、秋二时头陀,冬、夏二季坐禅,夏天雨季安居。无论头陀、坐禅、安居,都应常携如下物品:杨枝、澡豆(即肥皂)、三衣、瓶、钵、坐具、锡杖、香炉、滤水囊、手巾、刀子、火燧、镊子、绳床、经、律、佛像、菩萨像。

菩萨行头陀时,以及游方参学时,无论行来百里、千里,此十八种物品,都应随身携带。若行头陀,应当从正月十五日至三月十五日(即春分时),从八月十五日至十月十五日(即秋分时),此二时节中行头陀,上述十八种物品,应常随身携带,它们犹如鸟之两翼,不可缺少。

如果是布萨日,新学菩萨,当于每月上半月下半月各行布

萨，诵此十重四十八轻戒。如果是诵戒时，僧众应当集于佛菩
萨像前诵戒。一人布萨，即一人诵戒。如果是二人，以及三人，
乃至百千人布萨，也是一人诵戒。诵者高座，听者下座，各披九
条、七条、五条袈裟。结夏安居，也应一一如此法而行。

佛子行头陀时，莫入艰难危险处。如战争灾害不断的国
家，恶王执政的国度，或地势高低难测之地，草木深邃之地，
狮子虎狼、水火风灾常生之地，以及劫贼经常出没的道路，毒
蛇经常出没的场所，如此等一切危险之处，皆不可去。头陀所
行道路，乃至结夏安居之处，此等危险之处，皆不得入。若明知
而故去，犯轻垢罪。

解读：

佛教苦行，旨在破除自身对于衣、食、住等的种种贪著，抖落
种种客尘烦恼，而不是作贱身体。瑕满人身，千劫难得。参禅
打坐、持咒念佛，精过用功，证得无上菩提，端赖此色身。故当
珍惜爱护，莫入难处，莫加毁坏。

第三十八　乖尊卑次序戒

若佛子，应如法次第坐。先受戒者在前坐，后受
戒者在后坐。不问老少，比丘、比丘尼，贵人、国王、王
子，乃至黄门、奴婢，皆应先受戒者在前坐，后受戒者
次第而坐。莫如外道痴人①，若老若少，无前无后，坐
无次第，如兵奴之法。

我佛法中，先者先坐②，后者后坐，而菩萨一一不

如法次第坐者,犯轻垢罪。

注释:

①痴人:即愚痴无智慧之人。外道没有智慧,故说其为"痴人"。

②先者:指戒腊时间长者。戒腊,指僧侣受具足戒以后的年数。

译文:

佛弟子,应按照佛法规定的次第而坐。先受戒者坐在前面,后受戒者坐在后面。不论年老年少,比丘、比丘尼,贵人、国王、王子,还是阉人、奴婢,皆应先受戒者坐在前面,后受戒者次第而坐。不要像外道痴人那样,若老若少,无前无后,坐无次第,如兵奴般没有章法。

在佛教仪轨中,先受戒者先坐,后受戒者后坐,如果菩萨不能一一如法次第而坐者,犯轻垢罪。

解读:

佛性平等,人格平等,心无高下,然于事相,得有高下前后规矩,方能威仪三千,为人天师表。

第三十九　不修福慧戒

若佛子,常应教化一切众生。建立僧房,山林园田①,立作佛塔②,冬夏安居坐禅处所,一切行道处,皆应立之③。而菩萨应为一切众生讲说大乘经律。若疾病、国难、贼难，父母、兄弟、和尚、阿阇黎亡灭之日，及三七日、四五七日，乃至七七日，亦应讲说大乘经律。

一切斋会求福，行来治生，大火所烧，大水所漂，黑风所吹船舫，江河大海罗刹之难，亦读诵讲说此经律。乃至一切罪报，三恶、八难、七逆、杻械枷锁系缚其身，多淫、多嗔、多愚痴、多疾病，皆应讲此经律。而新学菩萨若不尔者，犯轻垢罪。

如上九戒，应当学，敬心奉持。《梵坛品》当说。

注释：

①山林园田：建立山林，可以方便众人经行，也可以为寺院备足建设所需木材及烧饭所用材薪。所谓经行，指在一定的场所中往复回旋行走，通常坐禅昏沉瞌睡时，可起而经行，动中观心参禅。另，经行也指食后或疲倦时，于闲处、户前、塔下等处的一种调剂身心的安静散步。建立园圃，种植果蔬，供给僧众。建设田地，插谷、种粟，备久远资粮。

②佛塔：原指为安置佛陀舍利等物，而以砖等构造所成的建筑物，后世多造各式塔以埋藏遗骨、贮藏经卷，或为标示特别圣灵之地。塔，通常是寺院中标志性的神圣建筑物，以供大众瞻礼，增加福慧。

③一切行道处，皆应立之：即一切修行法门之处，皆应设立方便专修场所。如修行准提咒者，应为立准提堂；专心念佛者，设念佛堂；立志参禅者，设禅堂。

译文：

作为佛弟子，常应施设种种方便，教化一切众生。建设寺庙僧房，广建山林园田，建造佛塔，建立冬夏安居坐禅处所，一切修行法门之处，皆应设立方便专修场所。菩萨应为一切众生宣说大乘经律。如人患重病、遇国难、贼难，父母、兄弟、和尚、阿阇黎的去世之日，及二十一日、二十八日、三十五日，直至四十九日，亦应讲说大乘经律，令其解脱幽冥之苦。

一切修斋祈福法会，游行来往，治生产业，为大火烧毁，为大水所漂，为黑风吹起船舫，遭江河大海罗刹之难，皆应读诵讲说此大乘经律。乃至一切罪报，三恶、八难、七逆、杻械枷锁系缚其身，多淫、多嗔、多愚痴、多疾病等，皆应读诵讲说此大乘经律，能灭无量罪业，能灭一切贪嗔痴苦，能除身心病患，总令身心俱得解脱。新学菩萨不如此做者，犯轻垢罪。

如上九戒，应当学，应当敬心奉持。在《梵坛品》中当细说。

解读：

受持读诵大乘经典，讲说大乘经典，皆为教化广度一切众生之愿。实际理地不染一尘，万行门中不舍一法，读诵讲说大乘经律，福报功德无量，能消无量罪业，能得身心解脱。

第四十　拣择授戒戒

佛言：佛子与人授戒时，不得拣择①。一切国王、王子、大臣、百官，比丘、比丘尼、信男、信女，淫男、淫女，十八梵天、六欲天子，无根、二根、黄门、奴婢②，一切鬼神，尽得受戒。

应教身所着袈裟，皆使坏色③，与道相应。皆染使青、黄、赤、黑、紫色，一切染衣，乃至卧具，尽以坏色。身所着衣，一切染色。若一切国土中，国人所着衣服，比丘皆应与其俗服有异。

若欲授戒时，应问言：现身不作七逆罪耶？菩萨法师，不得与七逆人现身授戒。七逆者，出佛身血、杀父、杀母、杀和尚、杀阿阇黎、破羯磨转法轮僧、杀圣人④。若具七逆，即现身不得戒，余一切人，尽得受戒。

出家人法，不向国王礼拜，不向父母礼拜，六亲不敬，鬼神不礼，但解法师语⑤。有百里千里来求法者，而菩萨法师，以恶心、嗔心，而不即与授一切众生戒者，犯轻垢罪。

注释：

①拣择：指由求戒者的身份地位、贫富贵贱而区别对待。或授戒，或不授戒，或以不同态度、仪规授戒。

②无根：指无男女生殖器官的人。二根：指男女生殖器官同体的人，即不男不女之人。

③坏色：又称"不正色"、"杂色"，比丘三衣的染色。佛陀为使僧侣与世俗人或外道有所区别，也为了避免比丘对所穿着的衣服生起欲染心，因此制定僧衣应染成坏色。坏色，指避开世俗常用的青、黄、赤、黑、白五正色，有三种色，即：青色、泥色

（皂色、黑色）、茜芭（木兰色）。

④破羯磨转法轮僧：指以不正当之言论和行动，破坏教团的和谐。羯磨僧，指授戒仪式中为欲受戒者指示乞戒礼仪规矩的阿阇黎；转法轮僧，指宣讲佛法义理、戒律内容及其主旨的阿阇黎。此两者，为授戒仪式中三师七证的三师中之二僧，地位十分重要。

⑤但解法师语：指受戒出家后，应该以修道为重，不务世俗之礼，但能解得法师说戒之语。

译文：

佛说：作为佛弟子，与人授戒时，不得拣择区别对待。一切国王、王子、大臣、百官、比丘、比丘尼、信男信女、淫男淫女、十八梵天、六欲天子、无根、二根、阉人、奴婢、一切鬼神，都应当尽得受戒。

授戒时，应教其身穿的袈裟，皆使用坏色，如此则与道相应。都染成青、黄、赤、黑、紫色，一切染衣，乃至一切卧具，都使用坏色。比丘所着衣服，一切都是染以坏色。一切国土之中，国人所穿着的衣服，比丘所着衣服皆应与国中俗服有异。

若欲授戒时，应问受戒者：你现身作过七逆罪吗？菩萨法师，不得为现身作七逆罪者授戒。七逆罪是：出佛身血、杀父、杀母、杀和尚、杀阿阇黎、破羯磨转法轮僧、杀圣人。如果犯了此七逆罪，则现身不能受戒，其余一切人，尽得受戒。

出家人法，不向国王礼拜，不向父母礼拜，不敬六亲，不拜鬼神，但能解得法师语。若有人从百里、千里来求法，而菩萨

法师，因为自己的恶心、嗔心，而不即与授一切众生戒者，犯轻
垢罪。

解读：

法师心中，应该众生平等，佛性平等，传法授戒，亦当一切众
生平等，无有拣择。平等心，须见之于平等的行为。自身清净、
平等、慈悲，则与诸法实相相合。如此传戒授戒，受戒者当下戒
体成就，授戒受戒同时成功。

第四十一　为利作师戒

若佛子，教化人起信心时，菩萨与他人作教诫法师
者①，见欲受戒人，应教请二师。和尚、阿阇黎二师②，
应问言，汝有七遮罪否？若现身有七遮罪者，师不应与
授戒；若无七遮者，得与授戒。

若有犯十重戒者，教忏悔。在佛菩萨形像前，日夜
六时，诵十重四十八轻戒，苦到礼三世千佛，得见好相
者。若一七日，二三七日，乃至一年，要见好相。好相
者，佛来摩顶，见光华。种种异相，便得灭罪。若无好
相，虽忏无益。是人现身亦不得戒，而得增长受戒益。

若犯四十八轻戒者，对首忏悔③，罪便得灭，不同
七遮。而教诫师，于是法中，一一好解④。

若不解大乘经律，若轻若重，是非之相，不解第一
义谛，习种性、长养性、性种性、不可坏性、道种性、正

觉性⑤。其中多少观行出入⑥，十禅支⑦，一切行法，一一不得此法中意。

而菩萨为利养，为名闻故，恶求多求，贪利弟子，而诈现解一切经律，为供养故，是自欺诈，亦欺诈他人。故与人授戒者，犯轻垢罪。

注释：

①教诫法师：诫，即教人有些事不应该做。即授戒时，教导他人受戒仪式，教他人忏悔，教他人如何得戒等。教，即教人有些事应该做。

②和尚：在传戒时，和尚负责传戒，名"得戒和尚"。阿阇黎：阿阇黎作法令受戒人得戒，名"羯磨和尚"。

③对首忏悔：三种羯磨法之一，又作"对手"、"对首忏"。对首忏悔，为原始佛教至部派佛教时代，僧团于每月二回的布萨会或结夏安居最后一日的自恣日中所行的忏悔作法，即双手合十，面对他僧（一至三人），忏悔己过。后来广用于传戒时，若犯四十八轻罪而须行忏悔法时，可面对其他的修行僧（一人至三人），禀陈事实，表示悔悟之意。对首，即面对面。

④一一好解：即教诫师应该让受戒者，一一明白前面所说的道理。即：犯七遮罪者，不得受戒。犯十重罪者，当于佛菩萨形像前忏悔，并能得见好相，方能得戒。犯轻罪者，对首忏悔。

⑤习种性：全称"习所成种性"，二种性（性种性、习种性）之一，六种性（习种性、性种性、道种性、圣种性、等觉性、妙觉性）之一，指由后天闻佛法受教化，修习众善而日久熏成的种性。

也指大乘菩萨修行阶位中的十住,此阶位菩萨,习空观之教,破除见思之惑。长养性:即"十长养性",因渐增长而名长养性。性种性:无始以来本自具足,辗转相续的无漏因之种性,称为"性种性"。或谓十行菩萨,不住于空而教化众生,能分别一切法性,故名"性种性"。道种性:六种性之一,指十回向位。此阶位菩萨修中道妙观,故名为"道";通达一切佛法,能生佛果,故名为"种"。正觉性:谓证入圣位,即十地及等、妙二觉。

⑥观行:指观心修行,观照自心以明了本性。或指观法之行相。唯识宗于观行有两种,称"二观行",即:一、寻伺,即推寻伺察。寻,粗猛推求。伺,细心分别。对于根尘相对所起一念之心,即以空、假、中三观觉照。二、真如,即常以妙观观于心性本具真如之理,速令显发。

⑦十禅支:指四禅定中所修观法及其功德觉受。初禅五支,觉、观、喜、乐、一心。二禅四支,内等净、喜、乐、一心。三禅五支,舍、念、慧、乐、一心。四禅四支,不苦不乐、舍、念、一心。舍去重复者,是谓"十禅支"。

译文:

作为佛弟子,应当教化众生生起大乘信心。菩萨与他人作教诫法师时,若见有人欲受大乘菩萨戒,应教其礼请戒和尚、羯磨和尚二师。二师在传戒前,应先问欲受戒之人:你今生犯有七遮罪了吗?若现身犯了七遮罪,就不能为他授戒;若没有犯过七遮罪,就可以为其授戒。

如果有人犯过十重戒,应先教其忏悔。令其在佛菩萨形像前，日夜六时，诵此十重四十八轻戒。以悲苦心、至诚忏悔心礼拜三世千佛，直至得见好相。七日、十四、二十一日，乃至一年，礼拜、忏悔不辍，毕竟要见好相。所谓的好相，指见佛来摩顶，或见光、见莲花等。若见此等种种异相，便知已得灭罪。若无好相现前，罪还没有得灭，虽行忏悔亦无灭罪之利益。此等之人现身不能得戒，但为将来受戒创造了好的条件。

如果犯了四十八轻戒，可于首座或后堂师父面前，也可面对其他的修行僧（一人至三人），禀陈事实，忏悔己过，罪业便得消灭，此与七遮之罪不同。教诫师于上述授戒法规、忏悔之法，一一皆得明确了解。

如果不了解大乘经律，不知犯戒之轻重、是非之相，不理解大乘佛法第一义谛，不解习种性、长养性、性种性、不可坏性、道种性、正觉性，乃至其中多少观行出入，十种禅支，如此等一切法，一一不解其中之意，自利尚难，何况利人。

如果菩萨为了利养，为了名声，一味地恶求多求，贪多供养，多收徒众，而诈称能解一切经律，此种为了供养的行为，是自我欺诈，也是欺诈他人。不解上述诸法，而故意与人作师授戒者，犯轻垢罪。

解读：

知之为知之，不知为不知，是智也。不解大乘佛教经律，不修大乘佛法，不知授戒因缘，不知忏悔之法，为名闻利养而强行说戒授戒，断众生慧命，造无间地狱罪业，不可不慎。

第四十二　为恶人说戒戒

若佛子，不得为利养故，于未受菩萨戒者前，若外道恶人前，说此千佛大戒①。邪见人前，亦不得说。除国王②，余一切不得说。

是恶人辈，不受佛戒，名为畜生，生生不见三宝。如木石无心，名为外道邪见人辈，木头无异。而菩萨于是恶人前，说七佛教戒者，犯轻垢罪。

注释：

①千佛大戒：即大乘菩萨戒，佛性戒。

②除国王：因为国王是一国之主，为治理好国家，当然会希望人改过迁善，故凡所行佛事，不应隐讳。况佛教兴灭之事，亦系于国王。所以说，唯除国王。

译文：

佛弟子，不得为了名闻、利养，在未受菩萨戒之人面前，如外道、恶人等面前，讲说此千佛大戒。在一切邪见之人面前，亦不可讲说此千佛大戒。除国王之外，上述其余一切诸人面前，都不得讲说。

这些恶人，不受佛戒，无惭无愧，与畜生无异，纵三宝在前，置若罔闻，是以生生世世不会得闻三宝。又有一些人，生有人形，实同木石一样无心，名为外道、邪见人辈，虽属有情，实与木头无异。而菩萨在这些恶人、邪见人面前说七佛教戒，犯轻垢罪。

解读：

持戒虽是善行，学佛虽然可以使人了脱生死，但是，如果说法因缘不具而强行说法，会导致听者谤法，造就罪业，在讲法者是谓无慈悲心，也形同造恶。大乘佛子，不会为了表现自我而贩卖如来教法，而是随顺众生因缘，观机逗教。

第四十三　无惭受施戒

若佛子，信心出家，受佛正戒。故起心毁犯圣戒者，不得受一切檀越供养。亦不得国王地上行，不得饮国王水。五千大鬼常遮其前，鬼言大贼。入房舍城邑宅中，鬼复常扫其脚迹。一切世人皆骂言，佛法中贼；一切众生，眼不欲见。犯戒之人，畜生无异，木头无异。若故毁正戒者，犯轻垢罪。

译文：

佛弟子，因为有对佛法的信心而出家，受持佛制正戒，应受众生供养。如果后又反起不信之心，毁犯圣戒，则不得接受一切施主供养。也不得在国王土地上行走、化缘，不得喝国王管辖之内的水。不仅如此，还会有五千大鬼常遮眼前，因为此等人毁犯圣戒且接受施生供养，一切鬼神皆呵骂其为大贼。如果入于房舍、城邑、住宅之中，还会有鬼时常扫其脚迹。一切世人都会骂说，此等人是佛法中贼；一切众生，都不愿见到这些人。犯戒之人，身披袈裟受人供养，无惭无愧，与畜生无异；不知止恶修善，与木头无异。出家人若故意毁犯正戒者，犯轻垢罪。

解读：

真正持戒者，是名真佛子。真佛子，方可接受众生供养。出家僧众，若不能持戒，甚至毁犯佛戒，身披袈裟受人供养，无间地狱有份。

第四十四　不供养经典戒

若佛子，常应一心受持、读诵大乘经律。剥皮为纸，刺血为墨，以髓为水，析骨为笔，书写佛戒。木皮谷纸，绢素竹帛，亦应悉书持。常以七宝①，无价香华，一切杂宝为箱囊，盛经律卷。若不如法供养者，犯轻垢罪。

注释：

①七宝：即七种珍宝，又称"七珍"，指世间七种珍贵的宝玉。佛教诸经于七宝说法不一，《阿弥陀经》、《大智度论》卷十等称七宝为：金、银、琉璃、颇梨（水晶）、车渠、赤珠、码瑙。《法华经》卷四中则以金、银、琉璃、砗磲（chē qú）、码瑙、真珠、玫瑰为七宝。

译文：

佛弟子，常应一心一意受持、读诵大乘经律。愿意剥皮为纸,刺血为墨,以髓为水,析骨为笔,书写佛制戒律。树皮谷纸,绢素竹帛,亦应愿意用来书写戒律,受持流通。常以金、银、琉璃、颇梨、车渠、赤珠、码瑙等七宝,无价香花,以及其他一切宝物,为箱为囊,盛放、供养经律。如果不如法供养者,犯轻垢罪。

解读:

经律所在之处,即是佛法所在。凡三宝弟子,皆当如佛一样供养,是名真正归依三宝。

第四十五　不化众生戒

若佛子,常起大悲心,若入一切城邑、舍宅,见一切众生,应唱言:汝等众生,尽应受三归十戒。

若见牛马猪羊,一切畜生,应心念口言:汝是畜生,发菩提心。

而菩萨入一切处,山林川野,皆使一切众生发菩提心。是菩萨若不发教化众生心者,犯轻垢罪。

译文:

佛弟子,应常生起大慈悲心。如果入于城邑、舍宅之中,见一切众生,应当唱说:你们一切众生,都应归依三宝,受持十戒。

如果见到牛、马、猪、羊等,及一切畜生,应当心念口说:你们虽是畜生,也应当发起菩提心。

菩萨到达一切地方,山林、田野等,都应使一切众生发起菩提心。身为菩萨,如果不教化众生,令其发起菩提心,犯轻垢罪。

解读：

众生平等，相信一切众生皆有佛性，相信他们于未来必当成佛。对一切众生平等说法，对智者说理，教钝者念佛念咒，对一切畜生等，只管心念口说，是为随缘说法，观机逗教。

第四十六　说法不如法戒

若佛子，常行教化，起大悲心。入檀越贵人家，一切众中，不得立为白衣说法，应在白衣众前，高座上坐①。法师比丘，不得地立为四众白衣说法。若说法时，法师高座，香华供养，四众听者下坐。如孝顺父母，敬顺师教，如事火婆罗门②。其说法者，若不如法说，犯轻垢罪。

注释：

①上座：金陵刻经处版本为"土"，据《大正藏》本改为"上"。

②事火婆罗门：佛教经典中所说古印度的外道之一，其信徒祭祀供养火天阿耆尼。事火之法，虽为外道，然其门徒修行，却是精勤而不怠，恭谨而不忽。

译文：

作为佛弟子，应当常行教化之事，生起大慈悲心。不论是来到施主贵人之家，还是来到一切大众之中，都不得站立着为世人说法，免使世人不尊重佛法而生轻慢佛法之心，而是应该在听法大众前面，较高的座位上入座讲法。法师比丘，不得在地上站立着为四众弟子或世俗人说法。正式说法时,法师应在高座上入座,座前当以香花供养,四众听法者在下面依次而坐。听法之人,当至诚恭敬,如子女孝顺父母,如弟子敬顺师教,如事火婆罗门之精勤恭谨。说法之人,如果不如法高座,不得香花供养,而为大众说法者,犯轻垢罪。

解读:

轻慢佛法,得无量罪业,招无量苦报。随意说法而使众生轻慢佛法,是谓陷众生于罪,自身也会因轻慢佛法而获罪。如此损人自损之事,名为广传佛法,度化众生,实为以身谤佛,我慢所至,罪业更重。

第四十七 非法制限戒

若佛子,皆以信心受戒者。若国王、太子、百官、四部弟子①,自恃高贵,破灭佛法戒律。明作制法,制我四部弟子,不听出家行道,亦复不听造立形像、佛塔、经律。立统制众②,安籍记僧。菩萨比丘地立,白衣高座,广行非法,如兵奴事主。而菩萨应受一切人供养,而反为官走使,非法非律。若国王百官,好心受佛戒者,莫作是破三宝之罪。而故作破法者,犯轻垢罪。

注释:

①四部弟子:即"四众弟子",指构成佛教教团的四种弟子,包括比丘、比丘尼、优婆塞、优婆夷;或指出家四众,即比丘、比

丘尼、沙弥、沙弥尼。

②立统制众：指政府设立僧统以管理佛教事务。僧统，指僧官。后秦姚兴初立僧官，称"僧正"。北魏改之，称为"统"，有"沙门统"、"僧统"、"沙门都统"三名。唐以后另设"僧录"为僧官机构。

译文：

作为佛弟子，都是以信心而受持佛戒者。如果有国王、太子、百官、四众弟子，自恃身份高贵，而做破坏毁灭佛法戒律之事。如制定彰明种种制限法度，限制佛教四众弟子，不许新增出家修道之人，亦复不许造立佛像、佛塔，不许造印经律。又立僧官统管僧众，设立簿籍登记僧名。菩萨比丘站立于地，而世欲白衣高座在堂，广行一切非法之事，犹如兵奴事奉主人一般。菩萨本应接受一切众生供养，反而成为官家走卒，不合于法亦不合于律。国王、太子、百官等，应当好心受持佛戒，千万不要做此等破坏三宝之事。如果明知而故为，犯轻垢罪。

解读：

在佛陀所处的古代印度，国家并没有设置僧官来管理佛教。后秦姚兴崇信佛教，其所立僧官，应该类似现代的佛教领袖，协调组织翻译佛经及弘法活动。僧人过多过滥，非国家之福，亦非佛教之福。过分管理佛教，亦不合佛制，不利世俗国家。外管内治，松紧有度，以律治僧，是为正道。

第四十八　破法戒

若佛子，以好心出家，而为名闻利养，于国王、百官前说佛戒者，横与比丘、比丘尼菩萨戒弟子[1]，作系缚事，如狱囚法，兵奴之法。如狮子身中虫，自食狮子肉，非余外虫。如是佛子，自破佛法，非外道天魔能破。

若受佛戒者，应护佛戒，如念一子，如事父母，不可毁破。而菩萨闻外道恶人，以恶言谤佛戒之声，如三百铧刺心，千刀万杖打拍其身，等无有异。宁自入地狱，经于百劫，而不闻一恶言破佛戒之声。况自破佛戒，教人破法因缘，亦无孝顺之心。若故作者，犯轻垢罪。

如是九戒，应当学，敬心奉持。

注释：

①横与：即"横治"。以世俗法律惩治犯戒僧人，是为"横治"。以佛教律法处理犯戒僧人，是谓"直治"。

译文：

佛弟子，本以了生脱死之心而出家为僧，而今为了名闻利养，于国王、百官等面前宣说佛戒时，指控张扬比丘、比丘尼菩萨戒弟子犯戒之事，致使彼等遭受世俗法律惩罚系缚之事，如入狱成囚，遭兵奴关押。此等所为，犹如狮身之虫，自食狮子肉，非是其他一切虫类所能做到。如此佛弟子，自己破坏佛法，其破坏性远非外道天魔所能达到。

因此,受持佛戒者,应当爱护佛戒,就像父母挂念独子,又如子女事奉父母,不可毁破。菩萨听到外道、恶人,以恶言诽谤佛戒之声,犹如三百矛刺心,又如千刀万杖打拍自身,其痛苦无有二致。菩萨宁可自身入于地狱,经历百劫千劫,而不愿听闻一句恶言诽谤佛戒之声。况且,自己破坏佛戒,因种种因缘教人破坏佛戒,亦是无孝顺心的表现。如果明知而故为,犯轻垢罪。

以上九戒,应当学习,敬心奉持。

解读:

堡垒总是从内部攻破的,事物的腐朽也总是从内部先开始的。大乘佛子,有大愿必有大行,大行必落于小事。一举一动,起心动念,皆合于戒律。戒律兴,则佛教兴。

诸佛子,是四十八轻戒,汝等受持①,过去诸菩萨已诵,未来诸菩萨当诵,现在诸菩萨今诵。

诸佛子听:十重四十八轻戒,三世诸佛已诵、当诵、今诵,我今亦如是诵。汝等一切大众,若国王、王子、百官、比丘、比丘尼、信男、信女、受持菩萨戒者,应受持、读诵、解说、书写。佛性常住戒卷②,流通三世一切众生,化化不绝。得见千佛,佛佛授手,世世不堕恶道八难③,常生人道天中。

我今在此树下,略开七佛法戒④,汝等大众,当一心学波罗提木叉，欢喜奉行。如《无相天王品》劝学中，一一广明。

三千学士⑤，时坐听者，闻佛自诵，心心顶戴，喜跃受持。

尔时，释迦牟尼佛说上莲华台藏世界，卢舍那佛《心地法门品》中，十无尽戒法品竟⑥，千百亿释迦亦如是说。从摩醯首罗天王宫，至此道树下，住处说法品⑦，为一切菩萨，不可说大众，受持读诵，解说其义，亦如是。千百亿世界，莲华藏世界，微尘世界，一切佛心藏、地藏、戒藏、无量行愿藏、因果佛性常住藏⑧。如是一切佛说，无量一切法藏竟，千百亿世界中，一切众生受持，欢喜奉行。

若广开心地相相，如《佛华光王七行品》中说。

注释：

①受持：即领受忆持。《胜鬘经宝窟》上本中说："始则领受在心曰受，终则忆而不忘曰持。"

②佛性常住戒：即大乘菩萨戒。大乘菩萨戒又称"佛性戒"、"千佛大戒"，得见佛性、证悟无上菩提是其宗旨。摄戒归性、以佛性为戒体是大乘菩萨戒的重要特征，而佛性本有，常住而不灭，所以此处又称菩萨戒为"佛性常住戒"。

③恶道：一般指地狱、饿鬼、畜生三恶道；阿修罗、人间、天上则称为"三善道"。八难：指不得遇佛、不闻正法的八种障难

（见四十八轻戒之第五戒注）。另外，八难也指八种苦难之处，即：王难、贼难、火难、水难、病难、人难、非人难、毒虫难。佛教中受戒、自恣时，若遇此八种难事，则听许略说俗事。

④略开：众生身心有八万四千细行，即当有八万四千种戒法，但其要旨，不出十重四十八轻戒，所以称"略开"。

⑤三千学士：总称在会听法诸菩萨，包括天龙八部、道俗贵贱等一切听众。

⑥十无尽戒：即本经所说的"十重戒"。

⑦住处：《大正藏》本中为"十住处"，指释迦牟尼佛次第说法的十个处所。即：第一，在摩醯首罗天王宫普光明殿说十世界海；第二，在忉利天说十住；第三，到夜摩天说十行；第四，到兜率天说十回向；第五，到化乐天说十禅定；第六，到他化自在天说十地；第七，到初禅天说十金刚；第八，到二禅天说十忍；第九，到三禅天说十愿；第十，到四禅天说心地法门。

⑧佛心藏、地藏、戒藏、无量行愿藏：一切诸佛所说之三十心含藏一切心法，故名"心藏"。菩萨十地含摄一切修行证果阶第，故名"地藏"。十重四十八轻戒含藏一切戒法，故名"戒藏"。所发无量无边百千大愿，是名"愿藏"。因果佛性常住藏：有百劫修行之胜因，故名"因藏"。能成无上正等正觉佛果，是名"果藏"。一切众生皆有本觉佛性，佛性常住，故名"佛性常住藏"。

译文：

诸位佛弟子，这些四十八轻戒，你们应当领受忆持。此等轻戒，过去诸菩萨已经持诵，未来诸菩萨应当持诵，现在诸菩萨正在持诵。

诸位佛子请仔细听：这十重四十八轻戒，三世一切诸佛已经持诵、应当持诵、正在持诵，我释迦佛如今也在持诵。你们一切大众，不论是国王、王子、百官，还是比丘、比丘尼、信男、信女，以及一切受持大乘菩萨戒者，都应当领受忆持、时常读诵、解说戒相、书写戒卷。发愿将此佛性常住戒卷，流通于三世一切众生，辗转流布，化化不绝。如此持戒清净，则能得见千佛，又能得到佛佛授手提携，生生世世不堕恶道，不出生于障碍见佛闻法的八难之处，常生于人道、天道之中，闻法修道。

我释迦佛现今在此菩提树下，粗略开示过去七佛所说心地法戒（即十重四十八轻戒），你等一切大众，应当一心一意学习大乘菩萨戒，以欢喜心奉行戒法。如在大部中《无相天王品》劝学篇中，一一得到了广泛而详细说明。

三千菩萨，及一切当时在坐听法者，听闻释尊自诵这十重四十八轻戒，都心心顶戴，欢喜雀跃，发愿受持读诵。

尔时，释迦牟尼佛，于上莲花台藏世界卢舍那佛所说《心地法门品》中十无尽戒品，宣说完毕，其余千百亿释迦佛也是这样说。他们都是从摩醯首罗天王宫，至菩提树下，先后十个住处及所传十世界海、十住、十行、十回向、十禅定、十地等法门品，亦无有异；而一切菩萨，及不可说大众，受持读诵，书写解说其义，亦如婆婆大众无二。不仅如此，还有千百亿世界中佛，千百亿莲华藏世界中佛，乃至无量微尘世界中佛，也在宣说一切诸佛所说三十心藏、十地藏、十重四十八轻戒藏、贤圣所行无量行藏、无量愿藏、百劫修行因藏、成等正觉果藏、一切众生本有佛性之常住藏。像这样一切诸佛所说，此心地等无量一切法藏究竟，百千亿世界之中，一切众生受持，欢喜奉行，亦如此界众生等无有异。

诸佛说法度生大略如此，如果广开心地相相之义，大部中《佛华光王七行品》中有详细说明。

解读：

此为流通分，总述了大乘菩萨戒的体性功用，并总结了大乘佛法的修习次第，再次强调了此修行方法的重要性。

明人忍慧强①，能持如是法，未成佛道间，安获五种利：

一者十方佛，愍念常守护。二者命终时，正见心欢喜。

三者生生处，为诸菩萨友。四者功德聚，戒度悉成就②。

五者今后世，性戒福慧满③。此是诸佛子，智者善思量。

计我着相者，不能信是法。灭寿取证者④，亦非下种处⑤。

欲长菩提苗，光明照世间。应当净观察，诸法真实相。

不生亦不灭，不常复不断。不一亦不异，不来亦不去。

如是一心中,方便勤庄严。菩萨所应作,应当次第学。

于学于无学⑥,勿生分别想,是名第一道,亦名摩诃衍⑦。

一切戏论恶⑧,悉从是处灭。诸佛萨婆若⑨,悉由是处出。

是故诸佛子,宜发大勇猛,于诸佛净戒,护持如明珠。

过去诸菩萨,已于是中学,未来者当学,现在者今学。

此是佛行处,圣主所称叹。我已随顺说,福德无量聚。

回以施众生,共向一切智。愿闻是法者,疾得成佛道。

注释:

①忍慧:即"忍力"、"慧力"。大乘佛法修持者,以修六波罗蜜(布施、持戒、忍辱、精进、禅定、智慧),可得忍辱、智慧成就,具足忍力、慧力。

②戒度:即"持戒波罗蜜",六波罗蜜(六度)之一。持戒波罗蜜,又作"戒度无极",也译为"绝对的、完全的持戒",指持守戒律,能对治身、口、意起三恶业而令身心清净。此处指能持十重四十八轻戒,一一戒行皆得具足。

③性戒：即"自性戒"，"佛性戒"。众生自性本自清净，若能识自本心，见自本性，身心自然清净，此时若置一戒，亦是多余，是谓"佛性戒"。

④灭寿取证：指声闻小乘人等，知我空而不知法空，耽空而视涅槃为灰身灭智，或执著有境界可证，有涅槃果可得。

⑤下种处：指下菩提种之处。

⑥于学于无学：学，即"有学"，指虽断见惑，已知佛教终极真理，但思惑还得渐断，功德尚待圆满。无学，指进趣圆满，见思二惑断尽，再无有学。声闻乘四果中，前三果为有学，第四阿罗汉果为无学。

⑦摩诃衍：即"大乘"。

⑧戏论：原指违背实理，对增进善法无益的言论。此处指违背大乘佛法的一切思想言论。

⑨萨婆若：译为"一切智"，指在佛果上了悟一切法之智。一切智，佛的两种智（一切智、一切种智）之一，知一切诸法之总相。一切种智，知一切诸法之种种别相。

译文：

明智之人忍力慧力皆强，能受持心地戒法，将来必定成佛。未成佛道之前，已安然获得五种利益。

第一，能得十方诸佛，怜悯挂念，常为守护。

第二，临命终时，秉持正见，心生欢喜，无恶境现前。

第三，生生世世，在在处处，常得与诸菩萨为友。

第四，无量功德集聚，一切戒度悉能成就。

第五，从今向后，自性戒体呈现，福慧圆满。

如此五种利益，是持戒诸佛子所得，明智之人，当于此心地戒法仔细思量。

计我、着相之辈，不可能相信如此之法。灰身灭智、着相取证的小乘之人，也不是下菩提种之处。

如果想要增长菩提心苗，当使智慧光明普照世间。应当发起无碍清净之慧，静观细察，彻见诸法真实之相。

诸法实相，自性戒体，不生亦不灭，不常复不断，不一亦不异，不来亦不生。

如是实相戒体一念清净心中，起种种巧妙慧方便，勤修种种行门，戒相庄严。

如此慧解妙行，实非小乘外道所能，乃是大乘菩萨所应作，但也应当次第如法修学。

对于"有学"与"无学"，不要生起分别执著之想，则名中道第一义谛之道，亦称大乘道。

一切外道二乘戏论恶见，皆依此中道第一义谛而得灭尽无余。诸佛一切智慧，皆从此而生。

因此，诸位佛子，应当发起大勇精进力，于诸佛清净戒法，善为保护持守，使其如明珠般光洁无瑕。

心地戒法，过去诸菩萨已经学习，未来诸菩萨当于其中学习，现在诸菩萨正于其中学习。

此是三世一切诸佛所行之处，为本师卢舍那佛圣主所称扬赞叹，我亦随顺诸佛所说。

愿以此无量无边福德之聚，回向施与一切众生，共同证得诸佛一切智。愿凡听闻此戒法者,速疾得以成就佛道。

解读:

本偈分别从赞持戒利益、劝观戒体、劝护回向三个方面,对受持大乘菩萨戒的功德作了回顾与总结。总之,大乘菩萨戒,是千佛大戒,是佛性戒,是心地戒。摄戒归性、戒慧一如,是大乘菩萨戒的重要特征。

结　语

　　《梵网经》是大乘佛教经典，其中中道、佛性等思想是与大乘佛教义理一脉相承的。《梵网经》思想体系有个重要特征，就是以慧解经，摄戒归性。也就是说，在阐述大乘菩萨修行阶第时，无论是因地的十发趣心、十长养心、十金刚心，还是果地的十地，作为修行指导思想的是中道第一义谛智慧，所要证得的也是中道第一义谛智慧，指导理论与证悟智慧合一，因地果地不二。在阐述十重四十八轻戒等大乘菩萨戒时，提倡以中道智慧持戒，既不能偏执于持戒，自我系缚而导致身心疲惫，更不能轻视持戒，放纵身心而犯无量罪业，正所谓持而非持，非持而持。持戒宗旨，在于摄戒归性，即当下的每一个持戒的目的都在于使自心清净，所谓一念恶心起，即是持戒时，当下心清净，即是佛性现。众生心性本自清净，本具佛性，本来具足戒体，皆因后天心有染着，所以需要持戒。若得自身佛性显现，则自心无有持戒一念，而一言一行一念都合于戒法，真正是无相持戒。《梵网经》中的大乘佛法修行阶第及大乘菩萨戒，起自中道般若、佛性，终成于般若、佛性，具有较明显的大乘圆教特征。经中对于般若与佛性的会通特征，是对大乘佛教以第一义空为佛性的继承，也应该对慧能禅宗视般若、佛性皆为本有且圆融无二产生过重要影响。

　　在中土儒家思想的文化背景下，大乘佛教几乎成为中国佛教的代名词。由于大乘菩萨戒通于在家出家的特征，中国历史上，无论是君主、大臣，还是一般士子、庶人，受持大乘菩萨戒十分流行。《梵网经》中大乘菩萨戒的基本精神不仅是止一切恶，更重要的是要积极地广行一切善，有善不做即是犯戒。孝顺父母、师僧、三宝之心，慈悲对待一切众生之心，贯穿全经，体现了极其浓厚的中国文化特征。止恶，首在止杀，止杀又首在禁止自杀，由敬重自身生命而善待一切众生生命，仁爱万物。扬善不仅仅是看发心，更是体现在布施财物、说法教化、当下救济、抄经印典等一切具体行为之中。菩萨虽然已经得证圣果，了脱生死，出离六道，然后却以种种身形往返于六道，随顺众生因缘，作人、作牛、作马等，观机逗教，不辞辛劳度化一切众生。菩萨虽出入于六道，往来于染污之地，度一切众生，然于自己却无一尘可染，无有一众生可度。后世慧能禅宗，提倡"无念为宗，无相为体，无住为本"，"佛法在世间，不离世间觉"，"若欲修行，在家亦得，不由在寺"，等等，正是大乘菩萨道的集中体现，更是大乘佛教与中国固有文化充分融合的结晶。

延伸阅读书目

《佛说梵网经》，姚秦·鸠摩罗什译，金陵刻经处通行版。

《佛说梵网经》，姚秦·鸠摩罗什译，《大正藏》第二四册。

《妙法莲华经》，姚秦·鸠摩罗什译，《大正藏》第九册。

《大般涅槃经》，北凉·昙无谶译，《大正藏》第一二册。

《大方广佛华严经》，东晋·佛陀跋陀罗译，《大正藏》第九册。

《维摩诘所说经》，姚秦·鸠摩罗什译，《大正藏》第一四册。

《长阿含经》，姚秦·佛陀耶舍、竺念佛译，《大正藏》第一册。

《中阿含经》，东晋·僧伽提婆、僧伽罗叉译，《大正藏》第一册。

《杂阿含经》，南朝宋·求那跋陀罗译，《大正藏》第二册。

《增一阿含经》，东晋·僧伽提婆译，《大正藏》第二册。

《菩萨戒义疏》，唐·天台智者大师说门人灌顶记，《大正藏》第四○册。

《梵网经古迹记》，新罗·太贤集，《大正藏》第四○册。

《梵网经合注》，明·智旭注，道昉校订，《续藏经》第六○册。

《梵网经直解》，明·寂光直解，《续藏经》第六○册。

《梵网经顺朱》，清·德玉顺朱注，《续藏经》第六一册。

《授菩萨戒仪》，唐·堪然述，《续藏经》第一○五册。

《高僧传》，梁·慧皎撰，汤用彤校注，北京：中华书局，

1992。

《高僧传二集》，唐·道宣撰，金陵刻经处本。

《宋高僧传》，宋·赞宁撰，范祥雍点校，北京：中华书局，1987。

《佛光大辞典》，北京：北京图书馆出版社，1989。

《佛学大辞典》，丁福保，上海：上海书店，1991。

《佛家名相通释》，熊十力著，上海：东方出版中心，1996。

《法相辞典》，朱芾煌编，商务印书馆，1939。

《唯识名词白话新解》，于凌波居士著，佛陀教育基金会出版，2008。

《中国佛学源流略讲》，吕澂著，北京：中华书局，1979。

《汉魏两晋南北朝佛教史》（上、下），汤用彤著，北京：中华书局，1983。

《中国佛性论》，赖永海著，北京：中国青年出版社，1999。

《中国佛教文化论》，赖永海著，北京：中国青年出版社，1999。

《戒律学纲要》，圣严法师著，金陵刻经处影印本。

《佛教戒律学》，劳政武著，北京：宗教文化出版社，1999。

《佛说梵网经》，季芳桐释译，台北：佛光文化事业有限公司，1997。

《新译梵网经》，王建光注译，台北：三民书局，2005。